本书为国家自然科学基金项目（71904176）、
浙江省自然科学基金项目（Q19G03005）的阶段性研究成果，
由“浙江科技学院学术著者出版专项资助”项目资助出版。

人才发展治理

国家治理现代化的重要基石

童素娟 /著

ZHEJIANG UNIVERSITY PRESS
浙江大学出版社

图书在版编目（CIP）数据

人才发展治理：国家治理现代化的重要基石/童素娟著. —杭州：浙江大学出版社，2022.4
ISBN 978-7-308-22260-0

Ⅰ. ①人… Ⅱ. ①童… Ⅲ. ①人才—发展—研究—中国 Ⅳ. ①C964.2

中国版本图书馆CIP数据核字(2022)第010651号

人才发展治理：国家治理现代化的重要基石

童素娟 著

责任编辑 陈静毅
责任校对 黄梦瑶
装帧设计 春天书装
出版发行 浙江大学出版社
（杭州市天目山路148号 邮政编码 310007）
（网址：http：//www.zjupress.com）
排　　版 杭州林智广告有限公司
印　　刷 浙江新华数码印务有限公司
开　　本 710mm×1000mm 1/16
印　　张 19
字　　数 320千
版 印 次 2022年4月第1版 2022年4月第1次印刷
书　　号 ISBN 978-7-308-22260-0
定　　价 76.00元

浙江大学出版社市场运营中心联系方式：0571-88925591；http：//zjdxcbs.tmall.com

作者简介

童素娟，女，汉族，浙江龙游人，1981 年 11 月出生，公共管理学博士。2007 年 7 月至 2017 年 12 月，就职于浙江省人力资源和社会保障科学研究院，担任人才人事研究室主任，副研究员。2018 年 1 月至今，就职于浙江科技学院经济与管理学院工商管理系，副教授、硕士生导师。先后就读于中国农业大学、北京大学、浙江大学。2019 年 9 月至 2021 年 12 月为浙江大学经济学院与荣盛石化股份有限公司联合培养企业博士后，博士后导师为浙江大学金雪军教授、荣盛控股集团俞传坤副总裁。

主要学术研究：主持国家自然科学基金项目（71904176）、浙江省自然科学基金项目（Q19G03005）、浙江省哲学社会科学规划一般项目（16NDJC247YB、20NDYD013YB）、中国博士后科学基金项目第 68 批二等资助（2020M681810）、浙江省博士后择优资助项目二等资助。出版专著 1 部（《养老金双轨制现状评估及制度改革的实证研究》，浙江大学出版社），在《经济社会体制比较》《改革》《社会保障研究》《理论探索》等期刊公开发表论文 20 多篇，其中一级期刊 2 篇，人大复印资料转载 1 篇。获得第一届中国人才发展论坛二等奖和第二届中国社会保障论坛二等奖。曾为浙江省委组织部、省财政厅、省民政厅、省人力社保厅、省国资委、省社科联等提供咨政服务，参与撰写《浙江省就业和社会保障发展“十二五”规划》《浙江省人才发展“十三五”规划》以及“十四五”地方人才发展规划。

主要学术兼职：浙江省人力资源和社会保障科学研究院特约研究员，浙江省人才发展研究院兼职研究员。

联系方式：tongsujuan@126.com。

序

国家治理体系和治理能力现代化的实现要以制度为依托，而一个非常关键的因素是人的现代化。人的治理理念及人的现代化，往往是国家治理现代化的前导。人才尤其是高素质人才，作为经济社会发展的第一资源、第一动能，是国家治理体系中需要优先关注的重点领域。

浙江省要努力成为新时代全面展示中国特色社会主义制度优越性的重要窗口，人才和创新既是鲜明、突出的标志，也是根本、持久的动力。浙江省必须率先形成以人才创新、以创新驱动发展的高质量发展新格局，在大变局下增创发展新优势。“十四五”时期是浙江省强化创新驱动、完成新旧动能转换的关键期。在新阶段，浙江省委省政府提出了需要认真思考和回答的十大新课题，其中包括“步入高质量发展轨道后，如何依靠创新驱动、技术进步、高素质人才激发强大内生动力”。浙江省委十四届七次全会强调要加快形成13项重大标志性成果，明确要求“建设高素质强大人才队伍、打造高水平创新型省份”。由此可见，人才发展治理被提到了一个前所未有的高度，引领着新时代浙江人才治理和创新工作。

人才研究是一个新兴的领域，在人才强国战略推动之下，学术界越来越关注人才相关研究，但是长期以来人才实践创新和改革步伐快于学术界的理论研究进展，人才研究的范式和基本理论框架仍然不成熟。童素娟博士的新著《人才发展治理：国家治理现代化的重要基石》是人才研究领域的一部力作，把握新形势、新任务，顺应当前经济社会发展的需求，回应学术界对于人才研究的殷切期盼，把人才发展治理放到推进国家治理体系和治理能力现代化的高度，在大规模调查取样和实地调研的基础上，从优化党政人才、科技人才、哲学社会科学人才、社会工作人才队伍建设等方面统筹深入推进，着力构建现代新型人才发展治理体系，最大限度激发释放人才活力，把各类优秀人才集聚到党和国家事业上来，推进制度优势转变为治理效能。

该书的最大特点就是贯彻“把论文写在祖国大地上”的科研理念，用实际行动服务为经济社会发展和广大人民群众服务，从实践经验中发现问题、解决问题。因此，该书不单单是理论探讨，也是在大规模的调查取样和实地调研基础上进行的分析和研究，具有较强的实践意义和应用价值。该书是童素娟博士近几年在人才领域研究的探索之作。她先后毕业于中国农业大学、北京大学、浙江大学，受过系统专业的学术训练，毕业后又在浙江省人力资源和社会保障厅下属事业单位浙江省人力资源和社会保障科学研究院就职十年，具有丰富的政府实务部门工作经验和政策研究成果积累，既可以兼顾学术的诉求，又可以贴近政府实务部门的需求。该书以大量的问卷调查和实地调研为支撑，既有一定的理论深度，又贴近政府实务，宏观分析与案例研究相互支持、相互融合。

该书的第一章是现代人才发展治理体系的内涵、特征与路径选择，主要介绍了现代人才发展治理体系的概念内涵和基本特征，阐述了构建现代人才发展治理体系的重要意义，对“十四五”时期人才工作的新形势、新任务、新要求进行预判，并根据发展机遇和挑战来确定现代人才发展治理体系的构建策略与路径选择。第二章是探索推进政府雇员制，优化党政人才结构，简单介绍政府雇员制的内涵、实践探索及其意义，并在问卷调查和实地调研的基础上对杭州市政府雇员制的实施效果进行评估，最后有针对性地提出深入推进政府雇员制的对策建议。第三章是优化人才创新创业生态，提升科技创新竞争力，简单介绍科学竞争力的概念内涵和重要意义，在问卷调查和实地调研的基础上剖析杭州下沙大学城的科技竞争力现状、人才创新创业生态环境现状以及面临的体制机制障碍，通过借鉴发达国家和地区科技创新的经验，提出提升杭州下沙大学城科技竞争力的对策建议。第四章是加强人才队伍建设，构建中国特色哲学社会科学，在对哲学社会科学人才进行界定的基础上，详细阐述了浙江省哲学社会科学人才队伍建设的基本现状与主要成效，并深入剖析这支人才队伍建设存在的主要问题及背后原因，最后提出加快推进这支人才队伍建设的对策建议。第五章是促进志工、社工、义工发展，提高社会治理水平，简单介绍志工、社工、义工的概念和发展志工、社工、义工的重要意义，科学评估义乌志工、社工、义工的发展现状，并借鉴国内外志工、社工、义工发展以及社会治理的经验，提出有针对性的对策建议，促进志工、社工、义工发展，提高社会治理水平。第六章是积极推进人力资源服务业产业园区建设，在人力资源服务业及园区的调研基础上，详细剖析浙江省人力资源服务业及园区的发展现状与问题，并对未来五年浙江省人力资源服务业发展的供需进行预测，最后提出促进浙江省人力资源服务业及园区发展的对策建议。第七章是更加注重发挥现代服务业人才引领作用，在实地调研和问卷调查的基础上，对浙江省现代服务业人力资源发展、“互联网 +”背景下人力资源服务业的发展趋势与模式创新以及中小企业职业经理人的发展进行了关注和深入研究，并在此基础上提出相关的对策建议。第八章是现代主导产业人才需求与引才趋势研究，在问卷调查和实地调研的基础上，系统分析杭州上城区“5+1”产业的发展现状、人才需求现状以及引才趋势，并提出推进杭州上城区“5+1”产业人才队伍建设的对策建议。第九章是区域高水平推进人才强市建设研究，主要分析“十三五”时期温州市人才发展现状与问题，通过和省内主要城市比较，分析温州人才竞争的优势和劣势，提出“十四五”时期温州市人才发展面临的机遇与挑战，并基于此提出温州市“十四五”时期建设高水平人才强市的对策建议。

本人对该书的出版向作者表示祝贺，同时期待该书能引起广大读者的兴趣，对实务部门的政策制定和优化提供一定借鉴，并希望有更多的学者投身人才研究，为人才研究的继续深化和拓展贡献真知灼见，为人才事业的繁荣兴旺添砖加瓦。

浙江省特级专家、浙江大学公共政策研究院执行院长
金雪军

2022 年 3 月 31 日

CONTENTS
目录

第一章　现代人才发展治理体系的内涵、特征与路径选择

国家治理体系和治理能力是中国特色社会主义制度及其执行能力的集中体现。“推进国家治理体系和治理能力现代化”是在党的十八届三中全会上确定的全面深化改革总目标。党的十九届四中全会是这个总目标的深化和展开，是一次具有开创性、里程碑意义的重要会议，聚焦“坚持和完善中国特色社会主义制度、推进国家治理体系和治理能力现代化”这一主题，旨在部署和推进国家治理体系和治理能力现代化，推进我国制度优势全面转化为治理效能。党的十九届四中全会全面总结了我国国家制度和国家治理体系 13 个方面的显著优势[①]，其中包括“坚持德才兼备、选贤任能，聚天下英才而用之，培养造就更多更优秀人才的显著优势”。

人才发展治理是国家治理现代化的重要基石。国家治理体系和治理能力现

① 党的十九届四中全会通过的《中共中央关于坚持和完善中国特色社会主义制度　推进国家治理体系和治理能力现代化若干重大问题的决定》指出，我国国家制度和国家治理体系具有多方面的显著优势，主要是：坚持党的集中统一领导，坚持党的科学理论，保持政治稳定，确保国家始终沿着社会主义方向前进的显著优势；坚持人民当家作主，发展人民民主，密切联系群众，紧紧依靠人民推动国家发展的显著优势；坚持全面依法治国，建设社会主义法治国家，切实保障社会公平正义和人民权利的显著优势；坚持全国一盘棋，调动各方面积极性，集中力量办大事的显著优势；坚持各民族一律平等，铸牢中华民族共同体意识，实现共同团结奋斗、共同繁荣发展的显著优势；坚持公有制为主体、多种所有制经济共同发展和按劳分配为主体、多种分配方式并存，把社会主义制度和市场经济有机结合起来，不断解放和发展社会生产力的显著优势；坚持共同的理想信念、价值理念、道德观念，弘扬中华优秀传统文化、革命文化、社会主义先进文化，促进全体人民在思想上精神上紧紧团结在一起的显著优势；坚持以人民为中心的发展思想，不断保障和改善民生、增进人民福祉，走共同富裕道路的显著优势；坚持改革创新、与时俱进，善于自我完善、自我发展，使社会始终充满生机活力的显著优势；坚持德才兼备、选贤任能，聚天下英才而用之，培养造就更多更优秀人才的显著优势；坚持党指挥枪，确保人民军队绝对忠诚于党和人民，有力保障国家主权、安全、发展利益的显著优势；坚持“一国两制”，保持香港、澳门长期繁荣稳定，促进祖国和平统一的显著优势；坚持独立自主和对外开放相统一，积极参与全球治理，为构建人类命运共同体不断作出贡献的显著优势。

代化的实现要以制度为依托，而一个非常关键的因素是人的现代化。人的治理理念及人的现代化，往往是国家治理现代化的前导。人才作为经济社会发展的第一资源、第一动能，是国家治理体系中需要优先关注的重点领域。[①]我们必须把人才发展治理纳入国家治理体系和治理能力现代化的全局加以谋划和设计，在更高层面上形成一套更加成熟的人才发展治理体系，在更大范围内创造一个更加公平、宽松有序的人才发展生态环境，在全社会范围内最大限度激发释放各类人才的主动性和创造性，把各类优秀人才集聚到党和国家事业上来，推动国家治理体系和治理能力现代化的实现，推进我国制度优势全面转化为治理效能。

第一节　现代人才发展治理体系的概念内涵、基本特征及重要意义

"十四五"时期是我国在全面建成小康社会、实现第一个百年奋斗目标之后，乘势而上开启全面建设社会主义现代化国家新征程、向第二个百年奋斗目标进军的第一个五年[②]，人才工作面临着新形势、新任务、新要求。日趋激烈的国际人才竞争在未来一段时间将常态化，中国在全球人才竞争中的作为将受到极大挑战和钳制。[③]准确把握人才工作的新形势、新任务、新要求，积极构建具有全球竞争力的现代人才发展治理体系，推进人才发展治理现代化，对赢得全球人才竞争，推动国家治理体系和治理能力现代化，具有重要的理论和现实意义。[④]

一、现代人才发展治理体系的概念内涵与基本特征

人才发展治理体系这个概念并不是学术界率先使用的概念，其最先出现在2016年3月中共中央印发的《关于深化人才发展体制机制改革的意见》的文件

① 吴江．以人才治理现代化夯实国家治理现代化基石 [N]. 光明日报，2019-12-08（5）.

② 2020年10月29日，中国共产党第十九届中央委员会第五次全体会议审议通过的《中共中央关于制定国民经济和社会发展第十四个五年规划和二〇三五年远景目标的建议》。

③ 陈丽君．如何迎接新一轮全球人才竞争 [N]. 光明日报，2021-02-21(7).

④ 何宪．构建具有全球竞争力的人才制度体系 [N]. 文汇报，2017-06-09(3).

中，文件提出“要构建科学规范、开放包容、运行高效的人才发展治理体系，形成具有国际竞争力的人才制度优势”。人才发展治理体系的提出，意味着治理理论被首次引入人才发展领域，也反映了党的人才工作实现了由人才管理向人才治理的转变。[①] 这对于推进我国国家治理体系和治理能力现代化进程是具有里程碑意义的重大事件。

按照协同治理理论，现代人才发展治理体系是指在系统、协同、共治理念指导下采用多种治理工具的一种人才服务管理的网络化的制度体系[②]，由政府、市场、社会、用人主体、人才等多种治理主体共同构建和参与，相关经济、科技、金融等生产要素融通，持续推动人才体制机制突破性变革，不断促进人才制度体系市场化、法治化、国际化，从而实现人才价值最大化和人才事业可持续发展。[③] 现代人才发展治理体系是治理理论在人才领域的一种应用，人才发展有机嵌入外部社会大系统，强调以质量和效益为重心，促进多元主体参与，注重过程互动，突出要素协作，最终目标是实现善治。[④] 作为一种制度设计，现代人才发展治理体系是有关人才发展的一系列关键环节的基本设定，是推动人才发展治理能力现代化的基本保障。

现代人才发展治理体系具备以下特征：①治理主体多元化。在现代人才发展治理体系中，政府不再是治理的唯一主体，各种社会组织包括民营企业、第三部门和人才个人，都是人才发展治理体系的合法主体。[⑤] ②治理结构网络化。人才发展嵌入整个社会大系统，涉及跨层级、跨区域、跨部门、跨业界的多层级相互的人才发展治理运行网络。③治理模式柔性化。现代人才发展治理模式更加开放包容，更柔性化，区别于传统行政干预和政府直接管制的刚性管理。④治理工具综合化。适应人才工作的情境复杂化，人才治理工具从以计划管理

① 董博．中国人才发展治理及其体系构建研究 [D]. 长春：吉林大学，2019.

② 江游，张新岭，焦永纪．现代人才发展治理体系的内涵、框架及构建策略研究 [J]. 中国集体经济，2018(29):25-26.

③ 徐军海．构建现代人才发展治理体系的逻辑与路径：基于“主体—要素—过程”分析框架 [J]. 江海学刊，2020(3):91-96.

④ 徐军海．构建现代人才发展治理体系的逻辑与路径：基于“主体—要素—过程”分析框架 [J]. 江海学刊，2020(3):91-96.

⑤ 江游，张新岭，焦永纪．现代人才发展治理体系的内涵、框架及构建策略研究 [J]. 中国集体经济，2018(29):25-26.

和政策管理的结构式控制工具为主，转向结构式控制工具、合同式诱导工具以及互动式影响工具嵌套使用。总的来说，政府、市场、社会与人才发展客体之间相互作用、相互制约，形成了一个多中心布局、多层次结构、多关系网络的复杂网络矩阵结构①。现代人才发展治理体系构架如图 1-1 所示。

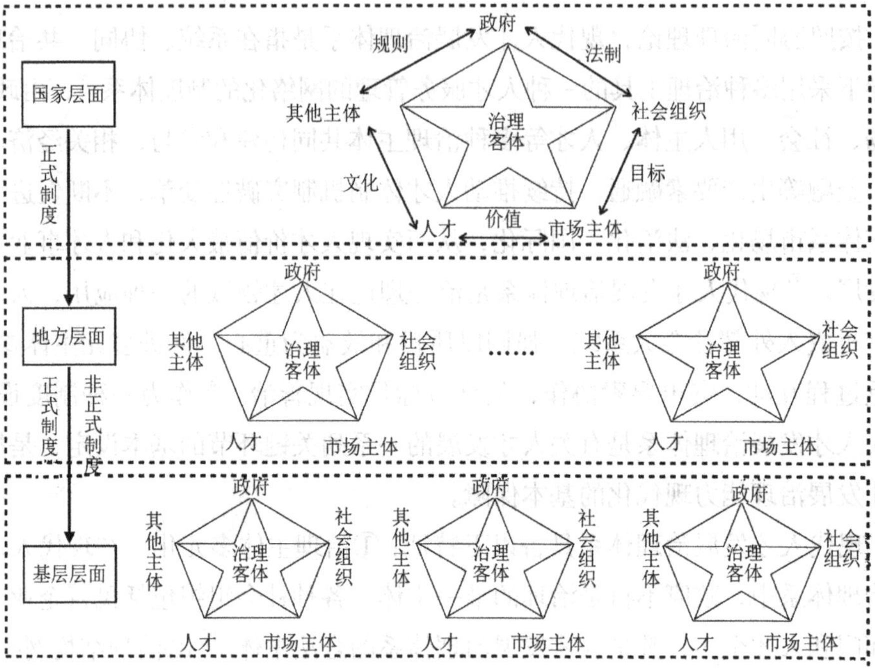

图 1-1　现代人才发展治理体系构架②

二、构建具有全球竞争力的现代人才发展治理体系的重要意义

人才竞争的背后是制度竞争。当今世界的人才竞争，已经不是单纯的薪酬待遇比拼，而是日益演变成人才发展治理体系的较量。人才发展治理体系在更深层次上关系到整个经济社会的发展大局，任何国家和地区如果能在人才发展治理体系方面更具优势，便能在国际上拥有更大的话语权。一个国家和地区的人才综合竞争力越来越体现为政策环境、发展空间、文化认同、社会化氛围等

① 董博．中国人才发展治理及其体系构建研究 [D]. 长春：吉林大学，2019.
② 董博．中国人才发展治理及其体系构建研究 [D]. 长春：吉林大学，2019.

综合性实力。我国人才工作取得的显著成绩证明我国人才发展治理体系有其独特的优势，但是国际国内新形势的变化对人才工作也提出了新任务、新要求，现有的人才发展体制机制不健全、不适应的问题逐渐显现，因此加快构建具有全球竞争力的现代人才发展治理体系已经刻不容缓。① 这既是对破解人才发展现实困境的主动回应，也是彰显国家制度和治理体系显著优势的关键任务，更是促进国家治理体系和治理能力现代化的有效路径。②

第一，构建具有全球竞争力的现代人才发展治理体系，是坚持党管人才的根本保证。党管人才是我国人才工作的根本原则，也是中国特色社会主义制度人才优势的集中体现。在新时代，党管人才不是包揽包办，而是统筹协调，把各类优秀人才集聚到党和国家事业上，深化人才发展体制机制改革，最大限度激发释放人才活力，聚天下英才而用之。党管人才的终极目标是用才，按照“人尽其才、才尽其用、用当其时、用当其地”的原则，充分发挥党的思想政治优势、组织优势、密切联系群众优势，把人才放在合适的岗位上提素质、增才干，将各类青年“俊才”、个性“怪才”和发展“潜才”养好、管好、用好，是坚持党管人才、推动国家治理体系和治理能力现代化的必然之举。③

第二，构建具有全球竞争力的现代人才发展治理体系，是推动经济高质量发展的重要保障。中国经济进入新常态以后，经济发展阶段已由高速增长阶段过渡到高质量发展阶段，经济发展动能也由传统的资本驱动开始转向人才驱动、创新驱动，人才逐渐成为引领经济社会发展的第一资源。中国经济高质量发展归根结底取决于中国的人才竞争力。人才是推动经济增长和提高经济效益的重要保障，而经济发展聚集人才存量和优化人才结构的动因与方向，两者互促互进、协调发展。随着人才治理格局不断完善、人才规模不断扩大、人才结构不断优化、人才素质不断提升，人才资源支撑区域经济高质量发展的实效将会更加凸显。④

---

① 本报评论员．加快构建现代人才发展治理体系 [N]. 中国组织人事报，2016-06-01(6).

② 徐军海．构建现代人才发展治理体系的逻辑与路径：基于“主体—要素—过程”分析框架 [J]. 江海学刊，2020(3):91-96

③ 石璐．新时代的党管人才工作 [EB/OL].(2020-01-09)[2021-05-16].https://difang.gmw.cn/2020-01/09/content_33468830.htm.

④ 马茹，王宏伟．中国区域人才资本与经济高质量发展耦合关系研究 [J]. 华东经济管理，2021(4):1-10.

第三，构建具有全球竞争力的现代人才发展治理体系，是破解科技创新“卡脖子”困境的重要利器。人才作为科学技术和创新能力的载体，已经成为国家和区域综合实力竞争的核心要素。我国在科学技术和创新能力方面与发达国家还有较大的差距。尤其在中美贸易战的不断升级和技术出口管制更加严格的情况下，我国当前各领域都遭受着“卡脖子”技术困境。科技竞争、创新竞争背后是人才竞争，“卡脖子”技术困境的背后是人才和技术的不足。① 构建具有全球竞争力的现代人才发展治理体系，有利于更好地整合科技创新资源、优化人才资源配置、创造良好科研生态，充分发挥人才在科技创新力中的根本作用。

第四，构建具有全球竞争力的现代人才发展治理体系，是创新和完善人才发展体制机制的重要内容。要着力在人才体制机制上破藩篱、见实效，突出国家发展和社会需求导向，把握各层次各行业人才工作特点，完善人才培育模式，优化人才发展环境；遵循社会主义市场经济规律和人才成长规律，推动人才管理部门简政，向用人主体放权，真正发挥好用人主体在人才培养、吸引和使用中的主导权，推动人才发展共治共赢共享；强化人才激励机制，尊重和实现人才价值，推动知识、技术、管理、技能等生产要素按贡献量参与分配，促进科技成果转化，让人才合理合法享有创新收益；树立全球视野和战略眼光，不求所有开发人才，不拘一格用好人才，提高全球范围内配置人才资源能力。②

第二节 “十四五”时期人才治理面临的新形势、新任务、新要求以及浙江人才工作面临的发展机遇与挑战

一、“十四五”时期人才治理面临的新形势、新任务、新要求

中国共产党第十九届中央委员会第五次全体会议审议通过《中共中央关于制定国民经济和社会发展第十四个五年规划和二〇三五年远景目标的建议》，提出了到2035年建成人才强国的远景目标。这既是现代化建设新征程中的人

① 陈丽君．如何迎接新一轮全球人才竞争 [N]. 光明日报，2021-02-21(7).

② 本报评论员．加快构建现代人才发展治理体系 [N]. 中国组织人事报，2016-06-01(6).

才发展新机遇，又是世界百年未有之大变局中的人才竞争新挑战。①

当前我国人才工作既处于最好的时代，也处于最坏的时代②，机遇与挑战并存，需要理性分析形势，科学规划设计，遵循人才发展规律，脚踏实地推动实施。

第一，适应国际人才竞争的新需求，新时代人才工作的目标将转移到形成具有国际优势的人才治理体系。根据经济发展规律，世界主要国家都已经逐步进入由创新驱动、人才驱动替代传统的要素驱动、投资驱动的发展阶段。而人才资源是稀缺的，全球人才竞争日益白热化，人才的竞争超越了单纯的薪酬、待遇、平台比拼，日益成为全方面、系统性的人才发展治理体系的较量。③面对百年未有之大变局，尤其是新冠肺炎疫情发生以来，人才发展国际环境日趋恶劣，人力资源流动和广泛的经济活动受到前所未有的限制，世界各国在社会制度、意识形态、发展模式、价值理念等方面的对立和冲突在短期内难以弥合，严重制约各国之间的制度性合作，世界经济、政治、安全形势的不稳定和不确定因素增多，中国与世界的关系也受到了深刻而复杂的影响。④因此，我国全球引才面临着前所未有的挑战，是从此“闭关锁国”，走“自我培养、自我使用”的自主人才培育之路，还是继续“对外开放”，坚持国内国际人才双循环是值得我们审慎思考的问题⑤。应对当前越来越严峻的国际形势和越来越激烈的国际人才竞争，归根结底还是要立足全球，面向未来，客观冷静地看待我国人才竞争的国际差距，加快构建科学规范、开放包容、运行高效的新型人才治理体系，推进人才治理能力现代化，形成人才竞争的国际优势，为推进国家治理体系和治理能力现代化贡献更大的智慧和力量。

第二，适应科技自立自强的新需求，新时代人才工作的重心将转移到激发人才创新活力上。科技兴则民族兴，科技强则国家强。进入21世纪以来，全

---

① 吴江．为高质量发展提供高素质人才 [N]. 光明日报，2021-03-09(5).

② 陈丽君．如何迎接新一轮全球人才竞争 [N]. 光明日报，2021-02-21(7).

③ 董博．中国人才发展治理及其体系构建研究 [D]. 长春：吉林大学，2019.

④ 美国等一些国家的政客掀起新一轮反华浪潮，围绕病毒起源、责任的政治斗争日趋激烈，所谓中国“起源论”、中国“负责论”、中国“赔偿论”、中国“威胁论”甚嚣尘上，将疫情“政治化”，把病毒“标签化”，对中国“污名化”的趋势也像病毒一样不断扩散，甚至叫嚣“与中国脱钩”“去中国化”等。

⑤ 陈丽君．如何迎接新一轮全球人才竞争 [N]. 光明日报，2021-02-21(7).

球科技创新进入空前密集活跃的时期，新一轮科技革命和产业变革正在重构全球创新版图、重塑全球经济结构。[①]科学技术从来没有像今天这样深刻影响着国家前途命运，从来没有像今天这样深刻影响着人民生活福祉。[②]当前我国科技领域仍然存在一些亟待解决的突出问题，其中最突出的问题是自主创新能力不强，重大原创性成果缺乏，关键核心技术受制于人的局面没有得到根本性改变。[③]有数据显示，我国科技成果转化率不到10%，产业化率不足5%，对外技术依存度高达35%以上，而世界科技强国对外技术依存度仅为5%左右。[④]西方发达国家技术出口管制带来的“卡脖子”核心技术困境，使国人清醒地认识到长期以来我国“引进—落后—再引进”的科技创新模式已经不可持续。[⑤]习近平总书记着眼“十四五”时期加快科技创新的迫切要求，提出了科技创新必须“坚持面向世界科技前沿、面向经济主战场、面向国家重大需求、面向人民生命健康，不断向科学技术广度和深度进军”等“四个面向”，争取到2035年关键核心技术实现重大突破，进入创新型国家前列。[⑥]科技创新的四个面向对新时代人才发展提出了新的需求，未来人才发展的主攻方向就是让科技创新人才得到合理回报，全面激发人才创新活力。[⑦]创新人才评价机制，建立健全以创新能力、质量、贡献为导向的科技人才评价体系，形成并实施有利于科技人才潜心研究和创新的评价制度，最大限度把科技人才的报国情怀、奋斗精神、创造活力激发出来。尊重人才成长规律，构建完备的人才梯次结构，培养造就一大批具有国际水平的战略科技人才、科技领军人才、青年科技人才和创新团队，形成天下英才聚神州、万类霜天竞自由的创新局面。[⑧]

第三，适应经济高质量发展的新需求，新时代人才工作的投入将转移到发挥人才效益的主战场上。根据我国发展阶段、发展环境、发展条件的变化，党

① 习近平．努力成为世界主要科学中心和创新高地 [J]. 新长征，2021(4):4-9.
② 习近平．努力成为世界主要科学中心和创新高地 [J]. 新长征，2021(4):4-9.
③ 习近平．努力成为世界主要科学中心和创新高地 [J]. 新长征，2021(4):4-9.
④ 孙锐，孙彦玲．构建面向高质量发展的人才工作体系：问题与对策 [J]. 科学学与科学技术管理，2021(2):3-16.
⑤ 坚持科技创新的“四个面向” [EB/OL].(2021-01-07)[2021-06-23].https://www.sohu.com/a/443040224_120938058.
⑥ 2020年10月29日，中国共产党第十九届中央委员会第五次全体会议审议通过的《中共中央关于制定国民经济和社会发展第十四个五年规划和二〇三五年远景目标的建议》。
⑦ 吴江．为高质量发展提供高素质人才 [N]. 光明日报，2021-03-09(5).
⑧ 习近平．努力成为世界主要科学中心和创新高地 [J]. 新长征，2021(4):4-9.

的十九届五中全会提出，“十四五”时期经济社会发展要以推动高质量发展[①]为主题，要“着力加快建设实体经济、科技创新、现代金融、人力资源协同发展的产业体系”。围绕为什么要推动高质量发展、什么是高质量发展、怎样推动高质量发展等问题，习近平总书记发表一系列重要讲话[②]，提出“高质量发展，就是能够很好地满足人民日益增长的美好生活需要的发展，是体现新发展理念的发展，是创新成为第一动力、协调成为内生特点、绿色成为普遍形态、开放成为必由之路、共享成为根本目的的发展”，并强调“经济、社会、文化、生态等各领域都要体现高质量发展的要求”。在新时代，高质量发展将贯穿国家发展的各领域、各过程，高速增长阶段的低成本劳动力优势已经不复存在，高质量发展阶段更取决于需要发挥人力资本的作用，提高人才发展的质量，即人才发展方式能否从传统的规模外延型向现代的质量内涵型转变，能否从重引进、重投入、重集聚向自主培养为主、培养引进并重、重使用、重激发、重效用转变[③]，从而能否为高质量发展的各领域提供高素质人才支撑。[④]各地政府有力有序推进的创新攻关“揭榜挂帅”体制机制，以国家重大科研任务为导向的人才市场配置新机制，将会有力推进人才高质量发展的新一轮改革。[⑤]浙江省结合当前改革发展所面临的新形势、新任务、新要求，在以人才高质量发展引领浙江经济社会各领域高质量发展方面做出了积极的探索。2020 年 6 月，中国共产党浙江省第十四届委员会第七次全体会议审议通过了《中共浙江省委关于建设高素质强大人才队伍，打造高水平创新型省份的决定》，高素质人才队伍建设被提到了前所未有的高度，引领浙江社会各领域的高质量发展。2020 年 6 月，浙江省率先推出“揭榜挂帅”式人才遴选和科技管理体制的改革创新，在全球范围内为关键核心技术攻关选拔有能力、有意愿的领军人才。[⑥]

第四，适应国际国内双循环的新需求，新时代人才工作的重点将转移到破

---

① 2017 年，中国共产党第十九次全国代表大会首次提出“高质量发展”表述，表明中国经济由高速增长阶段转向高质量发展阶段。

② 本报评论员 . 以推动高质量发展为主题 [N]. 人民日报，2020-11-17(9).

③ 赵永乐 . 畅通人才大循环 构建人才发展新格局 [J]. 群众，2021(1):57-58.

④ 吴江 . 为高质量发展提供高素质人才 [N]. 光明日报，2021-03-09(5).

⑤ 吴江 . 为高质量发展提供高素质人才 [N]. 光明日报，2021-03-09(5).

⑥ 陈丽君 . 如何迎接新一轮全球人才竞争 [N]. 光明日报，2021-02-21(7).

解人才发展不平衡、不充分的矛盾上。受新冠肺炎疫情影响，全球经济呈明显下行趋势。面对这一复杂局面，习近平总书记明确指出，要推动形成以国内大循环为主体、国内国际双循环相互促进的新发展格局。立足国内大循环、畅通国内国际双循环是党中央积极应对世界百年未有之大变局和当前国内外经济形势变化的战略之举，对于推动我国经济行稳致远、实现经济高质量发展具有重大意义。①为适应国际国内双循环的新需求，要积极破解长期以来我国人才发展存在的固有症结，比如人才资源总量较大但结构性矛盾凸显，市场配置效率不高，人才体制机制不活，国内大循环不畅，地区间人才不平衡，创新型、应用型、技能型人才供不应求等问题。②构建具有全球竞争力的现代人才发展治理体系，遵循习近平总书记"聚天下英才而用之"的人才治理理念，激活国内市场配置人才资源的能力，全面激发国内人力资源潜在能量，提高国际人才竞争的制度优势，整合人才国内国际双循环，以人才队伍建设的国际国内双循环来推动形成以国内大循环为主体、国内国际双循环相互促进的新发展格局，率先攻占全球人才竞争的战略制高点。③

第五，适应后疫情时代的新需求，新时代人才工作的模式将转移到人才的线上交流、共享服务上。新型冠状病毒席卷全球，对全球人民的生活、工作、学习产生巨大的影响，为减少新型冠状病毒肺炎疫情感染的可能性，政府和企业更加在线化、自动化、智能化，使得人与人之间的接触降低到最低限度，同样人才在国家和地区之间的物理流动也受到了极大的限制。因此，后疫情时代以"互联网+"、大数据、云计算为代表等互联网技术的普及为人才服务升级注入新动能，带来新机遇，人才线上交流、共享服务将会成为新时代获取人才、使用人才和占有人才的一种人才服务新模式。④"互联网+人力资源"服务模式被广泛引入人力资源服务企业，"云招聘""云学习""云猎头"等"互联网+"服务模式已经成为行业常态。而各地政府也纷纷借助互联网技术与手段创新人才治理和服务模式，打破人才信息壁垒，畅通人才交流互动、资源对接转化渠

① 李燕．推动形成国内国际双循环发展新格局 [EB/OL].(2020-06-22)[2021-06-12]. http://theory.people.com.cn/n1/2020/0622/c40531-31755350.html.

② 吴江．为高质量发展提供高素质人才 [N]. 光明日报，2021-03-09(5).

③ 赵永乐．畅通人才大循环　构建人才发展新格局 [J]. 群众，2021(1):57-58.

④ 陈丽君．如何迎接新一轮全球人才竞争 [N]. 光明日报，2021-02-21(7).

道，提升人才治理能力。2020年，浙江省委省政府重点聚焦人才创业创新全生命周期“一件事”，开发建设人才服务云平台2.0版，加强服务事项和服务资源归集，打造集人才招引、人才落户、人才金融服务等功能于一体的网上综合体，努力实现人才服务“一网通办”。

二、“十四五”时期浙江人才工作面临的发展机遇与挑战

浙江省要努力成为新时代全面展示中国特色社会主义制度优越性的重要窗口，人才和创新既是鲜明、突出的标志，也是根本、持久的动力。浙江省必须率先形成以人才驱动创新、以创新驱动发展的高质量发展新格局，在大变局下增创发展新优势。除了需要适应国际人才竞争、科技自立自强、经济高质量发展、国际国内双循环、后疫情时代等国内外宏观形势的新需求，“十四五”时期浙江人才工作还面临着浙江自身特有的机遇与挑战。

第一，长三角区域一体化形成高质量发展新格局。长三角区域一体化发展上升为国家战略，长三角地区的综合实力、整体活力和人才竞争力都会空前提升。浙江要充分利用一体化带来的战略叠加和战略升华机遇，从浙江省情和发展实际出发，深入接轨融入上海，接受“长三角”正面辐射和人才外溢，助推长三角人才一体化发展，形成高质量发展新格局。

第二，区域竞争激化给引才引智带来集聚新压力。随着长三角区域一体化战略的逐步推进，上海的人才虹吸效应会日益增强，区域间人才竞争也会更加白热化，这会给浙江人才工作带来新挑战。长三角区域周边省份和地区纷纷出台人才新政，加大人才引进和扶持力度，浙江部分欠发达地区聚才高端平台少，高层次人才集聚能力有限，中高端人才流入受压制，区域人才劣势会更加明显，引才、留才难度将会增加。

第三，经济总量全国领先带来优化人才结构新追求。浙江作为经济发达省份，发展速度与质量并重，区域均衡性发展走在全国前列，2020年浙江省生产总值达64613亿元，继续位列全国第4位，同比增长3.6%，增速高出全国1.3个百分点。[①]其中，杭州生产总值16105.83亿元，排名第一位，增速为

① 2020年浙江省GDP数据出炉：总量达到64613亿元，全国排第四位[EB/OL].(2021-01-27)[2021-06-23]. https://new.qq.com/rain/a/20210127A04KH100.

3.9%；宁波排名第二位，生产总值12408.66亿元，增速为3.3%；温州、绍兴生产总值超6000亿元，分别为6870.86亿元、6000.66亿元，排名第三位和第四位，增速分别为3.4%和3.3%。[①]

第四，经济下行对区域中高端人才吸纳能力带来新挑战。在“十四五”期间，受新冠肺炎疫情影响，全球经济面临衰退威胁，浙江也不例外。在同等情况下，民营经济受到疫情的冲击会更大，尤其一些传统的劳动密集型中小企业经营困难，以裁员减员、减薪降薪来渡过难关，新增就业岗位将会减少。这对民营经济占比高达65%的浙江来说，中高端人才吸纳能力无疑面临着极大的挑战。

第五，“最多跑一次”对人才服务提出高效共享新要求。党的十八大以来，各地政府纷纷通过改革创新建设服务型政府，而浙江省“最多跑一次”改革成效尤为显著，得到了党中央的高度肯定。在“十四五”期间，浙江人才工作将适应“最多跑一次”改革的要求，继续不断提高人才服务精准化、便捷化水平，强化部门协同、数据共享、重点突破、攻坚克难，扎实推进人才工作数字化转型。

第三节　现代人才发展治理体系的构建策略与路径选择

在新形势下构建现代人才发展治理体系是一项系统工程，需要党委政府、用人单位、社会力量等多元主体参与，统筹推进党政人才、科技人才、哲学社会科学人才、社会工作人才、产业人才队伍建设，构建人才协同治理机制，发挥齐抓共管的最大效应，以人才资源的高质量引领支撑经济社会发展的高质量，从而推动国家治理体系和治理能力现代化，将我国的制度优势转化为国家治理效能。牢固确立人才发展的战略地位，深化人才发展体制机制改革，构建具有国际竞争力的现代人才发展治理体系；最大限度激发释放人才活力，把各类优秀人才集聚到党和国家事业上，聚天下英才而用之；以人才发展引领经济社会发展，在全球范围集聚培养一批经济社会发展需要的高素质人

---

① 中商产业研究院.2020年浙江各市生产总值排行榜：丽水、舟山突破1500亿元[EB/OL].(2021-02-01)[2021-06-23]. https:// www.askci.com/news/data/hongguan/20210201/1849441348389.shtml.

才，并形成制度优势；吸引和培育一批世界一流科技、教育、医疗、文化、体育和产业创新人才，在实现关键核心技术领域的重大突破方面形成创新环境优势。①

一、中国人才发展治理的实践困境与趋势要求②

长期以来，我国人才发展治理实践取得的显著成绩证明，我国人才发展治理体系有其独特的优势，即“坚持德才兼备、选贤任能，聚天下英才而用之，培养造就更多更优秀人才”，并且“尊重知识、尊重人才，加快人才制度和政策创新，支持各类人才为推进国家治理体系和治理能力现代化贡献智慧和力量”。③但是现有的人才发展治理仍然存在治理目标不明确、治理机制不顺畅、治理环境仍不优等问题。

第一，人才发展治理目标不明确。构建现代人才发展治理体系的目标是实现人的自由全面发展、推动人才发展与经济社会发展相协调。但是，我国人才发展治理实践中存在诸多目标不明确、系统性不足的问题，比如：多关注宏大抽象的目标，缺乏可操作、可落实的具体目标设定，常简单笼统地以各类人才工程、人才项目为抓手；多侧重高层次、高素质人才，对各层级人才的全覆盖不够；重人才申报、轻后期培养，重成果评价、轻潜质开发，重个人发展、轻团队合作；中央与地方之间、地方与地方之间、个人与团队之间目标设置不呼应、不科学；人才计划政出多门、定位重叠、标准不科学、评选不公平、管理不完善等。④

第二，人才发展治理机制不顺畅。人才发展治理是一个复杂多变的系统工程，涉及经济社会的主体，必须融入国内国际的发展大环境。⑤但是，我国人才发展治理还存在一系列的问题，人才自身发展、国家人才队伍开发与国家经济社会发展之间还存在一定的脱节现象，主要表现为：政府行政干预十分明显，地方服务型政府建设仍显不足；人才管理权限下放不够，基层单位用人自

① 吴江．为高质量发展提供高素质人才 [N]. 光明日报，2021-03-09(5).
② 董博．中国人才发展治理及其体系构建研究 [D]. 长春：吉林大学，2019.
③ 徐军海．构建现代人才发展治理体系的逻辑与路径：基于“主体—要素—过程”分析框架 [J]. 江海学刊，2020(3):91-96.
④ 董博．中国人才发展治理及其体系构建研究 [D]. 长春：吉林大学，2019.
⑤ 董博．中国人才发展治理及其体系构建研究 [D]. 长春：吉林大学，2019.

主权不足；人才管理部门权责不清晰，人才自主管理参与不足；“政府热、用人单位冷，组织部门热、其他部门冷，省市热、县区冷，指标考核热、内生增长冷”；人才开放盲目性较强，人才培育科学性不够；重理论、轻实践，重研究、轻应用；重短期效益、轻长期发展；人才评价维度过于单一，重业绩、重能力、重潜力的人才评价体系尚未形成；人才激励流于形式，名利双收机制不够完善；“有人才高原，无人才高峰”现象突出，缺乏有全球显示度和话语权的顶尖人才集群[①]；区域间人才恶性竞争，人才政策与经济、科技、产业政策的统筹衔接还不够充分[②]；人才“帽子满天飞”，严重破坏人才生态平衡；人才盲目流动、单向流动，浮躁功利，缺乏可持续性。

第三，人才发展治理环境仍不优。当今世界范围内的人才争夺和人才竞争已经超越了传统的薪酬、待遇、平台的比拼，日益成为人才发展环境优劣的较量。人才发展的文化认同、政策环境、事业平台、发展空间、社会氛围等，成为决定人才流向和人才作用发挥的关键因素。[③]但是，目前我国的人才发展治理环境仍然不完善，具有国际竞争力的人才制度优势尚未形式。人才发展长期游离于教育改革、科技进步、产业发展等深层次问题之外，人才发展所必需的基本生存环境如买房、子女上学、老人看病等遇到诸多挑战，为各类优秀人才提供的事业发展环境如投融资、法律法规保障、知识产权保护、创新成果转化、“人－产－城”融合匹配、营商环境建设等都需要进一步提升。人才治理手段仍需进一步提升，现代信息技术对人才治理的创新方式单一，对人才情况动态掌握和人才需求预测不到位，人力资源开发管理存在制度空缺，人才政策的稳定性、可持续性受到社会质疑，人才群体信用体系不健全、不贯通，难以规避多地申报人才支持计划的“走穴专业户”以及身兼多地“人才帽子”的恶劣现象。[④]

要解决当前人才发展治理实践过程中的这一系列问题和不足，归根结底是要加快构建具有国际竞争力的现代人才发展治理体系，以人的自由全面发展

---

① 徐军海，胡元姣．江苏构建现代人才发展治理体系的路径选择 [J]. 科技中国，2021(2):55-58.

② 徐军海，胡元姣．江苏构建现代人才发展治理体系的路径选择 [J]. 科技中国，2021(2):55-58.

③ 董博．中国人才发展治理及其体系构建研究 [D]. 长春：吉林大学，2019.

④ 徐军海，胡元姣．江苏构建现代人才发展治理体系的路径选择 [J]. 科技中国，2021(2):55-58.

为最高价值目标，以构建人类命运共同体为更高要求，适应创新型国家建设需要，推进国家治理体系和治理能力现代化。

二、构建现代人才发展治理体系的内在逻辑与建构策略[①]

人才发展系统是一个与经济社会发展高度同构的社会子系统，其治理行为和过程内嵌于整个国家社会结构之中。[②]而现代人才发展治理体系具有多中心布局、多层次结构、多关系网络等特点，可以从宏观、中观、微观三个层面同时发力、调整结构，从而实现人才治理资源和治理结构的多重优化。构建现代人才发展治理体系的内在逻辑与构建策略架构如图 1-2 所示。

1. 宏观架构："政府－市场－社会"治理主体共治

优化政府、市场、社会的互动关系，厘清各主体在人才治理中的权责边界，是构建现代人才发展治理体系的关键环节。政府既要在人才治理中处于主导地位，又不能继续扮演"全能型"角色，从直接的行政干预转向间接的人才服务，仅在市场不作为的领域发挥作用。官本位、政府本位让渡于市场本位，建立运行高效的人才市场体系，突出市场在人才资源配置中的导向作用，在自由竞争和自由流动中最大限度地激发人才的创新活力，实现人才价值最大化。发挥社会组织在人才发展治理中的引导、协调、监督作用，不断提升人才评价、权益维护、交流合作、行业标准等各类人才公共服务的供给效率和供给质量。

① 徐军海．构建现代人才发展治理体系的逻辑与路径：基于"主体—要素—过程"分析框架 [J]. 江海学刊，2020(3):91-96.

② 徐军海．构建现代人才发展治理体系的逻辑与路径：基于"主体—要素—过程"分析框架 [J]. 江海学刊，2020(3):91-96.

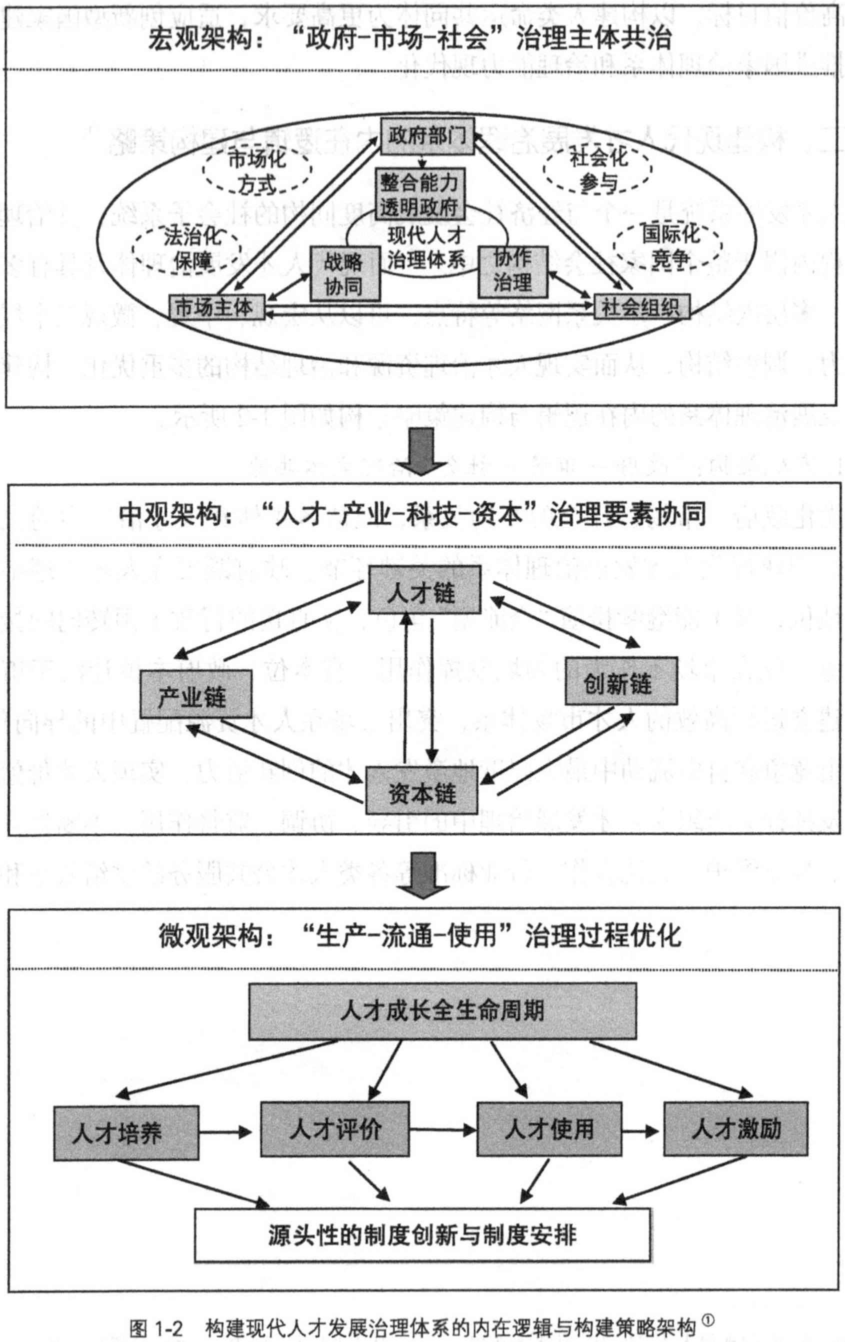

图 1-2 构建现代人才发展治理体系的内在逻辑与构建策略架构[①]

① 孙锐，黄梅．人才优先发展战略背景下我国政府人才工作路径分析 [J]. 中国行政管理，2016(9):18-22.

2. 中观架构："人才－产业－科技－资本"治理要素协同

党的十九大报告提出的"加快建设实体经济、科技创新、现代金融、人力资源协同发展的现代产业体系"，是构建现代人才发展治理体系中观架构的主要政策文件依据。换句话说，现代人才发展治理体系的中观架构就是要实现人才链、产业链、创新链、资本链"四链融合"，实现人才发展治理的"供给—需求—供给"的良性循环。人才链支撑了产业链，产业链又为人才链指明了引才方向，进而促进人才链和产业链的耦合互动发展。人才链与创新链共同演进、螺旋上升，人才链为创新链提供人才支撑，创新链又反作用于人才链，促进区域人才集聚。人才投资是效益最大的投资，人才与资本是双赢合作，资本链的高质量发展离不开专业化人才链的支撑，同时又反作用于人才的发展。

3. 微观架构："生产－流通－使用"治理过程优化

在微观层面，坚持问题导向、突出重点、有机衔接，基于人才"生产－流通－使用"成长全生命周期需求做出源头性的制度创新，破解人才发展的体制机制障碍，遵循市场经济规律和人才成长规律，不断优化人才培养支持、评价发现、引才用才、流动匹配、激励保障等机制，形成具有国际竞争力的人才制度体系。

总之，在宏观层面，政府的能力和职能是主导，人才效能的充分发挥是核心，用人主体自主权是保障，市场是整个体系正常运行的基础，而社会参与是政府与人才之间的沟通协调桥梁。在中观层面，人才链、产业链、创新链、资本链"四链融合"是关键，人才发展治理的"供给—需求—供给"的良性循环是人才发展治理体系良性运行的前提条件。在微观层面，基于人才"生产－流通－使用"全过程做出源头性的制度创新是先决条件。衡量一个现代人才发展治理体系是否合格，可以从以下六个方面来考察：人才发展关联上的协调性、人才制度体系的稳定性、人才发展治理目标的递进性、创新要素协同的高效性、人才资本的正外部性以及治理体系的自适应性。[①]

---

① 徐军海. 构建现代人才发展治理体系的逻辑与路径：基于"主体—要素—过程"分析框架 [J]. 江海学刊，2020(3):91-96.

三、构建现代人才发展治理体系的路径选择与对策建议

人才资源是执政党的根本性资源，人才发展决定国家命运和民族未来。习近平总书记高度重视人才治理，将人才发展与国家发展、人才个人价值与国家价值、人才个人成就与国家成就、人才个人命运与国家命运紧紧融为一体，鼓励人才为中华民族复兴贡献智慧和力量[①]。因此，必须优化顶层设计，全面深化人才体制机制改革，将人才发展治理纳入国家治理体系与治理能力现代化全局加以谋划和设计，出台更具活力、更加开放、更加高效的人才制度和政策，构建具有国际竞争力的现代人才发展治理体系，聚天下英才而用之。

1. 治理目标：科学规范、开放包容、运行高效

人才发展治理目标理应与我国2035年基本实现社会主义现代化、2050年建成富强民主文明和谐美丽的社会主义现代化强国，以及与全面建成小康社会和实现中华民族复兴的中国梦紧密相连，为建设创新型国家、社会主义现代化强国，以及持续增强国家核心竞争力提供强大的智力支持和人才保障。[②]从现代人才发展治理体系的定位来看，新时代构建具有全球竞争力的现代人才发展治理体系的基本目标是科学规范、开放包容、运行高效。科学规范是对现代人才发展治理体系的基本要求，也是确保人才体制机制改革方向正确的关键。开放包容是现代人才发展治理体系顺畅实施的基本保障，是确保人才活力充分迸发、人才价值充分发挥的前提。运行高效是人才发展治理体系科学性的重要检验标准，也是人才发展治理能力现代化水平的重要标志。[③]因此，只有加快构建科学规范、开放包容、运行高效的现代人才发展治理体系，才能形成具有国际竞争力的人才制度优势，才能聚天下英才而用之。

2. 路径选择：市场化、法治化、国际化[④]

在现代人才发展治理体系下，政府人才工作需要厘清几对关系：效率与公平、政府推动与市场作用、点上突破与统筹兼顾、法治管理与政策推动。未来人才工作将进入精细化阶段和内涵式发展阶段，要逐步从“效率优先”转向

① 张锋．习近平新时期人才治理思想述论 [J]. 观察与思考，2016(6):52-58.

② 董博．中国人才发展治理及其体系构建研究 [D]. 长春：吉林大学，2019.

③ 董博．中国人才发展治理及其体系构建研究 [D]. 长春：吉林大学，2019.

④ 孙锐，黄梅．人才优先发展战略背景下我国政府人才工作路径分析 [J]. 中国行政管理，2016(9):18-22.

“重视公平”，着力“特惠”向“普惠”的过渡。创新人才体制机制，处理好政府与市场的关系，推动政府在人才工作中的角色定位从“操作”向“监管”转变，从“政策”向“环境”转变，营造人才开放发展的市场化环境。突出社会化参与，大力培育和扶植社会组织和第三方机构，推动各类协会、行业 / 职业组织和各类服务机构发展，探索政府人才工作与公共机构、民间组织、民营机构等多元主体的合作治理模式。加强人才法治建设，大力弘扬法治精神，充分尊重法律地位和尊严，提高依法行政、依法监督的能力，将人才政策优势转变为人才法治优势，为聚天下英才提供法治保障环境。置身全球视野，瞄准国际化竞争，打造世界级人才发展平台，形成接轨国际的人才发展治理体系，提升全球人才资源利用能力，提升全球创新网络影响力，为世界顶尖人才和优秀人才提供更多向上发展的空间。

3. 对策建议：厘清治理边界、强化治理能力、完善治理手段①

第一，厘清人才发展治理边界。立足“国家 – 社会 – 市场”的三分结构，明确政府、市场、社会、人才自身在现代人才发展治理体系中的权责边界，发挥市场机制在人才资源配置过程中的决定性作用，由政府的单一管理转向政府、市场、社会、人才多元共同治理。人才发展治理应紧密结合国家、区域和地方发展实际，覆盖人才成长各个阶段，覆盖人才工作各个领域、各个群体，改进人才治理运行机制，探索建立科学合理的人才评价激励机制，保持人才发展治理良性运行。

第二，强化人才发展治理能力。构建现代人才发展治理体系要以人才发展治理能力建设为基础，强化人才发展治理能力建设是构建现代人才发展治理体系的重要途径。②人才发展治理能力包括政府的宏观主导能力、市场和社会调适黏合能力、人才自治参与能力。因此，在现代人才发展治理体系下，政府需要从经济社会发展全局高度、用长远眼光观察人才发展形势、推动人才开放，需要在顶层设计上保证人才发展治理的执行和落实，需要充分调动企业、社会组织、科研机构、高校和人才个体等人才治理多元主体积极参与，实现人才发展的共治、共赢、共享局面。

---

① 董博 . 中国人才发展治理及其体系构建研究 [D]. 长春：吉林大学，2019.

② 董博 . 中国人才发展治理及其体系构建研究 [D]. 长春：吉林大学，2019.

第三，完善人才发展治理手段。要实现人才发展治理现代化，就必须依靠现代化的人才发展治理手段。科学统筹人才发展改革重大事项，精准制定人才发展难点问题改革策略，推动人才发展前沿问题改革先行试点，鼓励引导社会力量参与人才发展改革创新，进一步深化人才体制机制改革。优化人才发展生态环境，打破人才恶性竞争的零和博弈，实施差异化的人才竞争策略，构建适合当地经济社会发展的人才综合生态环境，实现“人－产－城”有机融合。借助现代化的人才发展治理手段，加速人才发展治理的信息化进程，推动政府人才工作逐步实现由“要素经费投入主导”向“提高专业效能”转变，由“粗放管理”向“精准施策”转变，由“条块分割”向“平台构建”转变。建立科学合理的人才监测评估指标体系，强化人才发展治理的监测评估，推行第三方常态化监测评估，强化监测评估结果在人才治理中的运用，不断优化人才发展治理模式。

第二章 探索推进政府雇员制，优化党政人才结构 [①]

自党的十八届三中全会以来，推进国家治理体系和治理能力现代化是我国全面深化改革的总目标，也是重中之重。但是，改革从来就不是一蹴而就的，推进国家治理体系和治理能力现代化依然“任重而道远”。突如其来的新冠肺炎疫情是对我国治理体系和治理能力现代化的“一次大考”，面对这场疫情，部分工作人员的治理效能和专业素养表现欠佳。

国家治理体系和治理能力现代化的实现是由体制中的人来落实的，只有实现了人的现代化，国家治理体系和治理能力现代化才解决了极关键的一环。随着经济社会的发展，现有政府人事管理制度已经很难跟上时代节奏，也难以满足国家治理体系和治理能力现代化的需求，尤其是在卫生、教育、医疗、科技等专业化程度比较高的领域，这些政府急需的高新技术人才难以进入政府系统。政府雇员制作为对政府人事管理制度的一次探索，恰好解决了这个问题，为人力资源开发寻求了一条灵活的新途径，打破公共部门人事制度的僵化体制，值得在更大的范围内推广和应用。

---

① 本章为杭州市组织部人才办委托课题，部分内容已发表，详见：童素娟，蔡燕庆．政府雇员制实施效果评估研究：以杭州市为例 [J]. 创意城市学刊，2020(1):1；童素娟，马佳威，蔡燕庆．政府雇员工作满意度的影响因素及提升路径：基于浙江杭州的实证调研 [J]. 浙江树人大学学报（人文社会科学），2020，20(4):38-45。课题成果要报获时任杭州市委常委、余杭区委书记张振丰批示肯定。

第一节　政府雇员制的内涵、实践探索及其意义

一、政府雇员制的概念界定

（一）政府雇员制的定义

政府雇员制的概念起源于西方国家，20世纪后期在新公共管理思潮影响下，西方国家纷纷效仿企业市场化、契约化的人力资源管理模式，政府公共部门从社会上雇用工作人员，这些被雇用者就是政府雇员（government employee）。从我国的实践来看，政府雇员制是一种新型的人力资源使用机制，是政府运用契约方式从社会上招聘工作人员并对之进行管理的一套人力资源管理制度的总和。[①] 而政府雇员就是指机关事业单位根据工作需要，雇用在专业性较强岗位和辅助性岗位工作的人员，一般涉密岗位不得使用政府雇员。政府雇员一般分为高级雇员、中级雇员和普通雇员。高级雇员是指政府行政部门高层次技术性工作需要的特殊高级专业人才。中级雇员是指机关事业单位需要的专业技术人才。普通雇员是指从事某一特殊行业、具有一技之长或较强事务性的专业人才。在具体招聘过程中，各级政府还会有更加详细的任职条件和资格界定。

（二）政府雇员制的特征

基于西方新公共管理理念，政府部门借鉴市场化的手段推出了政府雇员制和公务员聘任制来改革公务员管理制度，提高公务员队伍活力。[②] 这两种制度具备共同特点：①两者都针对公务员终身聘任制的弊端进行了改进和补充；②两者旨在改善公共部门人力资源结构，更好地吸纳不同领域的高素质人才，促进机关事业单位年轻化、专业化；③借鉴现代企业管理制度，利用实行合同管理、绩效考核等手段，实现公共部门人事管理“流程再造”。聘任制公务员[③] 与政府雇员最大的区别在于，聘任制公务员属于国家公务员，占用行政编制，

① 闫志刚．政府雇员制、公务员聘任制改革：未来路在何方？[J]．行政管理改革，2012(6):26-30.

② 李汉卿，李呈阳．政府雇员制与公务员聘任制之比较 [J]．湖北社会科学，2008(6):15-17.

③ 聘任制公务员是指行政机关按照平等自愿、协商一致的原则，在机构编制部门核定的行政编制限额内，以合同形式聘任、依法履行公职、由国家财政负担工资福利的工作人员。

在聘期内享受与传统公务员一样的政治待遇和工资福利，并可担任行政职务、履行行政职权，而政府雇员一般不占用公务员编制。[①]政府雇员制作为一种新型的公共部门人才管理模式，其主要特点是：①政府雇员有任期限制，有一定年限，聘期结束可解聘，也可以续聘。②按岗定薪。政府雇员工资标准一般按照岗位实际情况，并结合市场情况和职业风险程度来确定，平均工资高于公务员现行工资，并不是参照公务员职务、级别标准来定。③没有行政职务。政府雇员一般没有行政职务，也不享受行政权力，主要受合同约束完成某项技术性、专业性要求较强的工作。④实行类企业性质管理。政府雇员按照契约约定实行监管，注重绩效的成本收益核算，更强调契约观念、能力为本。⑤考录招聘。政府雇员面向社会招聘，相对比较灵活，无须通过公务员统一考试，也不像公务员那样在录用、考核、奖惩方面有明确的法律依据。[②]

（三）政府雇员制的历史渊源

无论在中国还是西方，政府雇员制都有很久的历史渊源。在中国古代，“白役”“师爷”“长随”等这些群体就已经具备政府雇员的特征，他们受雇于官吏并为其服务，但又不位列于官吏，待遇较低，并受到政治歧视；在西方，近代欧洲几乎每个国家都存在终身任职的全职公务人员和与国家签订合约的政府雇员，后者离开政府以后虽然可以根据服务年限得到一笔补偿金，却不能像终身任职人员一样得到退休金。[③]

但是，真正意义上的政府雇员制兴起于20世纪后期的欧美发达国家，是在全球“新公共管理”浪潮下诞生的新型公共部门人力资源管理模式。[④]该模式在政府公共部门人力资源管理中引入市场经济的理念，旨在提高政府工作人员的专业技术程度和公共服务效率。近40年来，随着这场新公共管理运动的开展，政府雇员制以其灵活高效的特点逐步取代了传统的文官制度，并被各国政府普遍采用。

---

① 易丽丽．公务员聘任制，路在何方？[J]. 决策，2012(4):62-64.

② 李海峰，李敬军，李科，等．政府雇员制的现状、问题及发展对策研究 [J]. 中小企业管理与科技，2018(20):80-81.

③ 闫志刚．政府雇员制、公务员聘任制改革：未来路在何方？[J]. 行政管理改革，2012(6):26-30.

④ 陈键，王孟辉，莫锋，等．源于国外的“政府雇员制”，到底适不适合杭州？[J]. 杭州，2020(22):2.

我国地方政府则于2002年开始试行政府雇员制。随着经济全球化步伐的推进和“新公共管理”运动的兴起，各地地方政府对专业技术人才的需求也日益增长，不约而同地探索推行政府雇员制。2002年6月，吉林省人民政府率先实施政府雇员制，开启了我国各级政府机关的雇员用人制度改革的序幕。此后，珠海、深圳、上海、长沙、无锡、杭州及武汉等地也相继效仿，引入政府雇员制，国内一些市级、县区级政府也开始将政府雇员用人形式纳入人事制度改革探索。自2002年以来，我国政府雇员制经历了起步、探索、发展等阶段，并逐步趋向成熟。各地地方政府在招录选拔、激励分配、管理使用等环节均积累了丰富的经验，已经有了相对成熟的制度设计框架。①

二、政府雇员制的国内外探索

（一）政府雇员制的国外经验

1. 加拿大联邦政府临时雇员制②

20世纪80年代初，僵化的传统官僚制模式严重影响加拿大联邦政府的高效运作。为此，加拿大联邦政府大规模裁员，并开始效仿私营部门，大量雇用临时雇员，核心工作由终身雇员负责，非核心工作则由临时性雇员完成。联邦政府公共事务委员会和财政委员会负责雇用政府临时雇员。③临时雇员的薪酬和福利普遍少于终身雇员，女性雇员和年轻雇员所占比例较大。但是，近年来临时雇员和终身雇员之间的待遇差别在逐渐缩小，同时临时雇员可以通过竞争性上岗转为终身雇员。加拿大联邦政府临时雇员的主要特征有：①临时雇员工作范围广。加拿大政府对临时雇员的工作领域没有限制，几乎涉及所有公共服务领域。②财政部门参与临时雇员雇用事宜。财政部门参与临时雇员的具体雇用事宜，尤其在人员数额和薪酬的核定上，需要财政部门和人事部门协商决定。③雇用和管理程序简单。加拿大联邦政府大量雇用临时雇员，可以规避终身雇员烦琐的录用管理程序。④给予临时雇员多方面的权益保护。国家建立了

① 李海峰，李敬军，李科，等 . 我国政府雇员制的典型模式分析 [J]. 产业与科技论坛，2018,17(10):7-8.

② 胡小丽 . 加拿大联邦政府临时雇员制度的特征及启示 [J]. 中外企业家，2016(13):270-271.

③ 其中，公共事务委员会主要考虑临时雇员岗位的设置合理性，并拟定相应的任职标准和考核标准等；而控制着财政大权的财政委员会主要是考察该岗位设置的行政成本，以及是否能够提供足额的经费预算，从而控制政府临时雇员的岗位数。

专门机构来为临时雇员提供法律帮助，维护其权益。临时雇员在完成政府短期服务后，原单位无特殊理由不得拒绝其工作申请。⑤利用“精神报酬”弥补与市价之间的价差。从实际情况来看，加拿大联邦政府给付临时雇员的薪酬数额，往往要比市场价格低一些。但政府部门为临时雇员提供广阔的人际关系、工作本身带来的巨大成就感等这些“精神报酬”，完全足以抵消政府薪酬与市场价格之间的差距。

2. 美国政府雇员制

在美国，所有政府工作人员都称为政府雇员，并划分为项目雇员、合同雇员和终身雇员三类。[①]美国政府雇员制度体系大致由国会通过的公务员法、总统发布的政府雇员有关法令以及政府人事管理机构制定的具体规定和章程三层次构成。[②]

20世纪80年代起，美国开始推行临时雇员制。在具体实践上，政府临时雇员的增加促使临时性、季节性的工作能够得到及时有效的处理，降低了政府的财政支出，减轻机构臃肿程度，实现“小政府”的状态。[③]同时，临时性雇员和终身雇员的转换机制、弹性的用人机制以及规定服务期限和追加福利等措施，增加了文官系统内常任文官的恐惧感和紧张感，在一定程度上产生了“鲶鱼效应”。[④]

美国政府有一系列的法律严格规定政府雇员的工资标准。总的原则是：政府雇员工资参照但不得高于私营企业职工的工资；任何政府雇员工资的变动必须经过国会批准；当前聘期不能享受当期加薪，新工资标准必须从下个任期开始执行。同一地区体现同工同酬，工资等级差别主要取决于岗位性质和工作表现，必须彻底消除政府雇员与私营企业职工工资的不平等。[⑤]

3. 新加坡政府雇员制

在新加坡，所有在政府部门任职的工作人员统称为公职人员，但并不是所有的公职人员都是公务员，公务员只是很少的一部分，其余都是政府雇员，新

① 郭蕾．我国政府雇员激励问题及对策研究 [D]. 苏州：苏州大学，2009.
② 阙智华．我国政府雇员制探讨：以无锡市国家高新区为例 [D]. 南京：东南大学，2016.
③ 阙智华．我国政府雇员制探讨：以无锡市国家高新区为例 [D]. 南京：东南大学，2016.
④ 赵冬冬．山东省 M 区政府雇员激励机制研究 [D]. 西安：西北大学，2017.
⑤ 阙智华．我国政府雇员制探讨：以无锡市国家高新区为例 [D]. 南京：东南大学，2016.

加坡政府是新加坡最大的雇主。公务人员根据实际承担的职位分为管理类和非管理类岗位，其中：管理类的任职要求相对较高；非管理类对任职者的要求则较低，可细分为管理辅助类、操作辅助类和初级安全保障类。在日常管理中，新加坡政府采用执行官制，政策的制定方针和发展由部长负责，而具体措施的实现由执行官负责。新加坡政府在公共服务中引入绩效管理，通过层层聘任、层层签订合同、层层负责把关，尤其是在对执行官的聘任和考核上，发挥企业化管理的优势。而被聘任的执行官又依据自身的权力对次级公职人员进行聘用、考核与管理，体现竞争与责任的原则。执行官制类似于政府雇员制，取消了公务员的终身制，设立了任期制，解决了政府效率低下、机构臃肿以及人浮于事的问题。①

4. 德国政府雇员制

德国公务员范围较广，除了政府机关，学校、邮局、铁路等部门的工作人员都属于公务员的范畴。德国公务员分为两种：终身制公务员和雇员制公务员。前者和国家确立效忠关系，代表国家行使公共权力，不能被解雇；后者则以合同或协议的形式确定服务期限、工作职责、薪酬等权利与义务，有罢工的权利。②

（二）政府雇员制的国内探索

1. 吉林模式

吉林是我国第一个“吃螃蟹”的省份，在2002年出台了《吉林省人民政府雇员管理试行办法》，之后各地政府纷纷试行政府雇员制。吉林模式主要表现为：政府雇员主要为技术性人才，根据雇员的层次分为一般雇员、高级雇员、资深高级雇员三类；雇员不占用政府行政编制，不担任行政职位，也不行使行政权力；雇员人选既可以由专家或者领导推荐，也可以公开招聘；雇员待遇实行佣金制，分为三级十四档；雇员除了享有《中华人民共和国劳动法》规定的社会保险，不享受公务员的其他福利待遇，其薪酬和社会保险由省财政提供；雇员所服务的工作部门既负责雇员的考核，也负责劳动合同期满后续约或解雇

---

① 阙智华．我国政府雇员制探讨：以无锡市国家高新区为例[D]．南京：东南大学，2016.

② 阙智华．我国政府雇员制探讨：以无锡市国家高新区为例[D]．南京：东南大学，2016.

事宜。①

2. 珠海模式

紧随吉林之后，珠海于2003年出台了《珠海市政府雇员试行办法的通知》，与吉林的不同之处在于：在雇员分类方面，政府雇员只分为一般雇员和高级雇员两类；在雇员编制方面，占用政府行政编制但是不入编制；在雇员招聘方式方面，只限面向社会公开招聘；在雇员待遇方面，实行年薪制，分为两级六档，除了享有与公务员同等的休假、工伤、抚恤等福利待遇和《中华人民共和国劳动法》规定的社会保险，不享受公务员的其他福利待遇。雇员的考核同吉林相同，也由其所服务的工作部门负责，同样不担任行政职务，不行使行政权力。②

3. 深圳模式

深圳于2004年出台了《深圳市机关事业单位雇员管理试行办法》，其中将雇员的岗位属性确定为技术性人才和辅助性人员，也和珠海一样，采用占用政府行政编制但是不入编的方式，不担任行政职位，也不行使行政权力；在雇员分类上，根据雇员的层次分为普通雇员和高级雇员两类；采取面向社会公开招聘的方式，但是在考核时，将高级雇员的考核交由人事主管部门会同用工单位进行，普通雇员仍由用工单位进行考核；普通雇员与公务员同等待遇，高级雇员一人一议，雇员有突出成绩的奖励，按照公务员的奖励办法；雇员除了按《中华人民共和国劳动法》享有休假权和社会保险，其佣金和社会保险由市财政提供。

随后，上海、湖南长沙、广东、山东、北京、湖北、浙江等地开始陆续试行政府雇员制，各地出台的相关政策虽各不相同，但是大体都未突破这三个典型模式。

① 李海峰，李敬军，李科，等．我国政府雇员制的典型模式分析[J]. 产业与科技论坛，2018，17(10):7-8.

② 李海峰，李敬军，李科，等．我国政府雇员制的典型模式分析[J]. 产业与科技论坛，2018，17(10):7-8.

三、探索政府雇员制的重要意义

（一）传统公务员任用制度的主要弊病

根据《公务员法》，我国公务员任用方式主要有考任制、选任制、委任制和聘任制四种，这些任用方式在适用范围、原则、程序等方面均有差异。① 其中，考任制的适用范围最广，既用于新进公务员的招录，又用于领导干部的公开选拔。多元化任用方式在政府人事管理过程中实现了优势互补，促进了公务员队伍建设的优化②，但是要进一步推动公务员队伍的良性发展，公务员任用制度仍然存在一些问题，需要不断调整和完善。

第一，用人方面：缺乏时代感和紧迫感。随着经济社会的发展，尤其是互联网技术的应用和数字经济的发展，现有公务员任用方式很难跟上时代节奏、把握时代脉搏，也难以满足政府数字化的需求。一些政府急需高新技术人才，但在用人理念上常常受到陈旧落后的传统思想观念制约，部分市县仍然存在论资排辈、任人唯亲和求全责备的现象，政府机关工作人员年龄老化，对年轻干部、技术型干部"不愿用、不敢用、不会用"。

第二，选人方面：单一化、片面化、僵硬化。在现有公务员任用机制下，尤其是通过考任制产生的新进公务员和新晋领导干部，基本都是按照单一的标准来筛选人才，很难满足政府在特殊情况下的个性化需求，往往很难做到"人岗完美匹配"。选人标准单一僵化，片面强调学历文凭而不看专业技能，把高学历和高层次、高水平人才等同起来，欠缺真正的政治素养和执政能力。③

第三，晋升方面：干部绩效考核欠缺。在干部队伍建设的选拔、晋升、任用等环节中，完善干部绩效考核体系，是推动干部队伍担当作为的重要举措。对于政府机关工作人员来说，虽然每个岗位都有确定的工作职责，但日常事务比较繁杂，不同岗位工作内容的差异性较大，难以制定具体的量化考核标准。由于无法量化，很多政府部门采用年底民主评议的方法，编写述职报告，民主测评打分，表面看来有一定的科学性，但一年的工作仅靠一纸述职报告，还有

---

① 何成仙．我国公务员多元任用方式比较评析 [J]．吉林省教育学院学报，2013(11):119-120.

② 何成仙．我国公务员多元任用方式比较评析 [J]．吉林省教育学院学报，2013(11):119-120.

③ 裴君成．开发加强基层党政人才队伍建设研究 [J]．人力资源管理，2015(3):98-99.

其他部门人员凭印象感觉打分，失之偏颇。

第四，激励方面：薪酬缺乏市场竞争力。比起其他行业，公务员在工作稳定、社会地位、福利保障等方面有一定优势，薪酬待遇在我国处于中等偏上的水平。但是，如果政府部门需要揽入一些特殊专业的高新技术人才，或者专业性比较强的专业技术人员，尤其涉及建筑规划、经济金融、信息技术等行业，一般公务员的薪酬待遇在这些行业并没有很大的市场竞争力，单靠现有的公务员任用制度很难从市场中招揽到相应的人才。

第五，发展方面：个人主观能动性较差。在我国，政府组织属于典型的现代科层制，主要表现为一整套持续一致的程序化的“命令－服从”关系。[①]各级官员由于受到政治化因素的影响和现代科层制的管理，下级官员依赖其上级官员的首创精神和解决问题能力。[②]下级官员的行动方向是由处在更高一级的官员决定的[③]，任何官员都不允许越级行动。因此，在科层制的政府机关中，个人的主观能动性比较差，高层次人才发挥自身价值的平台有限。

（二）探索政府雇员制的重要意义

与传统的公务员任用制度相比较，政府雇员制的出现，在一定程度上弥补了传统公务员任用制度的某些不足，更好地体现个性化、灵活性以及岗位需求的匹配性，对政府管理效果产生了巨大影响，为人力资源开发寻求了一条灵活的新途径，对“官本位”意识也产生了一定的冲击。[④]

第一，政府雇员制的实施，有利于促进政府人事制度改革，转变官僚主义、官本位的社会思想。近年来，随着经济下行压力加大，就业形势日益严峻，越来越多的年轻人纷纷加入“国考”“省考”大军，希望以此获得终身制公务员的身份，甚至一度出现了一个职位几千人竞争的局面。由此，政府人事制度改革亟须从身份制体系向契约制转变，淡化官僚主义、官本位的社会思想，体现更高的弹性和更加专业的取向。因此，借鉴私营部门成功的管理手段和经

① 李昳聪．论韦伯命题的理性化过程 [D]. 重庆：西南大学，2007.

② 张剑玉．官僚制与现代民主政治 [D]. 厦门：厦门大学，2007.

③ 刘琼莲．论行政官员角色界定的历史演变 [J]. 学习论坛，2005(11):39-42.

④ 李海峰，李敬军，李科，等．政府雇员制的现状、问题及发展对策研究 [J]. 中小企业管理与科技，2018(20):80-81.

验，以契约制、合同制为主要用人方式的政府雇员制呼声越来越高，各地政府纷纷试行政府雇员制。①

第二，政府雇员制的实施，有利于提高政府工作人员的积极性，提高办事效率，产生“鲶鱼效应”。在现有的公务员任用体制下，在政府通过考任制招录的公务员中，高校应届毕业生占据较大的比重。高校毕业生的特点是理论过硬，但缺乏社会经验，必须经过一定时间的初任培训和实践磨炼，才能为相关部门所用。该任用体制除了增加行政成本、费时费力的弊端，短时间内难以解决政府部门的应急之需。而政府雇员本身就是有经验的专业人才，一般都有一定的相关行业从业经历，在短时间内政府相关部门可以不需要做培训、直接上手，解决“燃眉之急”。同时，政府雇员制的实施，可以为政府公务员队伍增加新鲜血液，使工作稳定的公务员群体产生紧迫感和竞争压力的正激励，唤起他们的积极性和竞争意识，从而提高政府的行政办公效率。②

第三，政府雇员制的实施，有利于机构人员精简，节约行政成本，增加了政府用人的弹性与选择性。我国传统的公务员制度属于终身制。从政府管理成本上说，每录用一个公务员，就意味着要包这个人一辈子，从工资待遇到福利保障③，而政府雇员则有一定的任期，项目完成可以解聘，可以精简机构人员，降低政府人工成本。同时，政府雇员制的实施也增加了政府用人的弹性和选择权。随着时代的变化和经济社会的发展，政府越来越需要更多的专业性人才加入并协助其做好公共管理和服务。但是，在传统公务员任用制度下，除了正常的“省考”“国考”等，各级政府不能随意招人。政府雇员制的实施，有利于地方各级政府可以根据工作需要来雇用政府雇员，雇用政府自身所需的高科技人才，并按照雇员对政府的贡献大小和工作绩效来决定政府雇员的实际薪酬。所以，政府雇员制突破了传统公务员任用方式中某些僵化的体制，使政府在选人、用人上更有弹性和灵活性，也有了更多的选择权。

第四，政府雇员制的实施，有利于“以市场为导向、以能力为本位”，体现了公共行政价值理念的新取向。政府雇员制强调市场在人力资源配置中的主

---

① 覃晓辉，刘舒．政府雇员制历史与理论逻辑 [J]. 人民论坛，2016(17):62-64.

② 王燕．浅析我国实行政府雇员制的利弊 [J]. 新西部（下旬·理论版），2015(7):80-81.

③ 王燕．浅析我国实行政府雇员制的利弊 [J]. 新西部（下旬·理论版），2015(7):80-81.

导性作用，在政府人力资源管理中引入市场竞争机制，优化配置高端人才资源，实现人尽其才、才尽其用。政府雇员选拔招录过程注重专业素质和能力，面向全社会寻找政府所需的各种专业技术人才，与传统公务员考任制相比，进入规程更简洁高效，供需双方实行双向选择，不同层级不同待遇，充分体现了“唯才是举”和“以用为本”。政府雇员制通过市场化的运作方式和契约式的合同管理，兼顾公务员常任制和非常任制的优势，从根本上解决了“能进不能出、能上不能下”的公共部门人事制度弊端，有效避免人员结构的固化与沉淀，开辟了一条引入优秀人才到政府管理的新渠道，有利于解决公共部门人才结构性矛盾。①

第二节　杭州市政府雇员制实施效果评估

一、杭州市党政人才来源结构现状

截至 2018 年年底，杭州市共有公务员 48238 名（含参照管理机关、单位工作人员 9655 名），其中：市直机关公务员 12653 名，13 个区、县（市）级机关公务员 32161 名，乡镇机关公务员 3424 名。全杭州 48238 名公务员的具体分布情况如下：①性别分布：男性 35294 名，占比 73%；女性 12944 名，占比 27%。②年龄分布：30 岁及以下占 14%；31 到 40 岁占 31%；41 到 50 岁占 30%；51 岁及以上占 25%。③政治面貌：中共党员 41027 名，占 85%；非中共党员 7211 名，占 15%。④文化程度：随着近年来高等教育规模的扩张，杭州市党政人才学历层次明显提高，受教育程度高层次比例递增较快，其中研究生占 11%，本科占 72%，大专占 16%，中专占 1%。⑤专业结构：随着国家政策的完善和大学生就业观念的转变，杭州市党政人才专业化水平明显提高，知识结构得到明显改善，原来基层欠缺的信息、生物、医学等各种紧缺专业人才也开始出现，各级各类干部的知识和专业结构都得到进一步改善。⑥职务层次：除去公安警员和警务技术、法官检察官等职务，在全市 35320 名公务员中，厅局级正职领导职务 34 名，占 0.10%；厅局级副职领导职务 175 名，占

① 曹宗一．我国政府雇员制的发展困境及其路径选择 [J]. 北京城市学院学报，2009(5):39-42.

0.50%；厅局级副职非领导职务 106 名，占 0.30%；县处级正职领导职务 2904 名，占 8.21%；县处级副职领导职务 4009 名，占 11.40%；县处级正职非领导职务 1390 名，占 3.90%；县处级副职非领导职务 1635 名，占 4.60%；乡科级正职领导职务 4298 名，占 12.20%；乡科级副职领导职务 2654 名，占 7.51%；乡科级正职非领导职务 6690 名，占 18.94%；乡科级副职非领导职务 4495 名，占 12.72%；科办员、试用期人员 6930 名，占 19.62%。杭州市公务员职务层次分布情况如表 2-1 所示。

表 2-1 杭州市公务员职务层次分布情况

职务层次			人数 / 人	比例 /%
厅局级	领导职务	正职	34	0.10
		副职	175	0.50
	非领导职务	副职	106	0.30
县处级	领导职务	正职	2904	8.21
		副职	4009	11.40
	非领导职务	正职	1390	3.90
		副职	1635	4.60
乡科级	领导职务	正职	4298	12.20
		副职	2654	7.51
	非领导职务	正职	6690	18.94
		副职	4495	12.72
科办员、试用期			6930	19.62
合计			35320	100.00

二、政府雇员制的实施概况和岗位供需分析

为了深入贯彻党的十九大精神，实施“人才优先发展”战略，全力打造国内一流的人才创新创业新高地，杭州市通过政府雇员的方式，储备优秀年轻干部人才，建设高素质专业化干部队伍，取得了一系列的成效。余杭区坚定不移地贯彻高素质专业化干部队伍建设的总要求，在招引高层次人才上持续发力，先后开展了面向清华大学、北京大学招聘党政机关储备人才，面向境外世

界百强高校招聘政府雇员，优秀区管年轻干部综合比选等工作，全力打造杭州接轨大上海融入长三角桥头堡，高水平推进区域治理现代化，打响了余杭党政机关引才工作的品牌，为加快实现高质量可持续快发展提供坚强的人才保障。2017—2020 年，杭州市余杭区连续 4 年面向清华大学、北京大学和境外世界百强高校硕士及以上毕业生，招聘党政机关储备人才和政府雇员，累计引进“清北人才”116 人、“境外人才”38 人，打破了只从体制内选人的壁垒，取得了很好的成效，有效提升了余杭引才用才的“美誉度”，提升了政府引领发展的“专业度”，提升了全区干部队伍的“活跃度”。其中政府雇员主要以中级、高级政府雇员为主，2017—2020 年，余杭区共招聘政府雇员 83 名，其中高级雇员 56 名，中级雇员 27 名。2020 年，余杭区进一步拓宽选人、用人、引人的视野和渠道，争取把社会上更多高层次、专业化、实践型的人才吸纳入干部队伍和政府雇员队伍。推出的岗位专业要求更加明确清晰，进一步强调人才的专业性，努力实现“专业的岗位上有专业的人，让专业的人干专业的事，专业的项目有专业的对接服务”，通过开展专业性人才引进，进一步充实壮大高素质专业化干部队伍，促进余杭区形成“高层次 + 高素质 + 高精专”干部队伍的梯次配备。经过多年的探索，余杭区在政府雇员招聘方面积累了丰富的经验，也取得了一定的成效。由此，我们对 2017—2020 年余杭区政府雇员的招聘岗位以及应聘人员情况的相关数据进行汇总整理，从而评估政府雇员制的供需状况，为杭州市政府雇员制的完善提供参考依据。

（一）岗位需求分析

2017—2020 年，余杭区重点围绕未来科技城、下沙大学城、临平新城、良渚新城等主要产业平台，区委办、区府办、组织部等综合性部门，发改、经信、商务、住建、交通等专业职能部门以及杭州余杭交通集团有限公司、杭州余杭金融控股集团有限公司等国有企业，针对性推出城市规划、信息经济、生物医药、大数据运用、人工智能、经济金融等重点岗位，增强政府雇员岗位的吸引力。2017—2020 年杭州市余杭区政府雇员招聘计划如表 2-2 所示。

表 2-2　2017—2020 年杭州市余杭区政府雇员招聘计划

年份	岗位类别	招聘岗位	岗位名称	人数 / 人	学历（学位）、专业条件、从业经历
2017	政府部门高级雇员：15 名	建设工程类岗位	项目管理	7	硕士及以上，建筑学、土木工程、城乡规划学、交通运输工程、风景园林学等相关专业
		金融类岗位	金融管理	5	硕士及以上，金融学、财政学、会计学、财务管理、货币银行学、国际金融、应用经济学、工商管理等相关专业
		信息经济类岗位	大数据运用	3	硕士及以上，信息技术、信息与通信工程、应用经济等相关专业
2018	政府部门高级雇员：30 名	杭州余杭经济技术开发区（钱江经济开发区）管委会	经济管理综合管理	2	硕士及以上，经济类、管理类等相关专业
			产业经济运营管理高级顾问	1	①经济学、管理学等相关专业；②一般应有三年以上相关国际组织或海外知名企业专业工作经历，具有部门负责人、团队负责人工作经验的优先考虑
		杭州未来科技城管委会（浙江海创园）	生物医药	1	硕士及以上，生物工程、生物医学工程
			招商引资	1	硕士及以上，计算机科学技术、软件工程、人工智能等相关专业
			产业规划	1	硕士及以上，信息技术、信息与通信工程、电子信息等相关专业
			规划建设管理高级顾问	1	①计算机科学类等相关专业；②一般应有三年以上相关国际组织或海外知名企业专业工作经历，具有国际知名金融、咨询机构工作经验的优先考虑
		杭州临平新城管委会	金融管理	1	硕士及以上，金融学、经济管理等相关专业
			规划管理	2	硕士及以上，城市规划、建筑学等相关专业
			产业经济管理高级顾问	1	①统计学、金融学、精算学等相关专业；②一般应有三年以上相关国际组织或海外知名企业专业工作经历
		杭州良渚新城管委会	综合管理	2	硕士及以上，专业不限
			城市空间发展规划高级顾问	1	①城市规划、建筑学等相关专业；②一般应有三年以上相关国际组织或海外知名企业专业工作经历，在国际规划设计专业机构担任过中高级职务的规划管理类人才优先考虑

续表

年份	岗位类别	招聘岗位	岗位名称	人数 / 人	学历（学位）、专业条件、从业经历
2018	政府部门高级雇员：30 名	杭州仁和先进制造业基地建设指挥部	项目建设	1	硕士及以上，建筑学、土木工程、城乡规划等相关专业
			综合管理	1	硕士及以上，专业不限
			经济运行高级顾问	1	①经济学等相关专业；②一般应有三年以上相关国际组织或海外知名企业专业工作经历，熟悉投融资、资金运作、基金管理等工作的优先考虑
		余杭区住房和城乡建设局	工程管理	2	硕士及以上，土木工程、市政工程、给排水、风景园林设计等相关专业
		杭州市规划局余杭规划分局	规划管理	2	硕士及以上，土木工程、市政工程、给排水、风景园林设计等相关专业
		余杭区交通运输局	工程管理	1	硕士及以上，结构工程、桥梁隧道工程、市政工程等相关专业
		余杭区商务局	招商管理	1	硕士及以上，专业不限
			商务新经济管理	1	硕士及以上，专业不限
			招商服务高级顾问	1	①计算机科学类等相关专业；②一般应有三年以上相关国际组织或海外知名企业专业工作经历，具有国际知名金融、咨询机构工作经验的优先考虑
		余杭区旅游局	综合管理	1	硕士及以上，专业不限
		余杭区发展和改革局（区政府金融工作办公室）	产业发展管理高级顾问	1	①计算机科学类等相关专业；②一般应有三年以上相关国际组织或海外知名企业专业工作经历
		余杭区经济和信息化局	新经济高级顾问	1	①计算机科学类等相关专业；②一般应有三年以上相关国际组织或海外知名企业专业工作经历
		余杭区科学技术局	科技创新高级顾问	1	①管理学等相关专业；②一般应有三年以上相关国际组织或海外知名企业专业工作经历，具有企业管理经验的优先考虑
		杭州余杭金融控股集团有限公司	投资管理高级顾问	1	①经济学、金融学等相关专业；②一般应有三年以上相关国际组织或海外知名企业专业工作经历，担任过股权、基金投资业务团队负责人的优先考虑

续表

年份	岗位类别	招聘岗位	岗位名称	人数 / 人	学历（学位）、专业条件、从业经历
2018	政府部门中级雇员：10 名	余杭区委组织部（区委人才工作领导小组办公室）	人才招引和服务专员	1	①管理学、金融学、法学等相关专业；②一般应有一年以上海外相关专业工作经历，具有人力资源岗位工作经验、熟练运用英语等多种外语进行交流和翻译的优先考虑
		余杭区发展和改革局（区政府金融工作办公室）	金融管理服务专员	1	①经济学、金融学等相关专业；②一般应有一年以上海外相关专业工作经历，具有团队管理工作经验的优先考虑
		余杭区科学技术局	科技创新专员	1	①经济学等相关专业；②一般应有一年以上海外相关专业工作经历
		杭州市规划局余杭规划分局	规划编制专员	1	①城市规划、建筑学等相关专业；②一般应有一年以上海外相关专业工作经历，具有规划建设类工作经验的优先考虑
		余杭区交通运输局	交通建设管理专员	1	①土木工程、交通运输工程、风景园林学等相关专业；②一般应有一年以上海外相关专业工作经历，具有道路、桥梁、隧道等交通重大基础设施建设管理或园林景观设计、施工、管理等工作经验，担任过上述领域项目负责人的优先考虑
		浙江杭州未来科技城（海创园）管理委员会	金融管理服务专员	1	①经济学等相关专业；②一般应有一年以上海外相关专业工作经历，具有金融管理类工作经验的优先考虑
		杭州余杭经济技术开发区管理委员会	金融管理服务专员	1	①经济学等相关专业；②一般应有一年以上海外相关专业工作经历，具有金融管理类工作经验的优先考虑
		杭州临平新城开发建设管理委员会	金融产业招商专员	1	①经济学、管理学等相关专业；②一般应有一年以上海外相关专业工作经历，具有股权投资、创业投资工作经历，具备项目评估、项目分析、项目融资、方案策划经验，有创投公司、券商投行、基金公司、会计师事务所工作经历的优先考虑
		杭州良渚新城管理委员会	产业园区运行管理专员	1	①经济学、管理学等相关专业；②一般应有一年以上海外相关专业工作经历，具有产业园区（特色小镇、工业园区）运营管理工作经验的优先考虑
		杭州仁和先进制造业基地建设指挥部	项目管理专员	1	①建筑学、土木工程、测绘科学与技术、城乡规划、风景园林学等相关专业；②一般应有一年以上海外相关专业工作经历，具有工程项目建设管理工作经验的优先考虑

续表

年份	岗位类别	招聘岗位	岗位名称	人数 / 人	学历（学位）、专业条件、从业经历
2019	政府部门高级雇员：5 名	浙江杭州未来科技城（海创园）管理委员会	知识产权运营高级顾问	1	①民商法学、诉讼法学、经济法学相关专业；②一般应有两年以上相关国际组织或海外知名企业专业工作经历，熟悉知识产权相关工作
			产业经济管理高级顾问	1	①产业经济学、金融学、区域经济学相关专业；②一般应有两年以上相关国际组织或海外知名企业专业工作经历，熟悉产业经济管理相关工作
		钱江经济开发区管委会	经济管理高级顾问	1	①经济学等相关专业；②一般应有两年以上相关国际组织或海外知名企业专业工作经历，熟悉投融资、资金运作、基金管理等工作的优先考虑
		余杭区住房和城乡建设局	建设工程管理高级顾问	1	①土木工程、建筑学、城市规划、道路及市政工程等相关专业；②从事开展城市基础设施项目方案的研究工作，参与编制城市基础设施建设行动计划的研究工作，指导新型城市基础设施建设推进，研究提出相关发展战略
		余杭区数据资源管理局	系统架构高级顾问	1	①计算机科学与技术相关专业；②一般应有两年以上相关国际组织或海外知名企业专业工作经历，精通主流云平台操作，具有数据库、网络、安全等高级证书的优先考虑
	政府部门中级雇员：17 名	余杭区发展和改革局（区政府金融工作办公室）	金融管理服务专员1	1	①应用经济学、金融学等相关专业；②一般应有 6 个月以上海外相关专业工作经历，具有团队管理工作经验的优先考虑
		余杭区科学技术局	金融管理服务专员2	1	①应用经济学、金融学等相关专业；②一般应有 6 个月以上海外相关专业工作经历，有经济金融管理类工作经验的优先考虑
		余杭区经济和信息化局	数字经济运行专员	1	①应用经济学、信息与通信工程、计算机科学与技术等相关专业；②一般应有 6 个月以上海外相关专业工作经历，具有数字经济等新兴领域工作经验的优先考虑
		余杭区商务局	高端装备制造产业招商专员	1	①电气工程、机械制造、材料物理、供应链管理等相关专业；②一般应有 6 个月以上海外相关专业工作经历，有行业领军装备制造业企业工作经历的优先考虑

续表

年份	岗位类别	招聘岗位	岗位名称	人数 / 人	学历（学位）、专业条件、从业经历
2019	政府部门中级雇员：17 名	余杭区应急管理局	应急管理专员	1	①计算机科学与技术、水利工程、化学工程与技术、安全技术及工程等相关专业；②一般应有 6 个月以上海外相关专业工作经历，具有应急管理信息化相关工作经验的优先考虑
		杭州良渚遗址管理区管委会	外语编译专员	2	①文化遗产保护、考古学、博物馆学等相关专业；②一般应有 6 个月以上海外相关专业工作经历，熟练运用英语、日语进行交流、翻译的优先考虑
		余杭经济技术开发区、未来科技城、余杭区住建局、乡镇街道	建设工程类	6	建筑学、土木工程、工程管理、风景园林学等相关专业
		余杭区经济和信息化局	生物医药类	1	药学、化学工程与技术相关专业
		乡镇街道机关	综合管理类	3	专业不限
2020	政府部门高级雇员：6 名	杭州市余杭区经济和信息化局	产业发展总监	1	主要负责研究工业和信息化产业发展规划和扶持政策，组织引进重大产业项目。具备扎实的产业理论基础和敏锐的产业研究能力；具备丰富的项目开发、管理、运营经验；具备较强的产业发展顶层设计能力，能独立主持或完成工业和信息化产业发展规划。具有 5 年以上产业发展、项目管理经验，且担任过投资额 5000 万元以上项目的牵头负责人
		杭州市余杭区科学技术局	数据主管	1	主要负责牵头大孵化器智慧平台和科创园区数字化工作、科技型企业信息的数据挖掘应用。具有大数据管理平台规划和优化经验。具有 5 年以上数据类项目（数据仓库、商务智能等项目）工作经历，其中有 2 年以上大数据架构设计经历，且工作期间作为项目负责人（技术负责人）主导过一个以上区县级（或相应层次）大数据平台项目架构设计

续表

年份	岗位类别	招聘岗位	岗位名称	人数 / 人	学历（学位）、专业条件、从业经历
2020	政府部门高级雇员：6名	杭州市余杭区数据资源管理局	数据总监	1	主要负责全区数据资源规划、数据资源管理总体方案设计等工作。要求具有5年以上大数据相关项目建设管理经验或3年以上大数据系统架构与设计经验、智慧城市类项目的建设管理经验，且担任过投资额1000万元以上项目的牵头负责人或技术负责人，可独立进行大中型数据平台架构设计和搭建、模型设计、ETL设计等。具备数据库、网络安全、系统架构等高级证书的优先
		杭州良渚新城管理委员会	规划建设主管	1	主要负责组织大中型建设工程项目管理或主持编制实施新城中长期城市发展规划工作。具有建筑类或城市规划类等国家注册执业资格证书。具有5年以上工程项目建设管理或城市规划编制工作经历，并担任过大中型建设项目（城市规划项目）负责人、技术负责人，且负责过5000万元及以上相关建设工程项目管理，或担任过大中型城市规划项目的设计负责人，且曾主持过10平方公里及以上相关规划编制设计工作
		杭州临平新城开发建设管委会	产业运营总监	1	主要负责数字时尚、工业互联网规划以及新经济的招引工作。具有招商、金融、投资、风控等相关行业5年以上工作经历，或在政府类产业平台担任中层管理岗位或在知名企业（时尚、互联网、证券、基金行业）担任中层职务3年以上。同时，需作为牵头人或主要负责人，成功招引过一个以上上市公司、世界500强、全国民营企业500强或总投资500万元以上的项目，或经营管理一个以上经备案规模超过10亿元且业绩较好的基金项目

续表

年份	岗位类别	招聘岗位	岗位名称	人数/人	学历（学位）、专业条件、从业经历
2020	政府部门高级雇员：6名	杭州钱江经济开发区管理委员会	产业服务总监	1	主要参与拟订开发区的经济发展中长期规划及各项产业、金融扶持政策等。在机关部门、事业单位、国有企业等中层以上或在世界500强、全国民营企业500强企业担任产业服务等相关部门负责人3年以上；具有拟定产业类发展中长期规划、产业导向和产业扶持政策的相关工作经历，熟悉商务经济管理有关业务、法律法规和政策，熟悉工业和数字经济工作。同时，需作为牵头人或主要负责人，主持或负责5个以上投资总额不少于2亿元的产业运营项目

注：1. 本表格根据2017—2020年杭州市余杭区面向清华大学、北京大学毕业生和境外世界百强高校招聘政府雇员的公告中的招聘计划一览表整理所得。

2. 标灰底的为面向清华大学、北京大学硕士及以上毕业生专场招聘的政府雇员岗位，其他为面向境外世界百强高校的政府雇员岗位。

3. 政府部门高级雇员要求为北京、长三角、珠三角等国内产业发达地区的机关事业、国有企业、高校、科研院所、民营企业等单位的高层次专业人才；具有研究生及以上学历（在职研究生需具有全日制本科学历），特别优秀者可放宽至全日制本科学历；年龄在40周岁及以下，特别优秀者可放宽到45周岁。

从表2-2可以看出，在余杭区公布的政府雇员招聘计划中，经济管理类岗位占37.7%，涉及金融管理、经济管理、产业经济高级顾问、招商引资专员等职位；建设工程类岗位占36.4%，涉及规划管理、工程管理、项目建设与管理、城市空间发展规划高级顾问、建设工程管理高级顾问、规划建设管理高级顾问等职位；综合管理类、大数据运用岗位各占7.8%；其余为生物医药类、科技创新管理类岗位。从招聘岗位可以看出，大部分政府雇员岗位以招聘专业技术人才为主，尤其是规划设计类人才、经济管理类人才、大数据和人工智能相关人才，所以对应的专业主要有规划设计类专业、经济管理类专业和电子信息类专业。规划设计类专业主要涉及建筑学、土木工程、城乡规划学、风景园林学、城市规划、市政工程、给排水、结构工程、桥梁隧道工程等专业，经济管理类专业主要涉及金融学、财政学、会计学、财务管理、货币银行学、国际金融、应用经济学、工商管理等专业，电子信息类专业主要涉及计算机科学技术、软件工程、人工智能、信息技术、信息与通信工程等专业。当然还有个别岗位涉及知识产权保护、高端装备制造产业招商、外语编译，分别招录法律专业（如民商法学、诉讼法学、经济法等）、工科专业（电气工程、机械制造、材料物理、供应链管理等）和历史考古相关专业（文化遗产保护、考古学、博物馆学等）。

在身份职位上，余杭区打破了岗位与身份捆绑的传统模式，在提供合适岗位的基础上，应聘者可自由选择事业编制人员或政府部门高级雇员两种不同身份类型，并在聘期满后为政府部门高级雇员提供定向考录为事业编制人员的机会，增强身份自主选择权。博士研究生聘为所在单位中层正职，硕士研究生聘为所在单位中层副职，并全部纳入党政机关储备人才管理。政府雇员制弥补了普通公务员招录的局限，有效解决急需紧缺的高层次专业人才进入政府体系的问题，适应政府公共服务日新月异的新形势和新需求。

（二）岗位供给分析

据统计，余杭区 2017 年、2018 年、2019 年连续三年三次面向清华大学、北京大学招聘累计接受报名 963 人次，共接待来自国内 18 个地区的面试考生 559 人次。2018 年，余杭区面向境外世界百强高校招聘政府雇员，共有来自五大洲的 20 个国家（地区），共计 296 名境外高学历人才报名。政府雇员供给呈现如下特点。

1. 招聘人数

2017 年面向清华大学、北京大学硕士及以上毕业生专场招聘岗位 15 个，报名人数 59 人，报名人数约是招聘岗位的 4 倍；2018 年招聘岗位 20 个，报名人数 102 人，报名人数是招聘岗位的 5 倍左右；2019 年招聘岗位 10 个，报名人数 214 人，报名人数是招聘岗位的 21 倍左右。而 2018 年面向境外世界百强高校招聘岗位 12 个，报名人数是招聘岗位的约 25 倍。由此可见，不管是面向清华大学、北京大学，还是面向境外世界百强高校，竞争都十分激烈。

2. 性别分布

面向清华大学、北京大学硕士及以上毕业生专场招聘的应聘者女性略多于男性。2017 年、2018 年、2019 年，女性应聘者比例分别为 71.2%、58.8%、52.8%，男性则为 28.8%、41.2%、47.2%，女性分别比男性多 42.4 个百分点、

17.6个百分点、5.6个百分点。而面向境外世界百强高校招聘则相反，2018年政府雇员应聘者以男性为主，占77.7%，比女性多55.4个百分点。这可能与境内、境外生源性别比例以及招聘岗位有一定相关性。

3. 学历分布

根据统计，政府雇员的应聘者主要为硕士，基本在80%及以上。2017年，杭州市余杭区面向清华大学、北京大学毕业生招聘政府雇员的应聘者中硕士比例为93.2%。2018年，面向清华大学、北京大学毕业生招聘政府雇员的应聘者中硕士比例为81.4%，而面向境外世界百强高校招聘政府雇员的应聘者中硕士比例为78.4%。2019年，面向清华大学、北京大学毕业生招聘政府雇员的应聘者中硕士比例为79.4%，而面向境外世界百强高校招聘政府雇员的应聘者中硕士比例为85.4%。

4. 学校分布

综合3年报名数据来看，北京大学的应聘者略多于清华大学。2017年，北京大学应聘者占20.3%，清华大学应聘者占79.7%；2018年分别为83.3%、15.7%；2019年分别为55.1%、36.0%。2018年面向境外世界百强高校招聘的应聘者中，国内高校占16.6%，国外高校占83.4%；而2019年面向境外世界百强高校的应聘者中，国内高校占14.9%，国外高校占85.1%。

5. 硕士专业分布

鉴于具有硕士学位的应聘者占据大多数，我们这里只分析硕士专业分布。根据统计数据，在面向清华大学、北京大学硕士及以上毕业生专场招聘的应聘者中，就读理工科专业的人数占绝对优势。2017年，在55位硕士应聘者中有43人就读理工科专业，占78.2%；2018年，在83位硕士应聘者中有47人就读理工科专业，占56.6%；2019年，在170位硕士应聘者中有116人就读理工科专业，占68.2%。而面向境外世界百强高校招聘中，就读人文社科专业的应聘者略多于理工科专业的应聘者。2019年的263位硕士应聘者中，166人的硕士专业是人文社科专业，占63.1%；97人就读理工科专业，占36.9%，大约相差26.2个百分点。应聘专业排在前几位的人文社科专业有管理学（公共管理、工商管理、财务管理、市场营销）、金融专业、经济学、法律等；应聘专业排在前几位的理工科专业有生物医学类、建筑与土木工程、城市规划类、计算机科学与技术、电子信息等。

6. 其他

在 2017 年面向清华大学、北京大学硕士及以上毕业生专场招聘的应聘者中，应届生占 55.9%，往届生占 44.1%。另外。从 2018 年、2019 年两年的面向境外世界百强高校招聘的情况来看，分别有 28 名和 25 名外籍人士参与报名，分别占 9.5% 和 8.1%。这说明政府雇员岗位对外籍人士也有一定的吸引力，这也是吸纳海外优秀人士进入政府部门的积极探索。

三、政府雇员制实施效果评估

本次调研主要采取问卷抽样调查的方式，由杭州市组织部人才办向杭州各区县在职在岗的政府雇员发放问卷，共收集有效问卷 238 份。问卷调查主要从政府雇员的应聘原因、招聘流程、薪酬收入、绩效管理、工作满意度、社会价值等方面，对杭州市政府雇员制的实施效果进行评估。本次调研数据在一定程度上反映杭州市政府雇员制实施的现状与成效，但仍有局限。

（一）调查样本情况

本次调研样本情况如表 2-3 所示。

表 2-3 样本的基本情况

性别		年龄分布 / 岁				文化程度				
男	女	≤ 25	26~35	36~45	≥ 46	高中 / 中专及以下	大专	本科	硕士	博士
51.68%	48.32%	5.04%	73.95%	18.07%	2.94%	0.42%	1.68%	60.5%	34.04%	3.36%

政府雇员类型			岗位类型			
高级雇员	中级雇员	普通雇员	专业技术	行政管理	工勤服务	其他
21.01%	29.83%	49.16%	28.57%	52.94%	5.46%	13.03%

户籍情况			是否为应届生		任职年限				
本市户籍	省内其他地市户籍	省外户籍	应届生	非应届生	≤ 1 年	2 年	3 年	4 年	≥ 5 年
87.40%	4.70%	7.90%	20.17%	79.83%	17.65%	10.08%	16.81%	20.59%	34.87%

调查对象的本科学校分布主要以浙江省内高校为主，占 65.12%，省外高校占 34.88%，其中 985 和 211 高校占 37.39%；硕士学校分布则以省外高校为主，占 55.55%，省内高校占 32.10%，境外高校占 12.35%，其中 985 和 211 高校占 35.80%；博士学校分布浙江大学 4 人、清华大学 1 人、同济大学 1 人、中国科技大学 1 人、境外高校 1 人。在就读专业上：本科阶段，人文社科专业占 54.62%，理工科专业占 45.38%；硕士阶段，人文社科专业占 51.85%，理工科专业占 48.15%；博士阶段，人文社科专业占 25.00%，理工科专业占 75.00%。

（二）实施情况总体评估

1. 应聘原因

在政府雇员的构成中，大约 79.83% 是非应届生，曾经有过工作经历。在担任政府雇员之前，他们原先的工作单位，政府机关占 22.11%，事业单位占 12.63%，国有企业占 12.63%，上市企业占 10.00%，其他（民营企业为主）占 42.63%。应聘的主要原因在于："工作时间稳定"占 60.08%，"发展空间大"占 30.67%，"福利待遇好"占 21.43%，"薪酬收入高"占 20.59%，"可积累政治资源"占 15.97%，"社会地位高"占 13.45%，"工作轻松、压力小"占 5.04%。

2. 招聘流程

在政府雇员的招聘流程上，绝大部分雇员认为"非常严格"或"较严格"，分别占 46.64% 和 44.96%，总计 91.6%，认为招聘流程"不严格"的仅占 0.84%，认为"一般"和"较不严格"的占 7.56%。这说明政府雇员招聘有严格的流程，基本不存在寻租空间和人事腐败。

3. 薪酬收入

政府雇员的年薪分布如表 2-4 所示："10 万元以下"占 31.93%，"10 万～20 万元"占 55.04%，"21 万～30 万元"占 3.78%，"31 万～40 万元"占 7.14%，"41 万～50 万元"占 1.26%，"50 万元以上"占 0.84%。其中，高级雇员的年薪"10 万元以下"占 4.00%，"10 万～20 万元"占 64.00%，"20 万元以上"占 32.00%；中级雇员的年薪"10 万元以下"占 30.99%，"10 万～20 万元"占 53.52%，"20 万元以上"占 15.40%；普通雇员的年薪"10 万元以下"占

44.44%，“10万～20万元”占52.14%，“20万元以上”占3.41%。与以前单位的薪酬收入相比，“和以前基本持平”占45.30%，“比以前收入高”占25.64%，“比以前收入低”占17.09%，没有选的占11.97%。

表2-4 政府雇员的年薪分布

年薪	全体	高级雇员	中级雇员	普通雇员
10万元以下	31.93%	4.00%	30.99%	44.44%
10万~20万元	55.04%	64.00%	53.52%	52.15%
21万~30万元	3.78%	6.00%	4.23%	2.56%
31万~40万元	7.14%	18.00%	9.85%	0.85%
41万~50万元	1.26%	6.00%	0.00%	0.00%
50万元以上	0.84%	2.00%	1.41%	0.00%

4. 绩效管理

政府雇员的绩效考核评价制度的激励作用如表2-5所示，5.88%的政府雇员认为“非常显著”，27.31%认为“较显著”，44.96%认为“一般”，10.50%认为“较不显著”，11.34%认为“不显著”。总体满意度为33.19%。其中，高级雇员的满意度为28.00%，中级雇员的满意度为23.95%，普通雇员的满意度为41.03%。由此可见，政府雇员对绩效管理的总体满意度并不高，而相对来说普通雇员的满意度更高一些。政府雇员绩效管理主要存在以下问题：“考核指标单一”占18.07%，“考核标准模糊”占31.51%，“主观随意性较大”占24.37%，“其他”占26.05%。

表2-5 政府雇员绩效考核评价制度的激励作用评价

绩效评价	全体	高级雇员	中级雇员	普通雇员
非常显著	5.88%	2.00%	4.23%	8.55%
较显著	27.31%	26.00%	19.72%	32.48%
一般	44.96%	46.00%	47.89%	42.74%
较不显著	10.50%	12.00%	12.68%	8.55%
不显著	11.34%	14.00%	15.49%	7.69%

5. 社会价值

大多数政府雇员（63.87%）认为政府雇员工作“一般，只是一份工作而已”，20.59% 认为“不好，没有后期保障”，15.55% 认为“很好，口碑不错”。其中，60.5% 政府雇员认为政府雇员的职业可以实现自我价值，而另外 39.5% 则持否定态度。如果有自由选择的权利，56.3% 选择做“公务员”，10.5% 选择“事业单位”，11.34% 选择“国有企业”，5.46% 选择“上市企业”，9.26% 选择“其他”，而仅有 7.14% 的人仍然会选择做“政府雇员”。如果给予一次重新选择的机会，53.36% 还是会选择“政府雇员”，14.71% 选择“待在原先的单位”，另外 31.93% 选择“其他”，以考取公务员或选择专业与岗位更为匹配的职业为主。因此，从这两个题目的选择来看，有一部分人已经后悔选择了政府雇员这个职业，但比例在合理范围之内。在未来打算上，8.82% 选择“暂时过渡”，23.95% 选择“准备长期发展”，1.26% 准备“聘期结束另谋职业”，而绝大多数人（65.90%）“希望转为公务员”，没有选的占 0.07%。因此，对政府雇员来说，能否转为公务员身份是这份职业最重要的，也是他们最关心的。

（三）政府雇员工作满意度评估

1. 工作满意度

政府雇员工作满意度评估如表 2-6 所示。

表 2-6 政府雇员工作满意度评估

评价指标	很满意	满意	一般	不满意	极不满意	平均分
您对自己的工作岗位是否满意?	7.14%	42.02%	42.02%	5.88%	2.94%	3.45
您对专业与岗位的匹配度是否满意?	8.82%	36.97%	37.39%	13.03%	3.78%	3.34
您的工作是否符合个人志趣?	7.98%	37.39%	40.34%	11.76%	2.52%	3.37
您对岗位职责与权力划分是否满意?	6.30%	34.45%	45.80%	11.34%	2.10%	3.32
您对岗位绩效考核管理是否满意?	3.78%	28.15%	52.10%	11.76%	4.20%	3.16
您对目前的薪资水平是否满意?	3.36%	23.53%	42.44%	21.85%	8.82%	2.91
您对现有的激励奖励制度是否满意?	3.36%	20.59%	45.80%	23.53%	6.72%	2.90
您对当前的福利政策是否满意?	3.78%	28.99%	41.60%	21.01%	4.62%	3.06
您对发展空间、晋升机会是否满意?	2.52%	16.81%	43.28%	28.15%	9.24%	2.75
您对组织提供的培训机会是否满意?	4.20%	25.63%	42.86%	20.59%	6.72%	3.00

续表

评价指标	很满意	满意	一般	不满意	极不满意	平均分
您对工作环境或氛围是否满意？	8.82%	46.22%	37.82%	6.30%	0.84%	3.56
您对普通公务员对政府雇员的态度友好程度是否满意？	6.30%	42.86%	36.55%	8.82%	5.46%	3.36
小计	5.53%	31.97%	42.33%	15.34%	4.83%	3.18

注："很满意"赋值5分，"满意"赋值4分，"一般"赋值3分，"不满意"赋值2分，"很不满意"赋值1分。平均分低于3分，则认为对该问题表示不满意。"您对专业与岗位的匹配度是否满意？"简化为"专业与岗位匹配度"，"您的工作是否符合个人志趣？"简化为"个人志趣"，"您对岗位职责与权力划分是否满意？"简化为"岗位职责与权力划分"，"您对岗位绩效考核管理是否满意？"简化为"岗位绩效考核管理"，"您对目前的薪资水平是否满意？"简化为"薪资水平"，"您对现有的激励奖励制度是否满意？"简化为"激励奖励制度"，"您对当前的福利政策是否满意？"简化为"福利政策"，"您对发展空间、晋升机会是否满意？"简化为"发展空间与晋升机会"，"您对组织提供的培训机会是否满意？"简化为"培训机会"，"您对工作环境或氛围是否满意？"简化为"工作环境或氛围"，"您对普通公务员对政府雇员的态度友好程度是否满意？"简化为"态度友好程度"。

从表2-6可以看出，政府雇员对工作的总体满意度不高也不低，约3.18分。各项满意度由高到低排序为："工作环境或氛围"3.56分、"工作岗位满意度"3.45分、"个人志趣"3.37分、"态度友好程度"3.36分、"专业与岗位匹配度"3.34分、"岗位职责与权力划分"3.32分、"岗位绩效考核管理"3.16分、"福利政策"3.06分、"培训机会"3.00分，而低于3分以下的选项是"薪资水平"2.91分、"激励奖励"2.90分、"发展空间与晋升机会"2.75分。由此可见，政府雇员最不满意的是职业"发展空间和晋升机会""薪资水平""激励奖励"，最满意的是职业"工作环境或氛围""工作岗位满意度""个人志趣"。

在具体工作过程中，44.54%的政府雇员认为当前工作岗位需要做很多不同性质的事务，"要做很多不同的事情，运用多种专业技能"，43.70%认为"中等多样性，简单事务中需要一些专业技能"，11.76%认为"很少需要处理不同性质的事务，主要是重复的事务性工作"。而28.99%认为"我的工作是从头到尾完成整个工作，在最后结果中很明显"，55.88%认为"我的工作在整个工作中占一个中等比例，在最后结果里可以看到"，15.13%认为"我的工作只是整个项目中微不足道的一小部分，在最后结果中我看不到自己的工作"。在工作自主权限上，25.63%政府雇员认为自主权限"很少，对于如何工作和何时工作几乎没有任何自主权"，71.85%认为"中等程度的自主权，许多事情是标准化的，但仍然可以拥有一定的自主权”，2.52% 认为自主权限“很多，几乎可以完全决定如何工作和何时工作”。由此可见，大部分政府雇员在目前的岗位上自主性和成就感都相对比较低。

2. 性别差异、学历差异和类型差异

在理想的随机实验情况下，我们可以采用普通最小二乘法（OLS）进行估计以得到工作满意度和其他变量的相关性影响（causal effect），其公式为

$$Sa_i=\alpha+\rho D_i+X_i/\gamma+\varepsilon_i$$

表 2-7 为政府雇员工作满意度的 OLS 回归结果，它们的单位根检验相关检测均在 0.01 显著水平，数据属于平稳数据。Sa 为工作满意度，D 为控制因变量，其中包括“专业与岗位匹配度”“个人志趣”“岗位职责与权力划分”“工作环境或氛围”。X 为虚拟变量，下标 $_i$ 为每个参与调研个体。OLS 回归模型分析结果显示，影响政府雇员“工作满意度”的显著变量为“专业与岗位匹配度”“个人志趣”“岗位职责与权力划分”“工作环境或氛围”。其中，“工作环境或氛围”在 10% 的水平上显著，“专业与岗位匹配度”“个人志趣”“岗位职责权力划分”在 1% 的水平上显著，而在“岗位绩效考核管理”“薪资水平”“激励奖励制度”“福利政策”“发展空间与晋升机会”“培训机会”“态度友好程度”方面对政府雇员的工作满意度并不显著。这表明政府雇员“工作满意度”与“岗位与专业匹配度”、“个人志趣”和“岗位职责与权力划分”显著正相关。个案访谈资料也印证了这个结论，部分高级雇员应聘岗位与大类专业匹配，但由于招聘岗位没有明确清楚岗位职责，入职后发现细分专业匹配度并不高，导致专业技能与岗位契合度并不高，所以在实际工作中很难发挥自身价值。另外，部分高级雇员还认为，“雇员美其名曰是顾问，但落实到实际工作上，到底是承担顾问还是办事员的工作，定位不清晰，所以会导致我们负责或参与的项目，参与度可能不是很高”。“因为从企业到机关，毕竟在管理机制方面确实有很大的不同，企业扁平化的管理机制是项目引导项目，是从项目完成度来导向的。什么项目比较急，如果需要直接汇报给高层领导，或者需要直接决策的，那大家的权限和灵活性也会比较大。可能在机关还是有一个比较强的层级概念，因为我们自身的层级不是很明确。我们汇报一些情况，有时候需要打回给我们的直管领导，我们的直管领导再反馈给我们的分管领导，分管领导再反馈给上级

领导，然后一些重大项目的汇报，也不会通知我们一起参加。到时候这些意见需要我们的分管领导或者参会领导再转达给我们的直属领导，直属领导再转达给我们。人与人之间的信息交流是会有一个折扣的，基本上一个人到另一个人的意见表达打个八折，再经过两个人传达下来的意见可能只有六成，甚至五成，因此对很多事情的开展不是很有利。因为自己以前在企业，对工作效率要求是比较高的，所以有些时候有点干着急的感觉。”在“个人志趣”上，60.08%的政府雇员应聘雇员的原因是觉得“工作时间稳定”，这也是他们的志趣所在。

表 2-7　政府雇员工作满意度的 OLS 回归结果

Sa	Coef.	St.Err.	*t*-value	*p*-value	[95% Conf	Interval]	Sig
专业与岗位匹配度	0.203	0.052	3.900	0.000	0.100	0.305	***
个人志趣	0.246	0.055	4.440	0.000	0.137	0.356	***
岗位职责与权力划分	0.311	0.056	5.570	0.000	0.201	0.421	***
岗位绩效考核管理	0.053	0.063	0.840	0.399	−0.071	0.178	
薪资水平	0.015	0.057	0.270	0.787	−0.097	0.127	
激励奖励制度	0.039	0.070	0.560	0.574	−0.098	0.177	
福利政策	0.006	0.057	0.100	0.922	−0.107	0.118	
发展空间与晋升机会	−0.044	0.058	−0.750	0.452	−0.158	0.070	
培训机会	0.057	0.047	1.230	0.220	−0.034	0.149	
工作环境或氛围	0.104	0.055	1.910	0.057	−0.003	0.212	*
态度友好程度	0.023	0.045	0.520	0.605	−0.066	0.112	
Constant	0.063	0.163	0.380	0.701	−0.259	0.384	
Mean dependent var	3.445			SD dependent var		0.829	
R-squared	0.707			Number of obs		238.000	
F-test	49.666			Prob > *F*		0.000	
Akaike crit. (AIC)	316.547			Bayesian crit.(BIC)		358.214	

注：*** 表示在 1% 的水平上显著，* 表示在 10% 的水平上显著。

为了更深入研究性别、学历和岗位类型对政府雇员工作满意度的影响，我们对雇员性别、文化程度、雇员类型再做 OLS 回归分析，模型结果显示：第一，性别不同，影响“工作满意度”的变量有差别。如表 2-8 所示，除了“专业与岗位匹配度”“岗位职责与权力划分”等共同影响变量，“激励奖励制度”“态度友好程度”对男性雇员工作满意度的影响较女性雇员显著，而“工作环境或氛围”“个人志趣”对女性雇员工作满意度的影响较男性雇员显著。这从男女不同的社会地位和家庭分工可以解释。第二，学历不同，影响“工作满意度”的变量有差别。如表 2-9 所示，除了“专业与岗位匹配度”“岗位职责与权力划分”等共同影响变量，研究生学历以上的政府雇员更关注“工作环境或氛围”“个人志趣”，工作环境或氛围越好，个人志趣越高，工作满意度越高。第三，类型不同，影响“工作满意度”的变量有差别。如表 2-10 所示，对于全体雇员而言，影响工作满意度的共同变量为“专业与岗位匹配度”“个人志趣”。高级雇员最关注“岗位职责与权力划分”，中级雇员比较关注“岗位职责与权力划分”、“福利政策”以及传统公务员的“态度友好程度”，普通雇员则更看重“个人志趣”“工作环境或氛围”。这表明高级雇员比较看重工作的自主权和成就感，希望被赋予一定的行政级别。在访谈中，76% 的高级雇员表示，自己在工作中拥有“中等程度的自主权，许多事情是标准化的，但仍然可以拥有一定的自主权”，64% 的高级雇员认为“政府雇员的职业可以实现自我价值”。

表 2-8　不同性别政府雇员工作满意度的 OLS 回归结果

Sa	Gender	Coef	St.Err.	*t*-value	*p*-value	[95% Conf	Interval]	Sig
专业与岗位匹配度	1	0.264	0.076	3.47	0.001	0.113	0.414	***
	2	0.139	0.068	2.03	0.045	0.003	0.274	**
个人志趣	1	0.135	0.085	1.59	0.115	−0.033	0.302	
	2	0.280	0.069	4.06	0.000	0.143	0.417	***
岗位职责与权力划分	1	0.406	0.081	5.02	0.000	0.246	0.567	***
	2	0.256	0.073	3.52	0.001	0.112	0.400	***
岗位绩效考核管理	1	0.025	0.093	0.27	0.789	−0.159	0.209	
	2	0.048	0.081	0.59	0.555	−0.113	0.210	
薪资水平	1	0.005	0.079	0.07	0.947	−0.152	0.163	
	2	−0.009	0.079	−0.11	0.914	−0.165	0.148	
激励奖励制度	1	0.231	0.109	2.12	0.037	0.015	0.448	**
	2	−0.087	0.083	−1.04	0.301	−0.252	0.079	
福利政策	1	−0.122	0.083	−1.48	0.142	−0.286	0.041	
	2	0.125	0.080	1.57	0.120	−0.033	0.283	

续表

Sa	Gender	Coef	St.Err.	*t*-value	*p*-value	[95% Conf	Interval]	Sig
发展空间与晋升机会	1	−0.093	0.085	−1.09	0.277	−0.262	0.076	
	2	0.040	0.073	0.54	0.588	−0.105	0.185	
培训机会	1	0.028	0.066	0.42	0.672	−0.102	0.158	
	2	0.066	0.061	1.08	0.284	−0.055	0.186	
工作环境或氛围	1	−0.014	0.083	−0.17	0.864	−0.179	0.150	
	2	0.214	0.067	3.20	0.002	0.081	0.346	***
态度友好程度	1	0.133	0.062	2.13	0.036	0.009	0.256	**
	2	−0.079	0.066	−1.20	0.233	−0.211	0.052	
Constant	1	0.249	0.246	1.01	0.314	−0.239	0.738	
	2	0.081	0.206	0.39	0.694	−0.327	0.490	
Mean dependent var		3.455/3.435		SD dependent var		0.908/0.739		
R-squared		0.721/0.781		Number of obs		123.000/115.000		
F-test		26.089/33.333		Prob > *F*		0.000/0.000		
Akaike crit. (AIC)		191.161/105.303		Bayesian crit.(BIC)		224.907/138.242		

注：*** 表示在 1% 的水平上显著，** 表示在 5% 的水平上显著。“Gender=1” 为男性，“Gender=2” 为女性。

表 2-9　不同学历政府雇员工作满意度的 OLS 回归结果

Sa	Education	Coef.	St.Err.	*t*-value	*p*-value	[95% Conf	Interval]	Sig
专业与岗位匹配度	1	0.183	0.103	1.77	0.080	−0.022	0.388	*
	2	0.269	0.063	4.26	0.000	0.144	0.393	***
个人志趣	1	0.134	0.115	1.16	0.248	−0.095	0.362	***
	2	0.280	0.062	4.51	0.000	0.157	0.402	
岗位职责与权力划分	1	0.378	0.110	3.43	0.001	0.159	0.598	***
	2	0.221	0.065	3.38	0.001	0.092	0.350	***
岗位绩效考核管理	1	0.021	0.128	0.16	0.872	−0.234	0.275	
	2	0.074	0.072	1.03	0.303	−0.068	0.216	
薪资水平	1	0.112	0.115	0.98	0.331	−0.116	0.340	
	2	−0.053	0.076	−0.69	0.489	−0.203	0.097	
激励奖励制度	1	−0.062	0.127	−0.49	0.625	−0.314	0.190	
	2	0.095	0.090	1.05	0.293	−0.083	0.273	

续表

Sa	Education	Coef.	St.Err.	*t*-value	*p*-value	[95% Conf	Interval]	Sig
福利政策	1	−0.180	0.125	−1.44	0.155	−0.429	0.070	
	2	0.053	0.064	0.82	0.412	−0.074	0.179	
发展空间与晋升机会	1	0.116	0.134	0.87	0.387	−0.150	0.383	
	2	−0.047	0.063	−0.74	0.462	−0.172	0.079	
培训机会	1	0.107	0.086	1.25	0.213	−0.063	0.278	
	2	0.012	0.056	0.21	0.832	−0.098	0.122	
工作环境或氛围	1	0.279	0.121	2.30	0.024	0.038	0.521	**
	2	0.063	0.059	1.07	0.288	−0.054	0.180	
态度友好程度	1	0.018	0.096	0.19	0.850	−0.173	0.209	
	2	−0.008	0.050	−0.17	0.865	−0.107	0.090	
Constant	1	−0.259	0.305	−0.85	0.398	−0.865	0.348	
	2	0.253	0.186	1.35	0.178	−0.116	0.621	
Mean dependent var		3.506/3.409		SD dependent var		0.893/0.789		
R-squared		0.707/0.750		Number of obs		89.000/149.00		
F-test		16.928/37.308		Prob > *F*		0.000/0.000		
Akaike crit. (AIC)		146.118/168.655		Bayesian crit. (BIC)		175.981/204.702		

注：*** 表示在 1% 的水平上显著，** 表示在 5% 的水平上显著，* 表示在 10% 的水平上显著。“Education=1”为硕士及以上学历，“Education =2”为本科及以下学历。

表 2-10　不同类型政府雇员工作满意度的 OLS 回归结果

Sa	Total	High	Medium	Ordinary
专业与岗位匹配度	0.191** [0.0576]	0.365 [0.1821]	0.291* [0.0889]	0.0467 [0.0629]
发展空间与晋升机会	−0.0696 [0.0607]	−0.137 [0.2110]	−0.133 [0.0854]	0.0252 [0.0788]
岗位绩效考核管理	0.0296 [0.0672]	0.0344 [0.1779]	0.0402 [0.1039]	0.0472 [0.0798]
岗位职责与权力划分	0.0296 [0.0580]	0.0344* [0.1877]	0.0402 [0.0926]	0.0472 [0.0735]
工作环境或氛围	0.112 [0.0589]	−0.0274 [0.2031]	0.0408 [0.0883]	0.215** [0.0652]
福利政策	0.107 [0.0601]	−0.125 [0.1972]	0.170* [0.0844]	0.0131 [0.0700]

续表

Sa	Total	High	Medium	Ordinary
态度友好程度	0.0338 [0.0457]	−0.00712 [0.1641]	0.142* [0.0584]	−0.119 [0.0613]
激励奖励制度	0.0339 [0.0760]	0.11 [0.2399]	0.133 [0.1203]	−0.0135 [0.0856]
薪资水平	−0.00289 [0.0633]	0.0636 [0.1924]	−0.146 [0.0801]	0.113 [0.0832]
培训机会	0.0107 [0.0541]	0.191 [0.1188]	0.0804 [0.0784]	−0.0822 [0.0651]
个人志趣	0.195** [0.0604]	0.107 [0.2086]	0.0915 [0.0707]	0.435*** [0.0795]
constant	0.134 [0.1745]	−0.166 [0.5100]	−0.136 [0.2391]	0.472* [0.2045]
N	172	50	71	116
adj. *R*-sq	0.7226	0.5432	0.826	0.7263
AIC	200.4	114.2	64.8	1008.4
BIC	238.1	137.1	91.95	141.4

注：在各个系数之后中括号中的数值是标准误差，*** 表示在 1% 的水平上显著，** 表示在 5% 的水平上显著，* 表示在 10% 的水平上显著。Total 为全体雇员，High 为高级雇员，Medium 为中级雇员，Ordinary 为普通雇员。

通过回归分析政府雇员的工作满意度影响因素的差异化作用机制，我们发现：第一，政府雇员制度面临的最大问题是“发展空间与晋升机会”“普通公务员与政府雇员的地位差异”。第二，政府雇员的总体工作满意度并不高，最不满意的是“发展空间与晋升机会”，显著影响因素主要是“岗位职责与权力划分”“专业与岗位匹配度”“个人志趣”。第三，性别不同，影响工作满意度的变量显著不同。“激励奖励制度”是否良好和传统公务员“态度友好程度”对男性雇员工作满意度的影响较女性雇员显著，而“工作环境或氛围”“个人志趣”对女性雇员工作满意度的影响较男性雇员显著。第四，学历不同，影响工作满意度变量显著不同。硕士及以上学历的政府雇员更关注“工作环境或氛围”“个人志趣”。第五，类型不同，影响工作满意度变量显著不同。高级雇员最关注“岗位职责与权力划分”，而中级雇员比较关注“岗位职责与权力划分”“专业与岗位匹配度”以及传统公务员的“态度友好程度”，普通雇员则更看重“个人志趣”“工作环境或氛围”。

第三节　深入推进政府雇员制的对策建议

一、政府雇员制的建设与评价

政府雇员制作为一项新型的公共部门人力资源制度，有效弥补了传统公务员任用制度的不足，打破公共部门人事制度的僵化体制，值得在更大的范围内推广和应用。但是，政府雇员制在我国实践探索的时间毕竟还比较短，制度设计还不够成熟，在实际探索实践中仍然会存在一些问题。

（一）存在的问题

根据有关区人社局统计，实施雇员制的十几年间，人才流失比例最大的是学历层次较高的年轻雇员，特别是涉及外语、国际金融与贸易等专业的。该现象充分说明政府雇员制度存在某些不合理的地方，导致很多年轻人并不看好政府雇员的职业前景。晋升通道、身份转换机会、职业长远发展规划是大部分专业性岗位雇员的关注点，但也是政府雇员制中缺失的要素，身份无法转换是多数雇员流失的主要原因。问卷调查显示，在政府雇员制面临的问题上，排在第一位的问题是“发展空间与晋升机会”（84.87%），其次是“普通公务员与政府雇员的地位差异”（64.29%）、“政府雇员身份尴尬”（62.18%）、“与公务员之间的身份转换”（57.14%）和“缺乏长远的职业发展规划”（41.18%），反而他们对“专业与岗位匹配度”（15.55%）、“项目结束后的退出机制”（10.08%）和“个人主观能动性的充分发挥”（13.45%）的关注度并没有我们想象的高。因此，要完善政府雇员制，必须解决“发展空间与晋升机会”“政府雇员身份尴尬”问题。政府雇员日常管理上之所以存在问题，主要原因为：“政府雇员身份尴尬”（70.59%）、“激励机制不健全”（50.84%）、“制度顶层设计不成熟”（43.28%）、“领导的重视程度不够”（31.93%）、“政府雇员的政治融入性较差”（26.89%）。

（二）制度建设

在如何更好提高政府雇员的积极性和创造性上，可以从以下几个方面去努力：薪酬收入的提高（84.45%）、职位晋升的机会（83.61%）、福利待遇的改善（65.97%）、良好的工作氛围（46.64%）、领导的重视（44.12%）、一定的行政级别（31.09%）、组织系统培训（29.41%）、工作的挑战性（16.81%）、导师培养制度（14.29%）、专业与岗位匹配度（14.29%）、工作自主权（11.34%）。结合问卷的开放性问题，我们发现之所以把“薪酬收入的提高”放在第一位，是因为同样的工作岗位和工作任务，由于政府雇员，尤其是中级雇员和普通雇员，和普通公务员群体相对照，两者在政治地位、薪酬体系、福利待遇等方面严重不对等。特别是工龄较长的政府中级雇员，进入机关时经过层层考试选拔，在机关工作 10 多年后，工作技能和经验已经较为丰富，但是待遇只有刚入职的公务员的 1/3、事业编制的 1/2，高级雇员的 80%。而“职位晋升的机会”被放在第二位，应该比较好理解。政府雇员制缺乏一个长期的发展目标和职业发展规划，对于将来是否能纳入体制，如何退出，他们没有一个明确清晰的预期。虽然政府雇员的考核晋升也有较明确的规定，但晋升条件明显比公务员或事业编制人员更为严苛，普通雇员很难从初级升到中级，中级升到高级。这就产生了体制内外的差别化、不公平性，对调动雇员晋升积极性起到负面效果。政府雇员的考核内容过于单一，不同岗位不同人员之间的工作职责和工作量是不一样的，用同一套量化标准来衡量每一个人不太合理。虽然对政府雇员的考核在形式上是客观公正的，但仍存在个别领导说了算的现象，且领导班子对政府雇员的考核比重非常大。因此，这两项最受政府雇员关注，关注度高达 80% 以上，远高于其他选项。

（三）制度评价

在制度评价上，大部分政府雇员认为，政府雇员制是一种积极的探索。政府雇员制的出现，在一定程度上弥补了传统公务员任用制度的某些不足，更好地体现个性化、灵活性以及岗位需求的匹配性，对政府管理效果产生了巨大影响，为人力资源开发寻求了一条灵活的新途径，对“官本位”意识也产生了一定的冲击。当然，制度还不完善，仍需继续改进。另外，也有一小部分政府雇员对这份职业持否定态度，认为政府雇员是一份“鸡肋”职业，他们是“政府机关单位中身份低等的一群人”，“没有给单位带来新鲜的空气，而是被原有的环境淹没”。政府雇员评价代表观点见表 2-11。

表 2-11　政府雇员评价代表观点

态度	观点
肯定态度	政府雇员制是介于公务员和普通合同用工之间的一种尝试，通过 3~5 年时间，培养出政府部门的单位骨干
	政府雇员制度灵活，能够优先选择适合岗位要求的人才进入政府机关，但身份问题的解决、顶层设计的成熟度关系着这项制度的长久生命力，希望组织上能致力于创造更好的制度环境
	政府雇员是较好的创新性做法，有效地弥补了公务员考试的学历能力参差的问题，但因为是创新做法，所以在各项体制机制中还存在不完善的情况，如晋升问题、福利待遇问题、激励制度问题。希望能够有更清晰的职业发展规划，不然在迷茫的工作道路中会存在人才流失问题
	政府雇员制是探索性的，需要给各方充分适应的时间和空间，需要招聘单位、用人单位和雇员密切联系与探讨可发挥雇员特殊价值的途径，对于项目后期的过渡和与其他发展路径和就业渠道的衔接，提供合理多样选择，为该项目树立良好的社会认可和口碑
	政府雇员制是市场经济条件下一个有魄力的尝试，能够为有志于从事体制内工作的人们提供一个宝贵的机会，也有利于产生“鲶鱼效应”而带来活力
	政府雇员制是很好的一个举措，在很大程度上调动了雇员的工作积极性和稳定性，但在操作过程中还需要不断完善，如最关注的晋升、绩效和薪酬待遇
	政府雇员制是对当前政府部门用工方式的一种有益补充，有利于优化人力资源配置，但是也存在考核机制不健全的问题，不能充分激发雇员干事创业的积极性
	政府雇员制是很不错的制度创新，使一大批年轻人员进入政府机构，激发了政府活力
	总的来说还是非常满意的，希望政府雇员制在发展空间、晋升机会、薪酬提高等方面有所改进
	政府雇员制是政府在人才选用方面很好的尝试，相比传统的公务员制度，有更好的自主性、灵活性和吸引力，对于政府的选人、用人以及个人的成长成才都是积极有利的
	政府雇员制是创新型政府的一种招聘尝试，对于政府来说是很具有勇气和诚意的尝试，对于雇员自身来说是比较幸运的职业机会
	政府雇员制是一个非常好的社会力量融入政府的机制，也给了很多境外从业人员回到境内的契机。如果在专业和岗位匹配度、工作自主权和明朗的职业规划方面能够提高的话，相信这会是更多社会优秀中坚力量的长期选择

续表

态度	观点
否定态度	政府雇员是政府机关单位中身份低等的一群人。和公务员和事业编制人员对比，收入差距极大，工作自主权小，政治融入性差，没有职业晋升空间
	政府雇员制的本意应当是在解决政府机关根据工作的特殊需要而雇用专业人才的同时，调动体制内公务员或事业编制人员的工作积极性。但由于在实施过程中摒弃了初衷，导致已雇用的政府雇员发展甚至生存空间日趋狭小，人员流失巨大，且工作贡献并没有达到本应付出的程度
	政府雇员明显存在同样工作岗位、工作任务，但是政治地位、工资薪酬等方面与公务员严重不对等，上升通道狭窄，身份转换困难，只能说是“鸡肋”岗位，希望能在身份转换上有更多途径，在考核激励方面能够和公务员、事业单位身份逐步缩小差距，让政府雇员能安心工作，实现价值，有奔头
	政府雇员扮演着公务员的角色，事实却不是；干着同样的活，薪资体系却不一样；到了一定岗位级别，天花板效应却出现。期待未来能有很好的制度体系，让政府雇员能在薪资、身份转变、职务升迁等方面能得到根本性改善
	与上下级在工作协调和对接中常常感到政府雇员身份尴尬，从而打击了工作的积极性，同时，与事业人员、公务员在工作量上相差无几，薪酬待遇上却有天壤之别，打击工作的积极性
	政府雇员制没有很好的晋升空间，在社会地位上与公务员、事业单位人员相差甚大。但政府雇员往往工作量大，而且专业与岗位匹配度低，无法发挥专业优势。建议在政府雇员中建立晋升公务员或事业编制的统一考试制度
	我觉得政府雇员在政府部门是个不正规的岗位，其身份、地位、收入与编制内的人员有巨大的差别，必定会影响其工作荣誉感和积极性，而且也不符合国家“同工同酬”的规定
	受体制影响，政府雇员无法充分发挥主观能动性，缺少相应学习提升专业技能的机会，缺乏相应的激励机制
	对于雇员自身发展而言，参与政府工作是一种很好的历练，但作为一项终身职业可能不太理想，向上发展的空间有限。工作性质和繁忙程度与在编人员基本一致，但工资待遇还是有较大差距的
	政府雇员没有给单位带来新鲜的空气，而是被原有的环境淹没

二、完善优化政府雇员制的政策方向

政府雇员制作为一项新型的公共部门人力资源制度，有效弥补了传统公务员考任制的不足，打破公共部门人事制度的僵化体制，值得在更大的范围内推广和应用。但是，政府雇员制在我国实践探索的时间毕竟还比较短，制度设计还不够成熟，在实际探索实践中仍然会存在一些问题。这就需要我们从引进机制、激励机制、评价机制、使用机制等维度，来系统全面地推进政府雇员制，深化公共部门人事制度改革。

（一）政府雇员引进机制

第一，科学合理界定岗位需求。实行政府雇员制的前提条件是根据工作需要，推出政府雇员岗位。因此，在招录政府雇员之前，要充分考虑政府部门每一个岗位是否需要雇员。只有相关部门按照一定程序，对所需招录雇员岗位进行充分论证，才能正式启动政府雇员招录程序。这样才能找到合适的政府雇员，实现“人岗”相匹配，才可以有效地杜绝“搭便车”和“暗箱操作”。一般而言，工作任务首先要选择公务员来完成，公务员能干的事情就不要雇用政府雇员，公务员不愿意干的事情可以通过完善考核激励办法来调动公务员的积极性①，一定要杜绝公务员把本职工作范围的事情转嫁给政府雇员，自己却在那里“发号施令”“懒政怠政”。只有当公务员确实没有时间和能力完成该项任务时，才可以雇用政府雇员，并且要严格科学分析岗位性质和可雇性，这对于不增加行政成本和变相提高公务员福利大有裨益。②

第二，制定细致的岗位职责和任职条件。正式启动政府雇员招录程序后，在向社会发布招聘岗位公告环节，应附详细具体的岗位职责和任职条件。按照职位分类的方法，将每一个招聘政府雇员的岗位的工作性质、任务、职责、地位、工作程序、责任权限、薪酬福利等内容公开告知社会，并设定每一个岗位或等级的政府雇员岗位所需要的最低资格条件、升迁途径和工资水平。这样在招录环节就可以对雇员岗位有明确的定位，减少供需双方的信息不对称，更好地做好双向选择和增加人岗匹配度，确保招聘岗位设定准确、政府雇员符合要求。

第三，灵活有效的政府招考录用机制。政府雇员制最大的优势在于弹性、灵活性。政府雇员制通过较为灵活的用人政策，突破传统公务员任用方式的僵化体制，满足公共管理对高技术、新科技等多样化用人需求。根据职位性质、工作内容、难易程度、责任大小及所需要的各项知识技能，采取不同的考试内容、方法及录取标准。在招录方式上，既可以公开招考，也可以直接选聘，可

① 李海峰，李敬军，李科，等.政府雇员制的现状、问题及发展对策研究[J].中小企业管理与科技，2018(20):80-81.

② 李海峰，李敬军，李科，等.政府雇员制的现状、问题及发展对策研究[J].中小企业管理与科技，2018(20):80-81.

以笔试，也可以面试；在招录频次上，不用受限于传统公务员考试一年一次的频次；在选人用人和薪酬福利上，也有一定灵活性和主动性。当然，在招录过程中，也要加强监督管理，防止暗箱操作、用人腐败现象。政府对于市场的了解也决定了政府人才招纳的方向，政府应把握人才流动趋势和不同领域的人才招纳，积极向社会各界发布人才招纳信息，必要时可以借助猎头公司。①

（二）政府雇员激励机制

激励是一种调动人的积极性的行为和管理手段，主要包括物质激励、精神激励和情感激励。随着经济社会发展，传统单一的物质激励已经很难满足人们的需求，必须转变到物质激励、精神激励和情感激励并重的多元化激励模式。②

第一，建立科学合理的薪酬福利体系。传统公务员工资水平以职务和职级为标准，工作实绩在公务员薪酬福利体系中很难体现。政府雇员的薪酬福利体系设计只有注重工作效率和绩效水平，才能有效调动政府雇员的工作积极性和主观能动性。从人力资源优化配置的角度来看，政府雇员的工资标准应参照市场同等价位，体现知识和技能的分量，在基本工资的基础上，考虑岗位难度系数、工作量、专业技能等要素，共同组成体系化的工资标准。③ 在薪酬标准上，既要注重与同一部门从事类似工作公务员薪酬水平的内部公平，又要注重与市场类似职位薪酬水平的外部公平。④ 某些操作简单、重复的行政事务岗位上的政府雇员工资水平原则上应与普通综合管理类公务员基本持平，不应高出太多；而有些专业技术要求较高岗位上的政府雇员工资水平应高于普通公务员，系数可以设置在 2 ～ 3 倍，与市场价格持平，或略高于市场价格。在实际操作过程中，有些地方简单地采取学历、文凭、毕业学校等维度来定夺政府雇员的薪酬待遇，难以体现政府雇员的实绩、贡献和价值。比如：清华大学、北京大学毕业的雇员年薪 35 万元，而境外世界百强高校毕业的高级雇员年薪 50 万元，这样的操作相对略显简单，实际工作岗位的难易程度差别比较大。

① 赵冬冬 . 山东省 M 区政府雇员激励机制研究 [D]. 西安：西北大学，2017.

② 李思莹 . 物质激励、精神激励和情感激励的比较 [J]. 中国集体经济，2017(13):87-88.

③ 陈键，王孟辉，莫锋，等 . 源于国外的“政府雇员制”，到底适不适合杭州? [J]. 杭州，2020(22):2.

④ 高进，杨建闯 . 局内的“局外人”：政府雇员组织归属感影响因素研究 [J]. 中国行政管理，2018(1):92-97.

第二，建立多元化、个性化的精神激励。在我国，出于行政体制等原因，政府部门掌握了大量的资源。因此，政府部门是一个特殊又体面的工作场所，它能够为政府雇员提供广阔的人际关系、工作本身带来的巨大成就感等“精神报酬”。[①]但是，由于政府雇员的教育背景、职业规划、价值观、人生观、工作经历等诸多方面存在差异，政府雇员对精神需求的内容要求、渴求程度、外部干预等反应是不一样的。对于一般的政府雇员尤其是辅助性岗位的政府雇员，在政府有份体面的工作，已经是一项巨大的“精神报酬”。人性的组织文化、领导的器重赏识、平等的机会待遇是他们的主要关注点，群体激励、尊重激励、公平激励更加契合这个群体的需求。但是，对于具有一技之长的政府高级雇员，单纯这些精神激励还远远不够，无差别的激励机制将无法充分发挥政府雇员的积极性。市场化的薪酬、职业上升空间、科学的培训培养、自身价值的实现更能满足他们的需求，因此政府在制定贴近市场的薪酬标准前提下，更要强调感情留人、事业留人，要打破传统的论资排辈和行政层级制约，建立灵活用人机制，赋予高级雇员一定的行政权限，以便他们更好地发挥专业特长，充分给予专业技术类高级雇员实现自我价值的平台。

第三，探索政府雇员制向公务员聘任制过渡。聘任制公务员虽然和政府雇员有本质区别，但作为终身聘用的传统公务员制度的改进和补充，两者存在很多共性。《公务员法》第 95 条和第 97 条规定：“机关根据工作需要，经省级以上公务员主管部门批准，可以对专业性较强的职位和辅助性职位实行聘任制。”[②]由此可见，政府雇员制和聘任制公务员的本质区别仅在于，是否占有公务员行政编制，是否履行公共权力。在具体实践中，政府雇员常常会以所在部门具有正式编制的传统公务员为参照群体，认为自身缺乏“转正”与“晋升”的可能，会产生相对剥夺感。[③]因此，公务员聘任制和政府雇员制可以同时实施，相互补充。鉴于聘任制公务员的制度设计相对成熟，也有法律保障，公务员聘任制可以作为政府雇员制的延续和发展[④]，可以探索政府雇员制向公务员聘任

① 胡小丽 . 加拿大联邦政府临时雇员制度的特征及启示 [J]. 中外企业家，2016(13):270-271.

② 路锋 . 公务员聘任制：上海试点实践与改进研究 [D]. 上海：上海师范大学，2016.

③ 高进，杨建闯 . 局内的“局外人”：政府雇员组织归属感影响因素研究 [J]. 中国行政管理，2018(1):92-97.

④ 黄宁平 . 我国公务员聘任制研究 [D]. 合肥：安徽大学，2014.

制过渡，部分优秀的政府雇员可以转为聘任制公务员，进而转为终身公务员。当然，公务员聘任制也不能简单看作政府雇员制天然的替代方案，毕竟政府雇员制的成因是多方面的。需要研究政府雇员制如何与公务员聘任制、公务员委任制衔接，以及政府雇员、聘任制公务员和传统公务员之间的身份转换问题，逐步加以解决，从而建立政府雇员常规的职业发展通道。

（三）政府雇员评价机制

第一，完善绩效考核机制。建立一套科学衡量政府雇员工作绩效的科学评价体系，是政府雇员制能够可持续发展的重要条件。①首先，雇用政府雇员前制定绩效合同。绩效合同应根据考核对象的类型、目标岗位和预期薪酬，明确绩效考核的管理目标、实施主体、考核对象、内容方法、实施阶段等内容，不同岗位的工作难易程度不同，绩效合同要求也不同，并引入绩效工资制度，真正建立与之相适应的政府雇员工资动态调整机制。一些特殊的政府雇员岗位也可以结合实际情况实施“定制化”的绩效合同。其次，制定明确的绩效标准。在政府雇员绩效合同的基础上，建立合理科学的绩效评估标准。标准设置要具体明确，要与组织目标相协调，要公开透明，让政府雇员参与标准制定过程，标准设置要具有可执行性，80% 以上的政府雇员可以达到考核要求。对于政府雇员的考核不宜采取传统公务员的等级考核制，也不宜在不同部门不同岗位的政府雇员之间比较确定优秀人次比例，而是应该根据不同岗位的难易程度进行指标量化管理。最后，要实施分阶段的目标管理。政府应从政府雇员入职开始，就让政府雇员明确知晓岗位的短期目标、年度目标或项目期目标，并根据不同阶段目标进行分阶段考核。政府采取分级管理模式，政府雇员的日常考核应由政府雇员的所在部门对雇员的工作绩效进行考察，与同部门传统公务员比较，政府雇员的贡献价值是否与其高薪待遇匹配，否则将会引起传统公务员的不满和敌意。②而政府雇员之间的考核和比较，不同岗位不能采取同一标准衡量，而应该在相似岗位做出相应绩效评价。

第二，实行动态管理制度。根据政府雇员表现及考核结果，对于工作表现

---

① 郭蕾 . 我国政府雇员激励问题及对策研究 [D]. 苏州：苏州大学，2009.

② 宋晶 . 我国政府雇员制研究 [D]. 郑州：郑州大学，2010.

好、能力强、群众和公务员都认可的雇员，可考虑增加聘用期限，甚至可以适时通过合法程序转为公务员。而对于群众不满意、办事效率低下、考评不合格的雇员要及时调整甚至清理，使机构瘦身，提高群众满意度，实现服务型政府的目标。在聘期管理上，根据政府事务长短，可以聘用长期雇员或短期雇员，通过长短两种形式的结合，可以节约行政成本，减少财政支出。分析具体事务内容，可将工作量和时间长短充分考虑进去，计算出所需雇员的数量。①

第三，提高雇员的社会认可度。政府雇员制作为一种新型用人方式，宣传力度还不够，社会认可度还不高。②广大群众对政府雇员心存质疑，政府自身管理定位不清晰，公务员内部接受度不高，制度的持续推行存在困难。政府应先转变官本位的思想和观念，借助媒体、社交平台和政府网站向社会宣传政府雇员制，让社会了解政府雇员制，为政府雇员制的推行提供良好的社会环境。同时，各级政府机关通过大范围的公务员内部培训，普及政府雇员制的知识，提高公务员内部对政府雇员的认可。在制度顶层设计上面，应加大调查研究，对于政府雇员的身份、是否占用编制，以及招录、管理等问题予以明确，解决政府雇员身份不明、职业发展道路不清晰等问题。

（四）政府雇员使用机制

第一，建立对政府雇员管理监督的专门机构。为适应未来政府雇员在政府部门比例增加的趋势，应在各级组织部门内部设立专门部门具体负责雇员岗位设定、合同履行、岗位考核、岗位培训和职业规划等日常管理工作③，并借鉴加拿大联邦政府的做法，在政府雇员的监督管理体系中，纳入相关系统以有效监督和管理政府雇员日常运作，防止政府雇员的个人权益受损，也杜绝政府雇员招录过程中的腐败和财政资源浪费。比如：各地编制办公室都要负责政府雇员的数量核定和实名信息库动态管理，财政局负责经费确定、调整和预算编制，人力资源和社会保障局负责政府雇员公开招录以及合同签署、工资待遇、社会保险等，对政府雇员用工部门进行政策指导和监督管理，审计局负责经费

① 李海峰，李敬军，李科，等.政府雇员制的现状、问题及发展对策研究[J].中小企业管理与科技，2018(20):80-81.

② 曹宗一.我国政府雇员制的发展困境及其路径选择[J].北京城市学院学报，2009(5):39-42.

③ 高进，杨建闯.局内的“局外人”：政府雇员组织归属感影响因素研究[J].中国行政管理，2018(1):92-97.

审计，监察局负责监察与问责。①

第二，建立统一平等的政府雇员身份管理规范。单位生态环境影响政府雇员的组织归属感。虽然政府雇员在用工部门实际上是“局内人”，但由于政府部门固有的组织文化和政治生态，政府雇员容易产生“局外人”的心理状态。②因此，政府用工部门应加强组织文化建设，从组织内部打破公务员与政府雇员的身份隔阂，鼓励政府雇员平等参与组织内部的党支部活动、岗位培训、评比表彰、文体竞赛等集体活动，提供合适的交流平台，增进组织文化的集体融合度。政府用工部门管理层和公务员群体，应从思想、语言和行动上消除人为的身份隔阂与疏离感，营造良好的单位生态环境，打消政府雇员“局内的局外人”③心理，增强政府雇员的情感认同和归属。

第三，建立科学合理的政府雇员退出流转制度。西方新公共管理运动实践证明，保持一定程度的人员流动性对于加速政府部门新陈代谢，提高政府绩效具有非常积极的作用。政府在使用政府雇员过程中也可以借鉴这个理念，建立科学合理的政府雇员退出流转制度，让“能者上、平者动、庸者下”。首先，设计科学合理的政府雇员上升通道。尝试打破政府雇员的身份限制，经过一个聘期的实绩考核，将一部分优秀的政府雇员吸纳到体制内，变为公务员。同时，给予政府雇员一定的行政领导权限，让政府雇员成为某一项目或技术团队的负责人，给予政府雇员充分展示才能的舞台，进一步激发政府雇员的积极性和创造力。其次，加大政府雇员的交流轮岗力度。按照全面培养年轻干部的要求，定期组织政府雇员进行跨部门合作与交流。对于工作业绩比较突出的年轻雇员，可以安排到基层挂职锻炼，进一步提升政府雇员的服务能力和水平，为今后吸纳到体制内做准备。对于人岗不匹配的政府雇员，可以通过双向选择，交流到专业岗位更匹配的部门。最后，畅通退出机制。根据绩效考核结果和人性化考虑，建议不符合政府雇员岗位要求、考核不合格的政府雇员进行转岗，半年后经鉴定合格的可以继续留用。确实不适合留用的，应由人事部门办理解聘手续。

---

① 高进，杨建闯．局内的“局外人”：政府雇员组织归属感影响因素研究 [J]. 中国行政管理，2018(1):92-97.

② 高进，杨建闯．局内的“局外人”：政府雇员组织归属感影响因素研究 [J]. 中国行政管理，2018(1):92-97.

③ 高进，杨建闯．局内的“局外人”：政府雇员组织归属感影响因素研究 [J]. 中国行政管理，2018(1):92-97.

三、深入推进政府雇员制的对策建议

推行政府雇员制的本意，在于政府机关可以根据工作的特殊需要而雇用紧缺专业人才，同时调动体制内公务员或事业编制人员的工作积极性。政府雇员制作为一项制度创新，是对政府人事制度的一种补充和修订，需要相关的配套措施作为保障。杭州市政府要充分发挥好政府雇员制作用，需要从以下几个方面去努力。

第一，提高政府雇员的社会认可度。政府雇员制作为一种新型的用人方式，社会认可度还不高。政府应借助媒体、社交平台和政府网站，加强政府雇员制宣传力度，为政府雇员制的推行提供良好的社会环境，同时加强制度顶层设计研究，解决政府雇员身份不明、职业发展道路不清晰等问题。我国还没有关于政府雇员制的法律、法规，新《公务员法》中也没有指出政府雇员制，只是规定部分公务员可以采取聘任制。相关的法律如《中华人民共和国劳动法》中对这方面的规定也不完善，各地也只是出台了一些试行办法。此外，还要加快政府雇员制的配套制度改革。

第二，提高岗位与专业匹配度。积极响应国家稳就业的号召，建议适当扩大政府雇员招聘范围，在全国更多高校和专业性院校以岗位需求为导向开展高级雇员专场招聘。建议正式启动政府雇员招录程序后，在向社会发布招聘岗位公告的环节，应附上详细具体的岗位职责和任职条件，减少供需双方的信息不对称，更好地做好双向选择和增加人岗匹配度，确保招聘岗位设定准确、受雇人员符合要求。在确定岗位意向候选人后，建议招聘岗位所在科室、负责人与意向候选人面对面沟通进行双向选择，便于雇员及时了解岗位实际职责和用人单位了解高级雇员的特长，提高岗位的职责、分工和雇员自身的契合度。可以安排1～2个月的过渡时间，政府雇员尤其非应届雇员可以正式签订雇员合同，也可以退出政府雇员招聘，解决入职后双方不相适应的问题。同时，政府组织人事部门应对招录面试人员进行系统全面的专业化培训，以提高人才甄别能力，将合适的人才筛选出来，并放到合适的政府雇员岗位上。入职后，若发现专业和岗位不匹配，可以实行轮岗竞岗机制、导师培养制度，一段时间后再因“才”配岗，真正人尽其用。

第三，制定完善的薪酬体系。建议在设置政府雇员薪酬标准时一定要充分进行调查研究，根据人才市场的具体行情及区域消费水平，灵活掌握，该高的高上去，该低的低下来，保证“同工同酬”及福利待遇差距合理。建议根据工作难易程度和工作量划分绩效等级，或对重要岗位实施奖励差别化的考核机制。在具体的执行过程当中，还要根据市场的变化及时进行调整，通过合理的薪酬体系来调动政府雇员的积极性，留住人才，才能更好地使用人才。尤其对普通雇员而言，如果工作岗位和任务相似，则薪资待遇不能跟编制内公务员相差太大。

第四，明确政府雇员与公务员的责任。部分公务员或事业编制人员会将本该由自己承担的工作任务转嫁给政府雇员，变相增加政府雇员的工作负担，导致政府雇员感到不公平、受冷落，工作积极性下降。工作转嫁后，部分政府职员岗位极其忙碌，而部分政府职员岗位却相对很空闲。面对这种情况，建议政府明确公务员、政府雇员各自的权利与责任，该谁做的就是谁的。明确政府雇员和公务员的直接领导，使他们清楚应该听谁指挥、对谁负责，以免出现多头领导，使大家无所适从，又影响工作效率。

第五，健全政府雇员晋升、考核环节。晋升是每个人工作的动力，没有晋升机会的工作会使人失去工作的热情。科学化、规范化、客观化的考核，能够调动政府雇员的积极性。建议：通过专家组或中介组织等形式，对雇员进行科学化、社会化、专业化、多元化的评价，充分激发雇员的积极性，让多干事、能干事的人有更大的舞台。在政府雇员绩效合同的基础上，建立合理科学的绩效评估标准。标准设置要具体明确，要与组织目标相协调，要公开透明，让政府雇员参与标准制定过程，标准设置要具有可执行性，80% 以上的政府雇员可以达到考核要求。对于政府雇员的考核不宜采取传统公务员的等级考核制，也不宜在不同部门不同岗位的政府雇员之间比较确定优秀人次比例，而是应该根据不同岗位的难易程度进行指标量化管理。

第六，赋予政府雇员一定的自主权限。责权利匹配有利于调动雇员的工作积极性，也能发挥其专长。但是很多政府雇员尤其是高级雇员，在具体工作过程中缺乏工作自主性，陷于琐碎的“重复的事务性”中，做着“微不足道”的小环节的工作，自主性和成就感都很低。建议明确高级雇员的定位和能级，打破传统的行政层级制约，赋予高级雇员一定的权限，让其成为某一项目或技术团队的负责人，在统筹项目中有充分调动人员和物资的能力，而不是承担与普通公务员无差别的工作任务。建议以项目制或者智囊团或者课题研究组的形式，来安排和使用政府高级雇员。例如，针对余杭区某个重大项目或问题，召集相关领域的政府高级雇员，形成专题小组或专班，开展研究、提出策略，甚至推动实施，更好地发挥雇员的长处，并产出实质性成果。

第七，给予一定比例的身份转换机会。政府雇员制度有“职业天花板”，上升通道狭窄，身份转换困难，在一定程度上打击了雇员的积极性。建议打通机制，给雇员更多的发展空间，激发其潜能。打破政府雇员的身份限制，经过一个聘期的实绩考核，将一部分优秀的政府雇员吸纳到体制内，变为公务员。在编制不能放开的情况下，做好制度建设，留一部分领导岗位给优秀的雇员。在本辖区的政府雇员考取本辖区的公务员、事业单位以及国企选聘上赋予一定的优先权。要有合理的退出保障机制，明确雇员聘期结束后的职业发展规划，让雇员自己心里有个比较具体的认知，不管以后是在体制内还是体制外，可以提前进行准备。对于部分政府雇员占比过大的单位，可以采取分流办法：对各方面表现好的，可以转制一批事业编；对紧缺岗位的，可以保留一批；对小部分人员，可以直接转制到国有企业；对于大部分人员，建议通过买断工龄的方式，直接解雇。

第八，定制个性化的职业发展方向。政府高级雇员的选拔采取“优中选优”的标准，这决定政府高级雇员具有良好的教育背景和比政府一般人员更强的学习能力。由于雇员都是高学历、高素质的人才，政府应该考虑如何更好地把雇员的专业知识和本地的发展结合起来，让雇员充分融入本地政府和产业。这样才可以最大化地发挥雇员的作用，这也是招聘政府雇员的初衷。对于具有一技之长的政府高级雇员，无差别的精神激励无法全面激发他们的积极性。除了单位文化氛围、领导器重赏识、平等的机会待遇，政府应更关注高级雇员在职业上升空间、科学的培训培养、自身价值的实现等方面的精神需求。建议借鉴企业系统培养的经验，关注政府雇员的个体差异，为政府高级雇员制定个性化的职业培养方案，充分发挥高级雇员学习能力强的特点，为专业技术部门提供无身份差异的学习交流的机会，提高其从业能力，更好地服务相应岗位，实现与高级雇员的高薪酬相匹配的社会价值。

第九，强化入职培训和导师制度。从短期来看，政府雇员特别是海外雇员，一般都有海外学习或从业经历，文化氛围和工作方式往往与公务员有较大的差异，在工作融合度方面还需要一定的时间磨合。建议组织人事部门为政府雇员尤其是海外雇员，提供相关的岗前培训以及雇员直接交流的机会；借鉴部分部门的成功经验，为政府雇员配备一对一的职业导师，充当职业“引路人”，使其更好更快地融入政府工作。

第十，营造积极开放的工作氛围。推行政府雇员制，目的在于通过注入政府雇员的“新鲜血液”，克服政府机关的官僚作风和职业倦怠。所以要强化政府雇员对机关作风和文化的影响和改变。建议尊重政府雇员的国外文化和企业作风，通过树立政府雇员高效勤政的形象，在公务员内部大范围宣扬，提高公务员内部对政府雇员的认可，并进而推动他们克服官僚作风和职业倦怠，提高工作效率，营造积极开放的工作氛围。

第三章　优化人才创新创业生态，提升科技创新竞争力①

21 世纪是经济走向一体化、科技走向国际化的时代，科技资源可以在全球范围内自由流动，国家科学研究合作日趋紧密，科学技术飞速发展。进入 21 世纪以来，科技创新逐渐成为推动国家治理能力现代化和经济社会发展的关键因素，是衡量一个国家和地区综合竞争力的重要指标。科学技术从来没有像今天这样深刻影响着国家的前途命运。习近平指出："面对科技创新发展新趋势，世界主要国家都在寻找科技创新的突破口，抢占未来经济科技发展的先机。我们不能在这场科技创新的大赛场上落伍，必须迎头赶上、奋起直追、力争超越。"② 尽管我国国民经济门类齐全，但是很多产业的关键技术、设备和原料受制于西方发达国家。③ 科技创新能力不强，核心技术严重缺失，始终是国人之痛。随着中美贸易战的不断升级和技术出口管制的更加严格，人工智能、芯片、量子计算、机器人、脸部识别和声纹技术等许多"卡脖子"技术都被美国列上技术封锁项目清单。"中兴事件"也让我们深刻意识到，唯有走创新驱动的道路，自力更生掌握核心技术④，才能扭转中国核心技术"卡脖子"的被动局面，才能应对和化解国家安全风险，化被动为主动。

① 本章根据浙江省哲学社会科学规划课题（20NDJC079YB）和杭州市决策咨询委员会课题（hzjz2019020）以及浙江科技学院 2020 年度德语国家国别与区域研究立项课题"德国科技创新政策研究及启示"（2020degb006）的阶段性成果整合而成。

② 习近平 2014 年 6 月 9 日在中国科学院第十七次院士大会、中国工程院第十二次院士大会上的讲话。

③ 况杰 . 中美贸易战倒逼我国加快科技创新步伐 [J]. 科技与金融，2018(5):51-52.

④ 况杰 . 中美贸易战倒逼我国加快科技创新步伐 [J]. 科技与金融，2018(5):51-52.

由于科技创新活动兼具复杂性和不确定性，涉及政府、企业、科研院所、高等院校、中介组织、社会公众等多个主体，包括人才、资金、科技基础、知识产权、制度建设、创新氛围等多个要素，往往需要多主体多要素的交互作用、合作协同，才能实现技术进步。[①] 而人是科技创新活动的核心因素，坚持创新驱动的实质就是人才驱动。全面深化科技体制改革的关键，就是要通过创新人才评价机制，建立健全以创新能力、质量、贡献为导向的科技人才评价体系，形成并实施有利于科技人才潜心研究和创新的评价制度。[②]

第一节　杭州下沙大学城科技创新竞争力现状评估[③]

一、科技创新竞争力的科学内涵和重要意义

科技创新竞争力用来衡量科技创新活跃程度，其内涵不仅包括现有科技创新投入，还包括将来的产出潜力，以及创新主体之间的有效互动、创新环境与支持政策等。与传统科技能力指标相比，科技创新竞争力可以更加全面地反映区域核心竞争力水平，因此已经成为城市可持续发展的根本动力、区域创新驱动发展的战略载体以及影响国家地区综合竞争力的关键因素。[④]

第一，科技创新竞争力是民族兴旺和国家强盛的决定力量。当今世界新科技革命迅猛发展，世界各国竞争归根结底是科技的竞争，科技作为第一生产力的地位和作用越来越突出。历史经验表明，科技创新总能深刻改变世界发展格局。[⑤] 一些国家抓住科技革命的机遇，实现了经济实力、科技实力、国防实力迅速增强，综合国力快速提升。[⑥]

---

① 张宏彦．基于科技创新导向的金融支持政策研究 [J]. 科技进步与对策，2012(14):98-101.

② 余建斌，冯华，蒋建科，等．破除“重物轻人”观念　深化科技体制改革 [N]. 人民日报，2019-07-08(19).

③ 童素娟．大学城科技创新体制机制障碍破解研究：以杭州下沙大学城为例 [J]. 创意城市学刊，2020(2):7-16.

④ 王珍珍，许婉婷．福建省创新驱动发展能力的区域差异及影响因素：基于熵值法的视角 [J]. 福建农林大学学报（哲学社会科学版），2017(3):49-56.

⑤ 2016 年 5 月 30 日习近平在全国科技创新大会、两院院士大会、中国科协第九次全国代表大会上的讲话《为建设世界科技强国而奋斗》。

⑥ 2016 年 5 月 30 日习近平在全国科技创新大会、两院院士大会、中国科协第九次全国代表大会上的讲话《为建设世界科技强国而奋斗》。

第二，科技创新竞争力是区域经济高质量发展的根本动力。创新是引领发展的第一动力。以科技创新驱动高质量发展，是贯彻新发展理念、加快转变发展方式的关键，也是优化经济结构、转换增长动力的重要抓手。[①]在新常态下，只有通过大幅度提升区域科技创新竞争力特别是自主创新能力，才能破解当前经济发展中的突出矛盾和问题，才能实现转型升级、腾笼换鸟，摆脱劳动密集、低价竞争的老路，走上创新驱动的发展新路。

第三，科技创新竞争力是有效增进人民生活福祉的重要保障。科技创新的目的和价值取向，是科技创新的灵魂。在不同社会、不同国家、不同发展阶段，科技创新的价值选择与导向也会有所不同。而在中国特色社会主义新时代下，科技创新的价值最终需要通过服务经济社会发展、增进人民福祉、推进人类社会进步的实效得以检验。科技创新竞争力的提升，比如人工智能、虚拟现实/增强现实（VR/AR）、混合现实、无人机等“黑科技”的出现，使得社会生产力迅速发展，人们的生活方式和交流方式发生翻天覆地的变革，无时无刻不在刷新我们对未来的美好生活的定义。

二、下沙大学城科技创新竞争力现状评估

基于下沙大学城是浙江省较大规模的高教园区，发展现代制造业、外向型经济和高校科研的重要基地，以及大力培育发展知识经济和技术密集型产业的典型特征，我们对于下沙大学城的科技创新竞争力主要从企业、高校和生态环境三个方面来评估。

（一）企业科技创新竞争力评估

下沙大学城致力于打造成为开放包容、激励创新、崇尚创业、充满活力的先进制造业示范区、科技创新先导区、现代化新城区，先后获得“国家计算机及网络产品产业园”“生物产业国家高技术产业基地核心区”“国家知识产权试点园区”“国家服务外包产业基地城市示范区”“中国产学研合作创新示范基地”“国家物流标准化试点基地”“浙江省物流产业基地”“杭州市十大文化创

① 王明姬．如何认识我国经济转向高质量发展阶段：中国宏观经济研究院学习贯彻党的十九大精神系列研讨会报告之二 [J]. 中国经贸导刊，2018(1):63-68.

意产业园区”等基地(园区)品牌。下沙大学城产业种类多样，现已基本形成电子通信、生物医药、机械制造、食品饮料四大支柱产业，高新技术产业的产值比重达 70%。2018 年，新申报国家高新技术企业 33 家，省级企业研究院 14 家，省级研发中心 9 家，新增浙江省科技型中小企业 59 家，新注册科技型企业 1405 家，成功举办中国人工智能杭州科技论坛、国际柔性电子大会等一系列双创活动，获国务院和浙江省政府通报表彰。根据问卷调查和企业走访，我们将从电子通信、生物医药、机械制造、食品饮料四大支柱产业来评估下沙大学城的企业科技创新竞争力。

第一，行业高端科技创新平台。2018 年，下沙大学城医药港小镇加速器二期投入使用，辉瑞全球生物技术中心、华海生物园区制药及研发中心等 10 个生物医药项目、10 个生物医药平台集中签约落户，被授予“杭州医药港”。下沙大学城医药港小镇与浙江大学、中国药科大学、复旦大学等国内顶尖院所合作共建生物医药创新中心，并首创“海外创业投资孵化 + 跨境对接服务”招才引智模式，与市科委共同在美国硅谷建立了以生物医药为核心的硅谷杭州创新中心；配置浙江省医疗器械检验院、国家新药安评中心浙江分中心、精准医疗公共平台等一批生物医药专业化公共服务平台，具备完善的产业生态体系；制定了生物医药专项政策，设立了规模 10 亿元的生物医药专项产业基金，并在美国设立 3000 万美元的海外基金；对生物医药企业新引进的本科、硕士、博士毕业生，分别给予 4 万元、6 万元、10 万元的补助；大力推进传统制造业区域综合试点，成功引进中科院深圳先进院杭州分院、搜狗研究院、帝国理工先进技术研究院、清华柔性电子与智能技术全球研究中心、以色列创新中心等高端创新平台。

第二，企业科技人才队伍建设。几乎所有受访企业都设有专门技术研发机构，但在研发人数占职员比例、研发人员学历层次、工资收入及奖励方式上各个企业有所差别。从研发人员的学历层次来看，杭州爱知工程车辆有限公司的研发人员主要是普通二本院校的学生，应届生一般需要培养 5 ～ 6 年，但培养成熟后面临人才流失困境，主要原因是去高薪人工智能企业或因高房价离开杭州。浙江正泰中自控制工程有限公司的科研人员组成为 1/3 的骨干技术人员、1/3 的同行引进人才、1/3 的应届生，人员相对稳定，流失率不高。杭州电力设备制造有限公司的研发团队约有 100 人，限于国有企业的属性，岗位工资有固定标准，因此在招揽研发人才方面会有一定的局限性，所以研发人才以自我培养为主。而生物医药类企业则对科技创新的人才要求更高，生物医药科技人才供给现状尚不能满足科技创新发展的需求，当前科技人员素质难以满足自主创新、科技制胜、参与国际竞争的发展需求。生物医药类企业科研人员的学历结构以本科为主，研究生学历仅占 20%，同时具有中级以上职称的科研人员也仅占约 20%，科研人员素质和能力的提高是未来下沙大学城生物医药产业发展所必须解决的瓶颈问题。最为迫切的科技人才需求主要集中在药物开发人才、生物医学工程设备、材料开发人才以及生物医药产业中下游技术开发这几类，而基础研究人才相对不缺乏。

第三，企业科技自主创新能力。在 3 家机械制造企业中，杭州爱知工程车辆有限公司鉴于其中外合资的背景，科技创新比较依赖于国外先进技术（50%），而且也认为国外引进的科技成果转化效果最好；而其他两家则主要依赖于企业独立研究开发，并认为企业独立研究开发的效果最好。杭州电力设备制造有限公司以自主研发为主，主要与上游企业的企业研究院合作。浙江正泰中自控制工程有限公司建有电子实验室，研发借鉴华为模式采取项目合作制，采取弹性工作制，经费由集团和分公司分担，人员随项目跟进，并不完全局限在分公司。在 3 家生物医药中，主要产品和技术创新以引进国外科技成果为主，也认为国外引进的科技成果转化效果最好。由此可见，与国外生物科技创新相比，生物医药自主创新能力还有待提升，以实现产业规模、产业效益的整体升级，成为下沙大学城的支柱产业。

第四，企业自主创新的阻碍因素。企业不愿意开展自主创新的原因主要是自主研发周期太长（85.71%），风险较大（71.43%），同时自我研发技术水平较低（42.86%），市场接受度较低。内部阻碍企业自主创新的主要因素是：缺乏高素质技术人才队伍（85.71%）、内部激励制度不完善（28.57%）以及资金投入不足（28.57%）。外部阻碍因素主要是：技术市场不健全和市场对自我技术接受程度较低（71.43%）、政府支持不力（42.86%）、知识产权保护不力（42.86%）。具体问题表现为：随着杭州房价的攀升，员工的房屋租赁和买房成本增加，企业用人成本也增加，研发人员的薪酬体系不具备竞争力。限于企业性质或内部激励机制不完善，研发人员的薪酬待遇难以与实际研发绩效相挂钩。政府现有的人才房政策主要针对高端科技人才，中小企业的中高端科技人才难以享受到政策优惠。现有科技优惠政策往往政出多门，且主要针对大型企业，中小企业获取信息有限，获得的科技资助更有限。产学研合作不紧密，缺少平台。鉴于现有高校的科研考核导向，高校科技创新偏向理论性，与企业的需求对接不紧密，难以转化为企业产品，并进而产生效益和利润。

第五，政府在提高企业创新能力上的作用。政府可以在提高企业自主创新能力上发挥以下作用：提供科技创新优惠政策（100%）、营造人才创业宜居环境（85.71%）、鼓励开展产学研合作（71.43%）、搭建科技条件平台（71.43%）、提供科技创新基金（71.43%）、帮助引进科技创新团队（57.14%）、发展科技信息服务业（42.86%）、鼓励开展基础科研（42.86%）。

（二）高校教师科技创新竞争力评估

下沙大学城是浙江省较大规模的高教园区，主要高校有：中国计量大学、浙江理工大学、杭州电子科技大学、浙江工商大学、杭州师范大学（独立学院）、浙江财经大学、浙江传媒大学、浙江水利水电学院等。与杭州其他区域相比，丰富的高校资源和潜在的人力资源是下沙大学城走科技创新引领经济发展道路的重要人才支撑。高校不仅拥有教授、学者、研究人员、实验人员、管理人员等各类高水平人才，还具有学士、硕士、博士和博士后等高水平专业的创新型人才，他们思维敏捷、勇于创新，在高校学术自由、包容的氛围中容易产生新理论、新思想、新方法、新技术。本书根据102位下沙高校教师的问卷调查统计数据，对下沙大学城的高校教师科技创新竞争力进行评估。当然，问卷调查反映的很多是高校科技创新的普遍性问题，而不是下沙大学城特有的现象。

第一，高端科技人才集聚，科技创新竞争力进一步提升。下沙大学城借助高校集聚的优势，锁定全球高端创新资源，大力实施人才集聚工程，引进一批国内外知名高校和科研院所平台，以及新增各类高端领军型科技人才和科技创业团队。聘请海外高层次人才担任引智大使和引智专员，建立“高层次人才创业促进会”，发挥人才磁场效应和影响力，做到“引进一名海归人才、带来一个海归团队、培育一个新增长点”，进一步提升下沙大学城的科技创新竞争力。2017年，下沙大学城新增领军型人才27名(杭州市“521”人才入选数位列全市第一)，新引进本科及以上应届毕业生2188名，增长30.5%。全杭州专利发明申请中，浙江理工大学、杭州电子科技大学、中国计量大学、浙江工商大学位列前10强。大部分高校科技创新开始更关注企业需求（70.59%），而且建立了科技成果转化制度，有较多的科技成果转化渠道：中介机构（32.35%）、产学研合作（47.06%）、政府部门（38.24%）、科研人员（35.29%）、技术创新或产业联盟（14.71%）、行业协会（5.88%）。

第二，“重学术、轻应用”，科技创新难以服务经济建设。长期以来，高校科研评价只关注科研成果的显性价值（数量），而忽略了科研成果的隐性价值（社会效益）。高校的科研绩效评价导向主要侧重高校四大职能中的科学研究职能（82.35%），而人才培养职能和社会服务职能仅占11.76%和5.88%。在高校教师职称评聘中，重要性排前4位的因素是：纵向科研项目数量与金额（55.88%）、论文数量（50.00%）、论文影响因子及引用率（44.12%）和科研成果获奖(32.35%)。这样的科研考核导向势必会导致高校研究“重学术、轻应用”，科研论文发表量逐年上升，但市场接受程度比较低，科研成果的应用和转化率偏低（25.00%以下），科技创新难以服务下沙大学城的经济建设。调查显示，70.59%的受访者认为科研项目的效益评价应将“论文、专利、著作等学术水平与促进经济增长、推动社会发展结合”，而在走访企业时，企业也表示高校的科研成果偏学术性，不重视市场价值评估和成果应用转化评估，与市场需求有一定距离，难以产品化。

第三，科研管理过于行政化，科技创新服务意识有待加强。下沙高校的科研管理基本停留在上传下达的行政管理层面，只是“信息传递的中转站”，缺乏人文主义关怀，忽视教师情感需求，从而导致高校科研管理人员和科研人员之间出现沟通障碍，非常不利于科研创新的迸发。调查显示，76.47%的受访者表示所在院校的科研管理人员的自我角色定位往往是“行政管理人员”，而非“科研服务人员”。44.12%受访者认为，“科研管理人员服务意识不强”，仅有17.60%的受访者认为“科研和经费管理人员对我态度热情亲切”，“科研管理以人为本不够，科研人员得不到应有尊重”。32.35%的受访者表示“科研管理行政化明显，官僚气息浓厚”，41.18% 的受访者“希望尽量少和科研财务人员打交道”。38.24% 认为“科研管理信息化不够完善，重复填表、交材料占据太多时间”，32.36% 觉得“总是需要跑很多趟，才能解决一件小事情”。这与“放管服”改革和“最多跑一次”改革理念背道而驰。在制度改进上，受访者希望“定期系统培训，加强科研管理人员服务意识”（50.00%），“借鉴‘最多跑一次’理念，简化科研管理和经费报销流程”（79.41%），“科研管理去行政化，创造尊重科研人员的氛围和环境”（41.18%），“引进国外科研管理的先进人才，重塑高校科研管理的生态环境”（17.65%）。

第四，科研评价“急功近利”，科技创新可持续性堪忧。科技创新本身就是一个漫长的过程，通过不断试错，不断总结经验，才能得出具有独创意义的科技成果。但是高校科研考核常常追求短、平、快，过于急功近利，科技创新缺乏一个宽松包容的氛围。高校职称评聘和业绩统计主要看论文、专著和专利数量，忽视学术兴趣、成果质量和社会效益。这种以量为主的考核方式，严重破坏了求创新、求真实、求发展的科研氛围，科技创新的可持续发展堪忧。科研评价存在“重成果数量轻转化效益”（61.77%）、“看重数量指标而轻视质量指标”（26.47%）、“没有考虑学科领域的差异性”（50.00%）、考核周期过短等问题。调查显示，在考核周期上，35.29% 的受访者认为“绩效考核周期不合理，一年一度考核，时间间隔过短”，41.18% 的受访者认为“科研绩效考核标准逐年提高，违背科研周期规律”。在考核标准上，47.06% 的受访者认为“由于工作性质和工作量的差异，很难核定恰当的考核指标”，“教学多偏重定性指标，难以定量衡量”（26.47%），“科研绩效评价形式单一，以纵向项目和论文为主”（35.29%），难以体现社会效益。而对科技创新可持续性伤害最大的是，科研绩效考核“过分强调科研成果的排名位次，只注重第一作者、第一单位，不利于科研创新团队合作”（29.41%），还有“过分强调人才的头衔、帽子，不注重青年人才的创新潜力”（32.35%）。而科技创新团队建设和青年创新人才培养对未来科技创新竞争力提升至关重要。

第五，经费报销“僵化刻板”，科技创新个人价值难以体现。要打通科技成果转移转化的“最后一公里”障碍，必须以利益分配为导向，充分调动科研单位和科研人员的积极性，而经费报销在其中起关键性的作用。鉴于科研经费主要是科研人员通过竞争申报各类研究项目或课题获取的，如果科研经费管理特别是费用报销附带许多难题，科研人员就会渐生抵触心理，继而放弃申报研究项目或课题，继而影响科技创新的竞争力。而横向课题和纵向项目经费报销同等对待，也阻碍了科技创新的成果转化、服务社会经济建设。调查显示，64.71% 的受访者认为，“科研经费管理办法太过僵化，很多科研经费报不出来”。而且目前的经费管理办法中，科研人员只能给别人发“劳务费”，但不能给自己发“劳务费”。换句话说，按照严格规定，经费只能用于科技创新的成本开支，而科研人员的科技创新劳动价值无法在科研经费中体现。因此，35.29% 的受访者认为“经费管理办法不合理，无法体现科研人员的劳动价值（劳务费）”，这违反了人本主义原则，严重挫伤科技人员的科技创新积极性。另外，经费报销流程相对复杂，挤占大量宝贵的科研时间。调查显示，大部分科研人员认为所在院校经费报销流程“烦琐”或“比较烦琐”（58.83%），“比较简洁”的仅占 8.82%。大部分科研人员缺乏专业的财务培训和指导（82.35%），其中“无专业财务指导但有专人负责咨询”占 52.94%，“财务工作忙等原因，没有时间指导”占 20.59%，所以很多科研人员都被逼成了财务和会计，造成人力资源的极大浪费，64.71% 的受访者认为经费报销挤占科研时间“非常多”或“比较多”。

第六，事务性工作过于繁杂，科技创新时间、精力难以保障。教学和科研是高校教师两大主要工作内容，但是教学和科研要求不同的技能，教学要求博采众长，科研则要求钻研探索，因此教学科研存在一定的相斥性。调查显示，80% 以上的受访者分配给教学工作的时间占据 30% ～ 50%，指导学生的时间占据 10% ～ 20%，而 56% 的受访者分配给科研工作的时间仅占 20% ～ 40%，有将近 50% 的受访者表示平衡教学和科研“比较困难”或“非常困难”，61.76% 的受访者觉得“教学工作量过大，阻碍高校科研工作的开展与科研人才的培养发展”。教学科研冲突明显，如果不挤占教学时间，那么就只能占用教师大量的休息时间：暑假时间 79.41%、晚上休息时间（18：00—24：00）61.76%、双休日（周六和周日）55.88%、寒假时间 55.88%，甚至有 11.76% 选择晚上睡眠时间（0：00—8：30），仅有 32.35% 选择白天工作时间（8：30—16：30）。长期的高负荷运转会给科技创新人员的身体健康造成影响，一旦健康受损也会造成科技人才库的重大浪费。与此同时，高校各单位、各部门教学科研系统不兼容、不共享，缺乏完整且资源共享的科研信息和科研成果资源库，科研管理（项目申报、立项、结题）信息化和学术档案电子化建设不充分，经费报销流程烦琐僵化等事务性事项，导致科研人员常常重复填表、报材料、跑报销、走盖章流程，挤占了科技人才大量本来就稀缺而宝贵的科研时间。调查显示，64.71% 的受访者认为“课题申报立项、结题、经费报销等事务性事项挤占科研时间”，38.24% 的受访者认为“科研管理信息化不够完善，重复填表、交材料占据太多时间”，47.06% 的受访者认为“科研经费预算和报销占用研究人员过多时间”。

三、下沙大学城科技创新面临的体制机制障碍

体制机制的创新，是科技创新的基础和保障，可以为我国科技自主创新营造良好的氛围，让科技创新活力充分迸发，创新成果竞相涌现，实现科技强国，抵御和化解国家安全风险。因此，从某种意义上说，体制机制的创新比单项技术的创新更为重要、更为复杂。科技创新的体制机制障碍是普遍性问题，而不是下沙大学城独有的问题。

（一）“四唯”科研评价体系

科技创新和变革不是单纯的论文堆积，并不是论文发表越多，科技创新竞争力就越强。但是一些地方和单位，仍然实施“一把尺子量到底”的单一人才评价标准，唯论文、唯职称、唯学历、唯奖项的现象依然严重。[①] 论文仍然是评价科技人才的主要绩效指标，93.7% 发表过学术论文的科技工作者认同发表论文的主要目的是达到职称晋升要求，90.4% 是为了完成各种考核要求，62.1% 的大学教师、44.9% 的科学研究人员在各种形式的科研成果中最看重论文。这直接导致高校科研成果的“重学术、轻应用”，发表一大堆的学术专著和科研论文，但难以转化为市场需要的产品，难以产生社会经济效益。而企业是应用型技术创新的主体，以论文、项目为主导的科技人才评价标准很难适用

① 余建斌，冯华，蒋建科，等 . 破除“重物轻人”观念　深化科技体制改革 [N]. 人民日报，2019-07-08（19）.

企业人才，企业很难引进高素质、高层次的科技创新人才。[①] 一些应用型人才尤其是企业的科技创新人才很难申请到国家项目和各类奖项，难以在现有科技人才评价体系中"对号入座"，科技创新的积极性受到严重影响。但企业最接近市场，是最能把握市场创新机遇的科技创新主体。

（二）科研激励"重物轻人"

无论是高校科研院所还是企业的研发活动，都存在"重物轻人"的现象，主要集中在收入分配、科研活动自主权、评价体系等方面。[②] 比如，在科研经费管理办法中，仪器设备等"物"的开支比例较大，而用于"人"身上的劳务费、激励费、咨询费有比较严格的限定，开支比例相对较低，而科研人员作为项目负责人或课题组成员的劳务价值在科研经费中完全没有体现。如果科研创新体制不改变，科研人员无法专注于科技创新本身，不能汇集天下科技英才、形成良好的科研氛围，那么即使有了再好的研究设备和业务经费，也难以产出高质量的推动经济社会发展的科技创新成果。[③] 这甚至会导致在部分科研人员完成学校规定的课题申请任务后，没人愿意继续再去申请新的课题经费。青年科研人员思维活跃、精力充沛，恰恰是科技创新的主要力量，但是偏低的收入水平难以让他们静下心来做科研，严重影响创新积极性，也常常导致人才频繁流失。[④] 对于科技创新，单靠纯粹的学术兴趣支撑是不够的，青年教师们还面临着住房、子女教育、赡养老人等现实问题。[⑤] 科研工作者合理的权益、合理的报酬应该受到尊重，应该承认科研工作者在科研活动中智力等方面的投入可以光明正大地获得回报。只有改革高校教师薪酬体系，适当提升青年教师工资水平，在经费投入上予以适当补贴，才能破除急功近利的科研氛围，创造"心无旁骛"的科研环境，激发更多青年人的潜能，"既坐得了冷板凳，也望得了星空"。

---

① 余建斌，冯华，蒋建科，等 . 破除"重物轻人"观念 深化科技体制改革 [N]. 人民日报，2019-07-08（19）.
② 余建斌，冯华，蒋建科，等 . 破除"重物轻人"观念 深化科技体制改革 [N]. 人民日报，2019-07-08（19）.
③ 余建斌，冯华，蒋建科，等 . 破除"重物轻人"观念 深化科技体制改革 [N]. 人民日报，2019-07-08（19）.
④ 余建斌，冯华，蒋建科，等 . 破除"重物轻人"观念 深化科技体制改革 [N]. 人民日报，2019-07-08（19）.
⑤ 余建斌，冯华，蒋建科，等 . 破除"重物轻人"观念 深化科技体制改革 [N]. 人民日报，2019-07-08（19）.

（三）科研活动自主权问题

长期以来，我国实行的是行政主导型科技管理体制，是一种指令性推进机制。但是这种由巨额资金所推动的科技创新机制，往往低效运转、无效空转。[①] 为了保证经费按程序投放、不被挤占，科技行政部门制定烦琐冗长、事无巨细的科研管理办法和经费报销办法，但是牺牲了科研人员的自主权和宝贵时间，仍不能确保经费本身能发挥高效益。[②] 在科研项目管理上，课题申请、立项、报销、结题等事务性事项挤占了科研人员大量时间，科研管理人员缺乏先进理念和服务意识，仍未给予科研人员充分的信任，管得过细过严，大大束缚了科技人才的创新活力。在科研研究方向上，受行政领导影响较大，在重大问题上科技专家的影响力有限，一些杰出的专家常常受制于能力泛泛的科技工作者。"平庸拖垮先进、劣币驱逐良币" 的危险，在科技界仍没有完全从体制机制上根本解决。部分官僚型技术干部通过短、平、快甚至学术造假的科研创新绩效已经长期占据了一些重要的科技创新管理岗位，从而增加了科技创新体制机制改革的难度。

（四）校企合作共建共享机制

由于涉及政府、企业、高校及科研院所等多方主体，现有产学研合作模式[③] 不可避免地存在这样或那样的问题。各主体有不同的文化背景、追求目标和价值观念，相互合作的动力不足。由于职称评聘的考核导向，高校教师从事科研的目的是出成果、出论文、出专著，"重理论、轻实践"，"重名分、轻功利"，而对科技成果的开发与应用，既不重视，也不擅长。[④] 而企业则是最大限度地使用人、财、物的潜力，只顾眼前利益，没有兴趣投入研发获利周期比较长的科技创新项目。无论高校、科研院所，还是企业、政府，都没有设立产学研合作专门管理机构、管理程序或共同管理的政策。[⑤] 在外部机制上，产学

---

① 杨曾宪 . 论中国行政科技体制弊端及改革的迫切性：中国科技体制创新问题系列论稿之一 [J]. 社会科学论坛（学术评论卷），2008(4):52-63.

② 梁勇，干胜道 . 论高校科研财务助理的设置 [J]. 会计之友，2018(12):125-127.

③ 现有产学研合作模式主要分为基于目标导向型的产学研合作模式和基于主体的产学研合作模式。

④ 张文峰，钟丽萍，崔艳琦 . 产学研联合管理与创新 [M]. 广州：广东科技出版社，2008.

⑤ 周国林，周素芬 . 产业共性技术组织模式与金融创新的路径选择 [J]. 云南社会科学，2012(1):109-113.

研合作信息沟通不畅、合作经费无法保障、中介机构发育不全。这些机制上的问题导致产学研合作流于形式，难以推动科技创新和服务经济建设。

（五）科技创新成果转化机制

科技成果转化的过程，本质上是一个科技供给与市场需求对接的过程。[①]科技供给主体根据市场实际需要，创造出符合市场需求的新技术、新产品，市场自然会为科技成果提供转移转化、价值变现的渠道。但是我国科技创新链与产业链严重脱节，以需求为导向的科技创新模式越发难以形成，科技成果与市场需求之间还存在相当大的差距。阻碍科技成果转化的机制原因在于，科技成果供需之间无"搭接之门"，科技成果与中试等开发环节无"衔接之门"，产学研合作无"畅通之门"。科研机构若不能主动满足市场需求，就无法真正形成以需求为导向、以市场为主体的科技创新体系。从事基础研究的高校、科研院所不知道企业需要什么技术，研究内容"曲高和寡""束之阁楼"；而创新性研究投入偏低的企业则因得不到充分的技术支持而诉诸"山寨"和"仿制"。[②]

（六）高端人才创新生态环境

急功近利式的科研跃进，对成果立竿见影的期待，以及科研项目计划的政治化，已经破坏和透支了创新生态环境，生态修复将是一个缓慢长期的过程。[③]长期以来，科研考核急功近利，考核周期过短，追求短、平、快，重数量、轻质量，难以出精品。而科研人员也常常成为被行政领导管理的科研"打工仔"，科研成果成了"计件"产品，缺乏社会应有的认可和收入保障。科学研究需要尊重和肯定，但绝不"唯名利"。从事科研工作的出发点不是金钱，不能引导科研工作者追名逐利，但也不能让科研工作者"不食人间烟火""只讲付出不求回报""甘愿忍受清贫"。他们不仅可以赢得社会广泛认可与赞赏，也可以获得有尊严的收入和生活保障，以及子女上学、医疗卫生、人才公寓等公共服务保障。精神和物质的双重肯定，必将激励更多年轻人加入科研工作者行列，不断激发他们的创新创造活力，并使他们以更大的决心和力度把科技体制

① 张瑞萍，历军．建立以需求为导向的科技成果转化机制 [N]. 光明日报，2019-03-15（11）.
② 张瑞萍，历军．建立以需求为导向的科技成果转化机制 [N]. 光明日报，2019-03-15（11）.
③ 倪思洁．科技管理首先要尊重科研规律 [N]. 中国科学报，2018-06-13(1).

改革引向深入。①

第二节 杭州下沙大学城人才创新创业生态环境现状评估②

人才创新创业生态系统是随着人才在经济发展中作用的凸显而衍生出来的新概念。从本质上说，人才创新创业生态系统是围绕人才资源，融合政府、市场和社会力量，汲取各种优势资源，集领军企业、高校院所、高端人才、天使投资和创业金融、创业服务、创新创业文化六大要素以及市场、法治、政策三大环境，共同构成的创新创业“土壤”。随着人才体制机制完善，区域人才创新创业生态系统正逐渐成为科技创新的基石、经济发展的催化剂与助推器，是一个区域高质量人才发展环境的核心标志，是真正吸引人才、感召人才并使之发挥能动作用的关键。因此，杭州下沙大学城如何适应时代发展要求，创建优良的人才创新创业生态环境来吸引人才、拥有人才并能够留住人才，是实现经济社会持续快速发展和转型升级的重要课题。

一、下沙大学城人才创新创业生态的现状评估

（一）研究方法与调研对象

本次研究主要采取问卷抽样调查的方式，随机对下沙大学城的入驻企业创新创业人员发放问卷，共 106 份。本次调研数据在一定程度上反映下沙大学城人才创新创业生态的基本现状。样本的基本情况如表 3-1 所示。

① 韩小乔．尊重科学创造，尊重科研精神 [N]. 安徽日报，2019-01-22（5）.

② 童素娟，易晨曦．完善创新创业人才生态的思路对策研究：以杭州经济技术开发区为例 [J]. 创意城市学刊，2019(2):33-42.

表 3-1　样本的基本情况

年龄分布					在杭工作时间			
22 岁以下	22~26 岁	27~34 岁	35~45 岁	45 岁以上	1 年以下	1~2 年	3~5 年	5 年以上
0%	12.26%	36.79%	32.08%	18.87%	15.09%	31.13%	9.43%	44.34%
学历分布				年收入分布				
大专及以下	本科	硕士	博士	8 万元以下	8 万 ~15 万元（不含 15 万元）	15 万 ~25 万元（不含 25 万元）	25 万 ~35 万元（不含 35 万元）	35 万元及以上
0.94%	39.62%	32.08%	27.36%	11.32%	20.75%	29.25%	7.55%	31.13%
行业分布							海外归国人员	
生物医药	电子信息	新能源材料	高端装备制造	高端服务业	其他		是	否
35.85%	33.02%	9.43%	7.55%	5.66%	8.49%		23.58%	76.42%

（二）创新创业人才生态环境现状

第一，总体人才环境。在问卷调查中，调查对象对下沙大学城的总体人才环境满意，其中选择“非常满意”和“满意”两个选项的总计高达 83.96%。83.02% 的调查对象对下沙大学城人才服务工作的总体评价“比较满意”（33.02%）和“满意”（50.00%）。在“尊重人才氛围”上，选择“十分满意”的有 22.64%，选择“满意”的有 56.60%，两项共计 79.24%。因此，调查对象对下沙大学城的总体人才环境满意，但人才政策环境仍然有一些不足之处需要完善。

第二，人才吸引能力。人才政策是培养人才、吸引人才、发挥人才作用的有力杠杆，也是配置人才资源、优化人才结构、提高人才素质的重要手段。下沙大学城的人才政策对不同年龄段的人吸引力也不相同。从调查结果来看，年龄越大，人才政策满意度越大。22 ～ 26 岁年龄段的受访对象满意度（选“非常强”和“强”两项的比例）为 53.84%，27 ～ 34 岁这个年龄段为 58.97%，35 ～ 45 岁为 64.70%，满意度最高的为 45 岁以上的人群，为 80.00%。而在不满意的群体中以 22 ～ 26 岁的群体居多，鉴于下沙大学城是高校聚集地，高校毕业生比较多，所以在人才政策设计上也要考虑对年轻人的吸引力问题。

在下沙大学城的引才鼓励措施（如人才申报、安居补助、引才补助）方面，不同年龄段的各类人才满意度大致趋平，选择“非常满意”和“满意”的概率大致为70%，其中满意度最高的年龄段为35～45岁。主要原因是：该年龄段的人才大多属于创新创业的起步期，更容易获得政府的引才鼓励措施。

在下沙大学城对人才创业支持力度（项目支持、贷款贴息等）方面，各年龄段人才的满意度大致持平，没有体现显著差异。22～26岁的满意度（“很大”和“偏大”两个选项）达53.85%，27～34岁的满意度为58.98%，35～45岁的满意度为58.82%，45岁以上的满意度为50%。相对来说，45岁以上的人群满意度略低一点，选“较差”的达10%。这个年龄段的创业创新的起点相对更高，因此对创业支持力度要求也会更高。

第三，社会生活配套设施。公共服务环境是吸引人才、留住人才的重要着力点。下沙大学城想要长久留住人才，不仅要事业留人、感情留人，还要在人才的子女教育、文化娱乐、交通设施、住房问题、公共服务等方面做足文章，才能真正让人才在下沙大学城安居乐业，最大限度发挥人才价值。下沙大学城社会生活配套设施评估的态度如表3-2所示。从问卷调查结果来看，调查对象对各项社会生活配套设施满意度最高的前三项分别为“城市市容环境”（88.68%）、公共服务环境（83.02%）和“交通便利程度”（79.25%），后三项为“文化娱乐”（58.49%）、“子女教育配套”（59.44%）和“工资水平”（62.26%）。由此可知，在下沙大学城创新创业的人才，对下沙大学城的生态市容环境、公共服务方面比较满意，但子女教育、医疗服务、文化娱乐等方面降低了下沙大学城人才的生活舒适度。因此，想要优化下沙大学城人才的创新创业生态，留住人才，吸引人才，社会生活配套设施方面需要跟进。

表3-2　下沙大学城社会生活配套设施评估的态度

选项	十分满意的占比	满意的占比	一般的占比	不满意的占比	总体满意度
城市市容环境	28.3%	60.38%	9.43%	1.89%	88.68%
社会文化环境	22.64%	56.6%	20.75%	0%	79.24%
就业生活环境	14.15%	54.72%	30.19%	0.94%	68.87%
公共服务环境	16.04%	66.98%	16.04%	0.94%	83.02%
医疗服务	10.38%	59.43%	26.42%	3.77%	69.81%

续表

选项	十分满意的占比	满意的占比	一般的占比	不满意的占比	总体满意度
文化娱乐	7.55%	50.94%	37.74%	3.77%	58.49%
工资水平	6.6%	55.66%	35.85%	1.89%	62.26%
子女教育配套	4.72%	54.72%	35.85%	4.72%	59.44%
交通便利程度	16.04%	63.21%	17.92%	2.83%	79.25%

二、下沙大学城人才创新创业生态面临的问题挑战

环境好，则人才聚、事业兴；环境不好，则人才散、事业衰。揽才、留才、用才的关键在于营造识才、爱才、敬才的人才发展环境。从总体上看，下沙大学城创新创业人才生态环境处于持续提升优化状态，但也存在一些亟须提升的环节。

（一）人才政策优势尚待挖掘

第一，政策宣传效果不显著。关于“2017 年杭州市经济开发区出台的金沙英才‘黄金八条’”，各类人才随着学历的提升，了解程度提高。这表明相关部门虽然在政策宣传上做了大量工作，也取得了一些成效，但尚且不够。一方面，满足政策条件的大多为硕士及以上学历人群，很多本科学历人才不满足相关的条件，暂未形成寻找、学习、推广人才政策的习惯；另一方面，宣传力度还不够大，宣传内容还不够细，宣传氛围尚不浓厚。

第二，政策优势尚不明显。面对全国各地频繁出台的人才新政，下沙大学城也是在人才政策的制定上、宣传上、执行上下功夫。统计结果显示，下沙大学城人才享受过杭州市或区的人才政策的占比为 44.34%，未享受过政策的人才主要原因是不符合政策要求，其他未享受的原因包括政策办理烦琐、不了解政策等。刚进杭州或在杭州工作 1 年以下的人群，最看重“人才奖励”政策与“安居补助”，这表明刚来杭州的高层次人才，以及刚入职的本科、硕士、博士毕业生正是被“安居补助”和“人才奖励”政策吸引而来。对于在下沙大学城工作 1 年以上的人才，选择“项目资助”的占比超过 40%，这表明，不同阶段的人才有不同的需求，已扎根下沙大学城的人才更多会考虑政府对项目的资助类型、资助范围和资助力度。

第三，政策支持仍需强化。在创新创业生态上，下沙大学城仍有不足之处，如表3-3所示。调查区政府在政策兑现时，需要走的程序过于麻烦，需要提升资金的到位效率。这表明，“最多跑一次”改革不够深化。“两集中、两到位”要求还没有真正落实到位，投资项目审批模式有待优化，产业类和政府投资类项目的审批周期仍需进一步压缩；资金落实、到位效率仍需进一步提高。此外，调查显示，人才政策的宣传途径仍需增加。

表3-3 下沙大学城在创新创业生态上的不足之处

选项	占比
人才政策程序过于麻烦，需要精简	49.06%
需要增加人才政策的宣传途径	50.00%
人才政策力度不够，缺乏吸引力	23.58%
资金落实困难，需提升资金到位效率	41.51%
其他	7.55%

（二）创新创业人才服务亟待改进

人才服务是辅助创业创新的重要因素。从调研情况来看，下沙大学城创新创业人才公共服务相对于日新月异、朝气蓬勃的创新创业略显滞后。

第一，走访企业不足。深入走访企业，是了解企业需求，帮助企业解决实际问题的基础。为响应“百千万”蹲点活动要求，人才科技局也加大了企业走访力度。但经调研，企业仍希望政府多实地走访，表明人才工作中，政府对企业的声音听取得还不够多，对企业难处的了解还不够透彻。

第二，人才服务需完善。政府应当好人才服务“店小二”，以最优质、最高效、最便捷的服务，构建人人皆可成才的人才发展“生态圈”，让各类人才各得其所、才尽其用。调查显示，企业亟待政府建立人才服务“专窗”制度和全程代办制度，折射出人才服务不够完善，服务范围仍需扩大。

第三，企业交流活动较少。据调查，下沙大学城的企业缺乏相互交流，龙头企业的引领效应不足。同时，下沙大学城内平台在举办诸如“中肽全球多肽新药研发会议”“中英医疗影像创新论坛”等学术交流活动时，企业参与积极性并不高。因此，在扩大学术论坛影响力，增进企业交流方面仍需加强。下沙大学城人才服务亟待改进方面如表 3-4 所示。

表 3-4　下沙大学城人才服务亟待改进方面

选项	占比
需要走访更多企业，了解企业现状	51.89%
需要开展更多的沙龙、学术交流会等活动	39.62%
需要联络更多的第三方服务机构（财务记账、法律咨询、注册登记、创业辅导等）	27.36%
需要建立人才服务"专窗"制度和全程代办制度	54.72%
需要强化高层次人才医疗保障制度	31.13%
需要组织更多的疗养休假活动	16.98%
需要加强高层次人才引进培育工作	38.68%
其他	12.26%

（三）人才集聚能力仍需加强

首先，创业团队和高技能人才紧缺。杭州下沙大学城入选国家双创示范基地和国家创新人才培养示范基地，为聚集更多优秀的人才，要用足用好金沙英才"黄金八条"政策，大力引进顶尖人才、高端团队，广聚英才为下沙大学城所用。调研发现，下沙大学城企业紧缺的人才类型以科技创业团队人才和高技能人才频次最高，均超过 50%。这进一步证实，下沙大学城创新创业如火如荼，急需高技能人才加盟科技型企业。令人诧异的是，"领军型人才"频次并不算高，仅为 38.68%。可能的解释是，虽然下沙大学城管委会大力实施人才集聚等五大"双百"工程，吸引国家、省级领军人才落户下沙大学城，但是对于企业而言，柔性引进领军型人才需要企业给予更多的薪水，超出了初创型、小型企业的承受范围；此外，也与大多数领军型人才更愿意自己带领团队创办企业有关。

其次，高层次人才引进难度大。国家、省、市级高端人才，以及教授、专家都是各领域的佼佼者，专家自创企业不在少数，想要把同领域的高端人才聚集在一起，众人合力突破科研瓶颈，创造有价值的科研成果十分困难。调查发现，对于下沙大学城企业而言，最难引进的也是高层次人才。这表明下沙大学城的人才载体对高层次人才的吸引力还不够，需要打造更高端的人才平台与之相匹配。

最后，引才方式单一，主动性差。据调查，下沙大学城的企业大多采用网上招聘、猎头中介、朋友推荐等“被动型招聘”，寄希望于求职者在网络、中介机构中寻找到本企业信息，而很少通过宣讲会、学术会等“走出去型”活动扩大企业知名度，传播企业文化。这样，在信息爆炸的社会中，无疑加大了高端人才的引进难度。

（四）科技金融支持力度亟须提升

中小企业已是我国经济建设和发展不可或缺的支撑力量。由于中小企业自身限制以及制度的不完善，企业面对国内外复杂的经济环境变化时，融资成为制约中小企业成长和发展的重要一环。

首先，企业融资难度大。调查显示，企业认为融资难度大或非常大的占比达 63.21%。初创型企业、小微企业本身抗风险能力较差，易受宏观经济波动影响，当前的经济金融环境收紧和财税金融政策不完善，金融机构很难评估企业的经营风险，因此，缓解融资难、融资贵问题，需要系统设计、协同推进。

其次，企业融资渠道窄。企业急需资金主要来自“风险投资”，频次为 60.38%，反映了企业融资能力相对较差，存在投资主体相对单一、风险投资机构发展不足、风险投资机制不完善等问题。

最后，金融推力不够。据统计，发明专利授权总量增长缓慢，表明企业研发投入不高，结合融资难、渠道窄的现状，反映了金融推力尚显不够，亟须政府引进风投机构，加强银行合作，强化产业基金等，帮助企业渡过难关。

（五）校企合作共建共赢有待推进

校企合作是一种注重培养质量，注重在校学习与企业实践，注重学校与企业资源、信息共享的“双赢”模式。从调研结果来看，下沙大学城的校企合作有以下特点：

第一，产学研合作交流不足。杭州下沙大学城虽然是集产业园区、高教园区、综合保税区于一体的国家级大学城，有 14 所高校，25 万师生聚集在此，但是校企合作与交流并不频繁，产学研合作交流仍然不足。下沙大学城通过校企教师互聘互培，引进企业高端人才担任实习指导老师，聘请企业资深专家和技师进校指导、培养团队，形成集教学、科研、生产于一体的产学研合作团队，提升人才培养质量，推动经济和社会发展。下沙大学城的企业调查显示，仅有 44.34% 的受访企业与学校合作“十分密切”。

第二，需加强校企平台构建。校企合作是经济发展对高校教育发展的必然要求，也是高校生存发展的内在要求。下沙大学城虽然与国内外高校建立了合作平台，但很多工作还停留在概念和协议层面，真正体现合作成效的重点工作、项目还比较缺乏，区校合作从“务虚”到“做实”还需努力。

第三，校企活动意愿不足。调查结果反映，企业更希望将自己推介给高校，希望政府在高校中宣传企业，从学校中招聘实习生、员工，吸收高校的科研成果。然而，企业与高校举办产业性活动（会议、论坛、峰会、大会、展览）的意愿尚显不足，对产学研合作创新模式的认可度不高。

第三节　发达国家和地区科技创新的经验借鉴与启示

下沙大学城想要进一步提升科技竞争力，加快建设创新创业名城的步伐，既需要对标先进、参照一流、改革创新，充分学习和借鉴国内外科技创新的成功经验，更需要立足自身、正视短板、缩小差距，坚持技术创新与制度创新双轮驱动、发展速度和创新质量有机统一、自主创新与开放创新相互促进，着力推动以质量和效益为核心的区域发展战略。

一、国内外科技创新经验借鉴与启示

（一）芬兰科技创新经验[①]

芬兰是一个十分重视本国高新科技发展的国家。2017 年，芬兰科技实力位列世界第六，是向中国转让高新科技最多的国家之一。主要经验如下：

第一，搭建公私合作模式的国家创新体系。芬兰的国家创新体系[②]以市场

① 张悦．芬兰科技创新经验对沈阳高科技发展的启示 [J]. 经济师，2018(7):79-80.

② 芬兰的国家创新体系受国家科技政策理事会直接领导，主要负责国家科学技术与创新政策的制定，教育部和贸工部则分别负责政策的实施和贯彻落实。

为导向，企业、政府、大学和科研机构共同参与，主要从事科学技术创新活动，明确体制安排和运行方式。芬兰的创新驱动力离不开本国的国家技术创新局（TEKES）①、国家技术研究院（VTT）② 和创新投资基金（SITRA）③ 等机构。这些科技创新机构无疑为芬兰的技术孵化机制和科研成果转化机制提供了便利条件。同时，芬兰政府也提供资金资助，扶持技术创新企业与大学联盟合作，促使高新科技转化为商品成果，为科技创新提供更为便利的条件。

第二，注重创建科技产业园。20 世纪 80 年代初期，芬兰政府开始设立高新产业园区，着力加强产学研体系建设，以产业集群效应带动经济社会发展。工业企业通常设立在高等院校和科研机构附近，通过孵化器和加速器等专业服务功能，实现园区内完善的产学研体系。芬兰引入欧盟外资和国家资金共同建设科技产业园，这些产业园不以利润、产值为导向，而是注重科技研发，引进国外技术进行消化吸收再创新。

第三，注重高强度的研发投入。芬兰政府长期重视科研领域的资金投入。20 世纪 70 年代，芬兰政府的科研投入极少，主要靠资源要素禀赋来实现经济增长；20 世纪 90 年代，芬兰政府开始注重科研领域的投资，研发投资率是 20 世纪 70 年代初的 4 倍左右；2010 年以后，芬兰科研经费投入占国内生产总值的 4% 左右。芬兰政府采取直接对企业进行研发投资的政策，通过 TEKES 等机构出资来鼓励中小企业、高校和科研院所参与实施国家科研项目，政府的科研投入逐渐带动企业自身对科研的投入，企业自身的科研投入已经超过了政府出资。

第四，重视教育领域发展与投入。芬兰政府十分重视教育，注重储备国家未来科技创新人力资源。芬兰于 20 世纪 60 年代就开始普及基础教育。在高等教育方面，芬兰拥有 20 所大学，是北欧地区受高等教育人口较多的国家，教

① 芬兰国家技术创新局（TEKES）是芬兰政府直接出资资助企业具体的科研活动及创新的负责机构，加强了政府与企业之间的交流和互动。TEKES 要求企业的科技创新活动必须有高校和科研院所的加入，而高校和科研院所的项目也必须有企业加入才能得到支持，以产学研相结合的方式实现技术创新。TEKES 是芬兰重要的科研资助机构，每年资助费用占芬兰全国研发支出的三分之一左右。

② 芬兰国家技术研究院（VTT）是芬兰政府完全控股的有限责任公司，政府出资将创新科技应用于商业，实现技术转化和科技国际转移，从国内到国外实现商业化的无缝连接。

③ 芬兰创新投资基金（SITRA）是芬兰议会设立的国家风险投资基金，致力于促进和培育中小型企业及科技成果转化，该基金直接隶属于芬兰议会，独立运行，该机构主要投资于创新企业，通过企业成长获取回报。

育体系较完善。芬兰政府十分重视高等院校的研发投入，为高校提供科研资助和贷款服务。实现产学研相结合是芬兰高科技创新领域的一大特色，企业的基础研究部分基本在高校进行。

（二）美国科技创新经验①

美国是全球科学研究与开发投入最多的国家。美国企业的主体是民营企业，约占98%以上。美国民营企业在科技创新方面的力量非常强大，是美国科技创新的主力军。主要经验如下：

第一，政企利益界限清晰。美国政府无权干预企业经营活动，对企业的成败也不承担任何责任。美国企业普遍有一种强烈的忧患意识，在创新和变革中寻求和把握机遇。而美国政府的积极有为则体现在鼓励发展风险投资，对企业提供政策性补助，发放政策性贷款；采购高新技术产品，支持企业研究、开发和应用高新技术产品；设立民营中小企业技术创新奖励计划，推动非营利性科研机构向科技型民营小企业转让科技成果。

第二，宽松的科技创新文化。美国西部传统的冒险精神成就了美国以民主自由、求真务实、鼓励冒险、包容失败为特质的文化氛围，形成了美国独特的创新文化。美国企业家们普遍推崇的价值观是允许失败，但不允许不创新，要奖励敢于冒风险的人，而不是惩罚那些因冒险而失败的人。大部分美国企业重视个人价值，鼓励个性张扬、充分发挥个人想象力和创造力，鼓励标新立异、尝试一切新事物，为科技创新提供了良好的人际环境。美国企业还普遍设立了专门的职能部门，加强人才管理和使用。技术人员可以用技术入股企业，把技术人员的利益与企业的绩效捆绑在一起，形成利益共同体，从而有力地激励科技人员的创新激情。

第三，丰富的科技创新资源。风险投资、基础设施和专业服务是构成美国创新资源的关键性因素。美国具有完善的金融市场，为企业提供了非常宽松的科技创新资金融通渠道。美国还拥有世界一流的高等教育体系，拥有多所世界著名的大学，为美国培养了一批又一批的世界级科技创新精英。美国友好的人才移民政策还吸引了来自世界各国的顶尖级人才，使美国成为世界上具有科技

① 单东．借鉴美国民营企业科技创新经验提高我国民营企业科技创新能力 [J]. 特区经济，2008(2):24-28.

创新能力的国家。美国拥有现代化的创新基础设施，比如大型科研基础设施、重点实验室、综合科技图书中心、文献情报中心等设施，为来自高校、科研院所和企业的研究人员开展科学研究提供帮助。另外，美国还建立了一套完整的鼓励技术发明和创新以及促进技术转移的法律体系。

第四，硅谷的科技创新示范。硅谷以附近一些具有雄厚科研实力的美国一流大学为依托，以拥有高新科技的中小民营经济实体为基础，培育出了一大批全球知名的大型民营企业。硅谷有 400 多家风险投资公司，硅谷的信息技术产业特别发达，其高、精、尖的发明创造和获得批准的专利，每年都在 6000 件以上，约占全美总数的 9%。硅谷在全世界起到了科技创新的示范作用，吸引了众多来自世界各国的高科技拔尖人才，构成了一个高度发达的技术社会，形成了多民族、多种族、多元文化的群体。

（三）韩国、印度科技创新经验①

韩国、印度和中国的经济发展起点基本相同。虽然韩国、印度两国的经济发展水平差异较大，但两国政府在科技发展战略、规划以及相关政策措施等许多方面有成功的经验。

第一，做强优势产业，推动科技创新。韩国经济成功的经验是：政府在不同时期，选择一两个优势产业集中力量重点发展，并紧紧围绕选定的优势产业开展技术创新。成功后，政府再把重点放在培育下一个优势产业上，并部署技术研发计划。印度则抓住了 20 世纪 90 年代信息产业兴起的重要契机，以软件业为突破口，并带动其他外包服务业的迅速发展。近年来，印度又把生物医药产业作为新的经济增长点，同时把核能、空间技术和海洋技术作为重点进行超前部署，为未来经济增长奠定技术基础。

第二，注重对引进技术的消化吸收。韩国科技竞争力不断提高的关键在于走出了一条“引进技术—消化吸收—自主创新”的发展道路，在对引进技术消化吸收的基础上逐步形成自主创新能力。韩国政府组织制定引进并消化吸收的一揽子方案，通过科技人才“请进来、走出去”的方式进行创新，对国产新技术产品实行采购，并采取税收优惠的激励政策。

① 娄成武，刘曙光，刘赤兵 . 韩国、印度科技创新经验 [J]. 科技信息（科技教育版），2005(10):26-28.

第三，产学研有机结合的技术创新体系。韩国技术创新体系的灵魂是形成了以企业为核心、产学研相结合的创新体系。在这一创新体系中，创新的主体是企业，创新的动力是企业的技术创新需求，产学合作的主导方是企业，政府的作用是通过政策和措施的引导，调动企业的创新积极性。

第四，发展科技创业投资市场。韩国和印度两国都高度重视发挥风险投资等资本市场在推动科技创新及产业化中的重要作用，通过政府的政策导向和政策工具激励，促进创业投资的迅猛发展。

第五，营造促进科技创新的政策环境。韩国和印度的经验表明，政府对促进科技创新的政策环境的营造是保障科技创新有效服务经济社会发展的重要手段。概括起来就是企业主体是关键，市场机制是根本，政府主导至关重要。

（四）深圳科技创新经验[①]

深圳作为我国首个国家创新型城市，科技创新一直走在全国前列。深圳探索出了创新发展模式，实现了从“跟随式创新”到“引领式创新”的跃升。

第一，以世界眼光加强顶层设计。深圳在立法保障财政科技投入稳定增长、规划布局战略性新兴产业发展、完善科技创新政策法规方面开展了大量实践，为创新驱动发展提供政策保障和战略引领；积极谋划布局，发展新兴产业，先后出台了生物、互联网、新能源、新材料、文化创意、新一代信息技术、节能环保七大战略性新兴产业规划，并提前布局生命健康、海洋、航空航天等未来产业，推进结构性改革的超前引领，夯实新经济发展的产业基石。

第二，为企业提供“定制式”贴身服务。政府针对不同创新主体下不同的“菜单”：对于大型科技企业，放手让市场规则配置资源；对于新锐民营企业，重点帮他们解决与传统体制机制的衔接难题，尽量用全新的配套政策体系包容创新主体；对于体制内的高校或科研院所，则放手让他们嫁接市场基因。

第三，大视野引才。把人才优先发展作为核心战略，先后出台了高层次人才“1+6”政策、引进海外高层次人才“孔雀计划”等，以全球视野广聚天下英才，人才竞争比较优势基本形式。

① 张洪刚，苏海红，庞松涛，等．深圳市激发创新主体内生动力的启示与思考 [J]. 青海科技，2018(3):7-11.

第四，加快补齐科技创新平台短板。为解决深圳重大科研基础设施、科研机构、高等学校少的短板，深圳积极谋划和系统布局国家重大科技基础设施，有选择地面向全球大量引进优势科技资源，如合作建立南方科技大学、深圳大学、清华－伯克利深圳学院等多所特色学校，深圳清华研究院、光启研究院、华大基因研究院、中科院深圳先进院等多家新型科研机构，建立10个由诺贝尔奖获奖科学家领衔的实验室。

第五，移民文化带来的企业家精神。作为我国最大的移民城市，深圳独特的城市气质赋予了企业家们一种敢于冒险、开拓创新的商业精神。深圳的企业家敢于"第一个跳出来吃螃蟹"，在极大的风险下抢抓机遇，在外部条件不成熟和外部政策环境不明晰的情况下，果断投入开展研发和产业化。在深圳的各类经验中，企业家精神是最难简单借鉴的。

二、其他大学城科技创新经验借鉴与启示

（一）美国硅谷科技创新的发展经验①

美国硅谷地区是全球著名的创新创业中心，对美国乃至世界的科技创新发展起到了重要的推动作用。硅谷地区创新竞争力强劲的主要原因如下：

第一，拥有世界一流的大学和丰富的高端人力资源。硅谷地区有斯坦福大学、加州大学伯克利分校、加州大学旧金山分校等多所享誉世界的大学。同时，美国友好的人才移民政策、硅谷地区良好的创新创业环境和自然环境也吸引了大批来自世界各地的高端人才。②

第二，风投等商业模式是硅谷不断壮大的资金基础。硅谷中后期的发展壮大主要靠风险资本的支撑。斯坦福大学附近集结了200多家风险投资公司，占美国全国风投公司的43.7%，吸引的风投资金占美国风投资金总量的三分之一。

第三，多元浓郁的创新文化是硅谷持续发展的基本保证。③创新文化是硅谷高新技术产业以及风险投资不断向前发展的核心文化，主要表现在硅谷公司

---

① 祝学华，蒋玉宏，朱庆平．硅谷地区创新竞争力面临的挑战和启示[J]．全球科技经济瞭望，2018(8):26-29.

② 祝学华，蒋玉宏，朱庆平．硅谷地区创新竞争力面临的挑战和启示[J]．全球科技经济瞭望，2018(8):26-29.

③ 王磊，万礼赞，詹鸣．美国硅谷科技创新的基本经验与启示[J]．科技中国，2016(11):55-58.

生产结构的开放性、人才流动的频繁、对创业失败的高容忍度以及思想文化的多元性。

第四，注重中小企业发展是硅谷科技创新的主体保障。硅谷不局限于支持发展高、精、尖的大型知名公司，反而将发展中小企业作为核心。硅谷研发生产以高科技产品为主，企业不需要占用多大面积、形成多大规模，而是主要依靠智力资源。这样的模式对于中小企业来讲更具优势。

（二）深圳大学城产学研的合作实践①

深圳大学城创建于2000年10月，由深圳市政府和国内一流大学共同建设发展，凝聚了一大批高素质、高层次的中青年学者。大学城先后与华为、中兴、富士康、清华同方等400多个企事业单位和深圳市各区政府采取合建研究机构或研究生实践基地、合作项目研究和技术开发等形式，建立了新型产学研结合机制。主要经验如下：

第一，因地制宜，重点突破。大学城依托名校优势，结合区域产业发展，充分利用深圳毗邻港澳的地理优势，在市政府确定优先发展学科基础之上，打破传统专业划分，引进校本部优势和强势学科，进行学科交叉、优势重组，创新设置具有显著应用型特征的学科群。

第二，创新机制，校企联姻。大学城产学研合作有教育合作和科研合作。科研合作的核心是经济效益，主体是科技人员，目标是将科研成果商业化、产业化，主要采取咨询服务、委托课题、合作研究、技术转让、合作生产等模式展开合作。

第三，立足深圳，服务社会。除了与深圳市及周边企事业单位加强产学研合作，大学城各办学实体还以顾问或合作单位的方式将自己的智力资源渗透到深圳城市规划建设或相关决策制定中，对深圳社会经济的发展发挥积极的影响。

第四，抓抢机遇，跨越发展。大学城在现有产学研合作体系基础上，全方位推进大学城产学研结合和深层次合作，基本形成以市场为导向、协作攻关、

---

① 王艳. 创新合作模式 促进和谐发展：深圳大学城产学研合作实践探索与创新发展 [J]. 中国高校科技与产业化，2008(11):22-24.

利益共享的产学研合作机制。

（三）上海张江高科技园产学研合作模式①

张江高科技园区是中国第一批国家级高新技术园区，已经形成了信息技术、生物医药、文化创意和低碳环保四大产业集群，被誉为中国的硅谷。园区内有复旦大学张江校区、上海交大张江校区、上海中医药大学、西安交大信息学院、北大微电子研究院、中国科技大学上海研究生院等。其产学研合作大体经历了“破除产学研梗阻、打造产学研联盟、促进企业自主创新”三个阶段。主要经验如下：

第一，对创新平台的支持。重点支持科技公共服务平台的建设和运营，主要用于支撑生物医药、集成电路、文化创意和智能制造等产业的发展。

第二，融资创新。园区创新资金由各级政府投资、资本市场筹集、社会资金和境外资金组成，已经形成创新投贷联动融资服务模式、“3+X”科技信贷体系、大型政策型融资担保基金业务、天使投资、股权投资和创业投资等金融支持体系。

第三，打造人才高地。围绕引才、育才、用才制度的改革，实施“双自”联动建设国际人才试验区，形成具有国际竞争优势的人才制度和创新创业人才集聚的战略高地。

第四，知识产权服务。张江成为落实高校和科研院所成果转让协议的改革试点区后，技术成果转让出现大幅上升，远远领先于上海市平均水平。

第五，中介服务体系。积极培育和引进市场化、专业化的科技中介服务机构，在成果转化制度体系建设、转移转化模式探索、知识产权商业化评估、投资商引入等方面发挥重要作用。

第六，科技创新券服务。2016年，上海进行了新型科技创新券试点，主要针对科技成果转移转化服务领域，力图降低企业研发成本，激发企业自主创新。

① 甘春开.张江高科技园区产学研合作模式：国际比较、进展和政策[J].上海市经济管理干部学院学报，2019(4):17-26.

（四）北京中关村科技创新的经验与启示①

中关村严格意义上不是大学城，但被诸多名校包围，在国家自主创新示范区建设和人才特区建设上领跑全国。其主要经验和做法如下：

第一，完善人才发展机制，汇聚创新创业人才。北京特别重视发挥中关村的“人才特区”作用，在特殊区域、特殊政策、特殊机制和特殊平台上开放绿色通道，吸引和集聚各类人才，搭建多层次的创新创业平台。②

第二，发挥企业主体作用，增强自主创新能力。北京市政府积极引导更多创新资源向企业集聚，加大研发项目支持、促进科技和资本结合、支持高科技企业上市，大力提升企业自主创新能力。

第三，强化市场拉动作用，推动创新成果转化。北京市政府以改革强化市场拉动，有效推行政府对新技术产品的采购，积极推进高新技术交易市场发展，促进创新产品的推广应用。

第四，聚焦创新资源平台建设，形成协同创新合力。面对蓬勃发展的5G产业浪潮，中关村科学城将重点实施“1+1+3+6”5G产业发展计划。③

第四节　提升杭州下沙大学城科技创新竞争力的对策建议

环境就是吸引力，环境就是竞争力，环境就是凝聚力。哪里的生态环境好，哪里就成为人才汇集之地；哪里科技创新，哪里就充满发展的生机和活力。④在新的历史时期，下沙大学城应不断优化创新创业人才生态环境，培养和引进大批优秀科技创新人才，加快建设人才高地，不断增强科技创新的区域竞争力，推动下沙大学城经济不断发展。

---

① 向荣．人才特区中关村的新名片[J]. 创新时代，2011(8):23-25.

② 赵英杰．中关村打造国家级人才特区[J]. 投资北京，2011(6):30-31.

③ “1+1+3+6”5G产业发展计划即建设一张精品网络；打造一个中关村5G产业协同创新平台；着力提升器件、网络设备、泛智能终端三项技术研发能力；推进5G在5G+超高清视频应用示范、5G+智慧城市应用示范等六大领域示范应用，抢占5G产业发展的先机和阵地。

④ 韩俊．科技创新人才宏观和微观生态环境的研究：基于浙江省高校和企业的实证分析[D]. 杭州：浙江大学，2011.

一、政府方面：优化人才创新创业生态环境

（一）优化人才政策环境

政府应牢固树立“创业之初当助手、发展之中当推手、成功之后当下手”的服务理念，紧紧扭住“最多跑一次”改革这个“牛鼻子”，不断提升创新创业服务能力和水平，需要在政策上、宣传上、执行上发力。一是政策制定要创新。政策要吸引人才、留住人才、用好人才，优化人才创新创业生态环境。“金沙英才”人才新政反响空前，已成为下沙大学城的品牌。结合下沙大学城“年轻、活力”的特点，努力颁布适用范围更广、着力点更准、激发创新活力更快更强的政策，打造更加健全的人才结构，铸造出更响亮的下沙大学城品牌。二是政策宣传要更精更广。全面梳理完善人才、科技、招商、经济等政策体系，准确把握不同年龄、不同学历段的人才创新创业需求，传播最精准、最具吸引力的政策条款。同时，采取诸如小册子、宣传卡片等多种宣传形式，分发至下沙大学城高校园区、小镇、平台、研究院等地，扩大宣传面。三是政策执行要精炼。“黄金八条”政策力度空前，但政策的兑现周期需减少，程序需简化，深化“最多跑一次”改革。下沙大学城可联动各部门，构建人才大数据库，录入人才详细的身份、社保、学术成果等信息，实现企业、税收等信息共享，优化人才办理效率，切实减少人才办事时的“烦琐感”。

（二）提升人才公共服务

政府应及时为企业排忧解难。一是企业走访要频繁。加大走访频率，建立走访例行机制，开展“深入基层，走访企业”系列活动等，深入企业，倾听企业的声音，收集企业需求，方可精准服务，做在实处，拟定针对性政策条款，及时为企业排忧解难。二是服务工作要加强。为简化企业办事流程，加快办事效率，可由熟悉政府工作流程的人员，组建全程代办团队，有针对性地服务企业项目申报、资金兑现、人才申请等工作，让企业人才体会到舒心。三是跟踪重点项目服务。牢牢抓住项目这一“牛鼻子”，加大谋项目、推项目力度，强化服务保障，让重点项目有序推进。

（三）合理构建人才结构

政府应重点优化人才结构的“质”[①]与“量”[②]。[③]一是重点引进高端人才。大力实施人才集聚等工程，高效率洞察目标人才，实时跟进海内外招聘进展，灵活调整招聘策略，通过行政引才、项目引才、民间引才等多种形式引进海内外高端人才落户下沙大学城，补全下沙大学城高端人才的短板。同时，在全球各地建设引才联络站，扩大下沙大学城的影响，对接更多人才，让更多高端人才了解下沙。二是加强人才、企业的交流对接。针对下沙大学城人才库的现状以及企业需求，政府应联合企业举办高水平的学术论坛，建设高质量的科研平台，增进高端人才与企业之间的交流，或牵头联合下沙大学城的科技龙头企业，共同攻克国家乃至国际性科研难题。政府在整合资源的同时，也增强企业间的学术交流，分享科研成果，为企业发展注入新的能量。三是加强科技型人才的引进和培育。创新创业团队的构建需要科技型人才的加盟，需要优秀青年的补充。下沙大学城可在电子信息、生物医药、新能源新材料、高端装备制造等重点产业，培养建立海外高层次人才领衔的人才团队；同时充分利用好高教园区师生资源，开设生物医药、电子信息等符合园区重点发展方向的专业，打造园区急需的专业型人才团队。四是合理构建人才金字塔结构。政府应积极调研、走访下沙大学城内企业，分类统计园区各类型、各行业的人才数量，有针对性地调整相关政策，合理布局，正确引导，对下沙大学城紧缺的高端人才、海外研究生等，制定有针对性的吸引政策，打造合理的人才结构。

（四）强化金融助推力度

政府可按照“政府引导、企业参与、市场运作”原则，积极推动多元化资本市场的建立。一是完善“人才＋资本”模式。积极推进双创金融谷建设，发挥各类基金作用，大力实施“凤凰计划”，推广知识产权质押、投贷联动等融资方式，积极培育企业挂牌上市，实现金融资本与优质项目有效对接。发挥

---

① “质”即人才的知识、技能、道德品质等。

② “量”即人才的层次、职业、类别等。

③ 骆兰．人才结构影响因素分析 [J]. 商场现代化，2006(30):270-271.

下沙大学城各基金的作用，完善“科技+金融”“人才+资本”的发展模式。二是加强企业培育。设立风投机构，强化天使投资，加强初创企业培育，缓解初创型企业融资困境，在项目、场地、租金等方面予以支持，形成技术水平领先、竞争能力强、成长性好的科技型企业群。三是引导社会资本。引导社会资本共同参与人才创新创业，全力支持企业发展，在政策扶持上采取“无偿+有偿”两资叠加，给予“一事一议”的政府产业基金投资，解决企业成长期融资难的“痛点”。

（五）加快提升城市品质

政府应围绕一流的现代化国际化新城区建设，不断完善城市功能，提升环境品质，加强文化文明建设，全面增强城市综合承载力和对外吸引力。一是完善城市功能配套设施。抓好城市管理，强化城市功能，不断提升居民生活品质，积极推进道路有机更新和重要节点、区域的景观提升；完善综合交通体系，提高区域可达性、便利性。二是提升教育水平。加快建成从幼儿园到高中的配套学校，加强国际交流合作，提升教育国际化水平，吸收更多优质的教育资源入驻下沙大学城，提升下沙大学城的子女教育水平。三是丰富文化配套设施。大力推动文体中心、职工活动中心等项目开工建设，鼓励酒店、娱乐休闲等产业发展，切实提升商业品质，丰富下沙大学城内人群的文化娱乐生活。四是增强医疗水平。针对上班族、儿童、老年人的医疗需求，建设、引进各类高端医院、卫生服务机构，为园区外国专家等各类人才提供人本化的医疗卫生服务环境。

（六）推进产学研合作

政府可充分利用高教园区优势，加快补齐高端创新资源引育、产学研深度合作、创新生态体系构建等方面的短板。一是整合园区和平台资源。立足高教园区以及新加坡科技园、高科技孵化器等平台资源，全面提升基础配套设施、生态环境及服务水平，并围绕下沙产业链引进一批国内外知名高校和科研院所。二是加强企业与高校间的交流。政府引导构建创新联盟，开展学术活动、企业招聘、大学生入企认知实习等活动。建立企业与国内外重点高校在人才培养培训方面的经常性联络沟通制度，形成高校对产业需求的快速反应机制。三是推广产学研创新型合作模式。政府收集产学研合作的供需信息，主动牵线搭桥，促进教学与科研结合，促进科研成果转化为生产力，推广产学研创新合作模式，提升企业对产学研合作的认可度，促进经营实体与教学实习基地合作，培养人才，发展科研，创造经营效益。

二、高校方面：推进科研管理和人才评价改革

（一）破除“四唯”科研评价体系

科研评价体系的改革与完善是一个复杂的系统工程，下沙大学城作为高校集聚地，可以在科研评价体系改革上做一些探索和尝试，在部分高校建立科研评价改革试点。高校可根据工作性质和学科内容设置不同的评价标准，弱化科研评价的行政干预，不再把出版专著、发表论文数量和纵向项目作为评价教师科研成果的依据[①]，考核导向应更关注科研成果及专利所产生的经济社会效益，强调科技创新要为经济建设服务。适当延长科研考评期限，要尊重科研周期规律和不同学术阶段的创新力，在学术生涯的不同阶段，要设立不同的评价标准，在科技创新活力强的阶段要激励多出成果、出好成果，在科技创新能力下降的阶段应更多侧重人才培育功能，考核科技创新人才培养。科研评价应逐步放宽对过程的把控，更注重对科研结果的评价，重结果的管理模式有利于提高科研工作者的素质和科研成果的质量。[②]科研评价主体应转变方向，从强调科研成果的排名位次、第一作者，转变到科技创新团队的共同评价上，有利于科研创新团队的建设。要兼顾高校教师“经济人”和“科学人”的两面性[③]，针对不同的教师采取不同的科研评价激励，构建多元化、差异化、层次化的科研评价激励机制，使每个教师的科技创新需求都能得到最大限度的满足。

---

① 唐圣姣 . 人本管理视角下高校科研管理机制创新研究 [J]. 赤峰学院学报（哲学社会科学版），2018(8):149-151.

② 宋贞臻 . 高校科研成果转化管理的国际比较与借鉴 [J]. 文教资料，2018(14):130-131.

③ 李瑛 . 论高校人事管理中激励机制的构建 [J]. 管理观察，2011(10):125-126.

（二）建立科学合理的科研管理制度

高校应借鉴国外先进的科研管理理念，引进国外科研管理人才，重塑科研管理和科研氛围，改变科技创新急功近利的浮躁气氛。科学设定科研评估周期，适当延长科研评价周期，可以设置为 4 ～ 6 年，教龄越长考核周期越长，这样有助于教师从事真正感兴趣的学术研究，而不是追捕学术热点。① 探索教师薪酬制度改革，提升教师绩效工资水平，从制度上杜绝教师把学术研究当作挣钱的工具。借鉴“最多跑一次”理念，参考哈佛大学模式，借助信息化手段辅助科研管理，项目申报之外的事务性事项由资助项目办公室完成，减少事务性事项对科研人员的科技创新时间的挤占。下沙大学城应在各高校之间构建数据互通共享的科研管理数据平台，尝试建立一个包括学术专著、论文、科研项目、课题负责人、关键词、研究成果等不同信息的科研信息资源数据库，并对其进行收集、储存、分析、推广、管理为一体的科研资源互通共享，实现资源共享，避免重复研究，促进成果转化。高校应建立灵活应对市场变化的经费预算制度，设置经费使用的负面清单或红线，保证在不违规前提下加大科研人员经费使用的灵活度②，加大科研人员劳务费、智力投入在科研经费中的体现。按照先行先试原则，在项目申报、立项评审、中期检查、结题验收和绩效评估等环节简化流程，删除不必要的程序。

（三）提高高校科技创新成果转化率

高校应借鉴美国科研管理模式，建立科研成果网上集中展示与管理平台，加强与企业、政府的联系互动，推动科研成果的转化，促进社会的发展与进步。③ 高校要积极建立专门的科技成果转化机构或产学融合中心，引进专业化成果转化管理和服务人才，特别是既懂得成果转化，又具备法律、财务、市场等专业知识的复合型人才，让科研人员仅专注于擅长的科技创新领域，科技成果转化的事情则交给专业的科技成果转化人员。在不透露技术秘密的前提下，向有兴趣的企业介绍科技成果发明。④ 科技成果转化的收益分配机制要合理，

---

① 孟兆娟，白福臣 . 生态学原理视域下的研究生学术生态系统优化 [J]. 产业与科技论坛，2015(20):5-7.

② 周汉鸣 . “放管服”背景下高校科研经费管理研究 [J]. 科技创业月刊，2019(5):39-42.

③ 宋贞臻 . 高校科研成果转化管理的国际比较与借鉴 [J]. 文教资料，2018(14):130-131.

④ 赵曦 . 美国高校科技成果转化管理机制 [N]. 中国社会科学报，2018-05-07（7）.

有效激发科研人员的科技成果转化。比如，美国麻省理工学院的科技成果转让收入15%用于技术转让办公室的工作开支，其余1/3归技术发明人，1/3归发明人所在院系或实验室，1/3归学校收入。[①] 建立多渠道科技成果转化资金支持体系，积极引导风险资本、产业资本、金融资本参与高科技成果转化[②]，引入风险资本与创业投资公司，帮助高校解决科技成果转化的资金瓶颈难题。

（四）保证教师充足的科技创新时间

高校应建立教师教学课程安排自助系统，让教师参与课程时间的安排，借助"互联网+"手段和慕课建设，开设一定比例的线上教学课程和课后实践活动，未来甚至可以将人工智能机器人引入大学课堂，有效解决教学和科研的时间冲突。逐步归并、减少不同部门的评估活动，避免让不同主管部门、不同格式要求的表格占用科研人员宝贵的科研时间和精力。设置专门的科研经费管理服务中心，各学院配备一定比例的财务秘书和财务助理，定期对科研人员进行专业培训和报销咨询，推行"一站式"服务，实现"最多跑一次"。借鉴浙江大学行政服务中心的做法，下沙各大高校可设置窗口满意度评价器和年底考核评分，让科研人员对科研管理和财务人员的工作态度和工作效率打分，破除他们的官僚之风，强化科技创新服务意识。

三、企业方面：积极提升自主创新能力

（一）树立企业自主创新理念

企业应按照"创新储备一代、研究开发一代、应用推广一代"的原则，选择重点领域，集中力量，加大投入，组织联合攻关，掌握一批具有自主知识产权的核心技术。[③] 增强原始创新、集成创新和引进消化吸收再创新的能力，围绕区域经济社会发展需求，突破制约行业发展的技术瓶颈，引领行业技术进步。重点围绕电子信息、现代制造、生物医药、食品饮料等下沙四大支柱产业

---

① 赵曦．美国高校科技成果转化管理机制 [N]. 中国社会科学报，2018-05-07（7）．

② 吴凤菊．江苏省高校科技成果转化资金障碍及对策 [J]. 合作经济与科技，2017(21):48-50.

③ 国务院国有资产监督管理委员会文件（国资发规划〔2011〕80号）《关于印发〈关于加强中央企业科技创新工作的意见〉的通知》。

开展技术研发，培育新的经济增长点。

（二）提升企业自主创新能力

企业应大力实施人才强企战略，加快建设一支结构合理、素质优良、创新能力强的科技人才队伍。[①]采用新技术、新工具改进科技管理，积极探索高效顺畅的研发运行机制，建立适合企业发展需要的科技创新体系，形成工艺及技术开发、应用研究、基础研究相配套的梯次科技创新结构，促进科研成果向现实生产力的转化。政府引导区域内企业科技资源的优化配置、高效利用和开放共享，有效杜绝企业科技资源分散、交叉重叠和重复开发。

（三）健全企业自主创新激励[②]

企业应建立健全自主创新激励制度，更加强调对科技团队在科技创新过程中的支持，而不能一味注重创新成功后的物质奖励。引入同行评价、客户评价以及社会评价等多元评价机制，根据科技创新的不同性质采取不同的评价方式，为企业科技人员提供多元化的职业发展通道。

（四）强化企业科技人才队伍

许多企业采取种种引才措施，花重金引进科技人才，但是引进后不知道如何使用人才，导致人才流失。因此，企业要更加关注如何最大限度地发挥科技人才的积极性和能动性。待遇和感情固然能留住人才，但是最终稳定企业科技人才还是要靠事业平台。要积极创造条件，建立可持续发展和动态优化的宽松环境，压力与动力、待遇与责任并存，促进科技创新队伍稳定，加快科技创新人才成长，最大限度发挥科技创新潜能。

（五）促进企业创新文化建设[③]

企业应借鉴和效仿美国硅谷，大力弘扬“敢于创新、勇于竞争、诚信合

---

① 国务院国有资产监督管理委员会文件（国资发规划〔2011〕80 号）《关于印发〈关于加强中央企业科技创新工作的意见〉的通知》。

② 殷子淇，冯静瑜，张蒙．科技型中小企业自主创新能力提升对策分析 [J]. 中国市场，2019(20):165-166.

③ 国务院国有资产监督管理委员会文件（国资发规划〔2011〕80 号）《关于印发〈关于加强中央企业科技创新工作的意见〉的通知》。

作、宽容失败”的精神，着力营造“尊重劳动、尊重知识、尊重人才、尊重创造”的文化氛围。把鼓励创新作为企业文化建设的重要内容，发扬企业家开拓创新的精神，培养研发人员潜心研究、甘于奉献的精神，激发科技工作者的创新热情和活力。

第四章　加强人才队伍建设，构建中国特色哲学社会科学[①]

"一个国家的发展水平，既取决于自然科学发展水平，也取决于哲学社会科学发展水平。一个没有发达的自然科学的国家不可能走在世界前列，一个没有繁荣的哲学社会科学的国家也不可能走在世界前列。"[②]社会科学和自然科学是带动社会发展的两翼，一个地区的社会科学发展水平对整个地区的制度建设、政治决策、社会管理和经济发展等诸多方面都起到非常重要的作用。[③]而坚持和发展中国特色社会主义制度必须高度重视哲学社会科学，必须加快构建中国特色哲学社会科学。在加快构建中国特色哲学社会科学的进程中，广大哲学社会科学人才发挥着关键作用。实践证明，在人类漫长的文明史、文化史上，古今中外的社会科学人才做出了卓越的贡献。而在当今中国，要坚持和完善中国特色社会主义制度、推进国家治理体系和治理能力现代化，离不开社会科学人才的理论引领、理论创新，更需要发展社会科学人才的智囊团和思想库的作用。因此，无论从几千年的社会发展的历史来看，还是从当今时代发展的迫切需要来看，我们都要从战略高度来加强社会科学人才队伍建设。

---

① 本章根据浙江省社科规划办委托给浙江省人才发展研究院的子课题"浙江省哲学社会科学人才队伍建设研究"的研究成果整理修改所得，课题组成员有陈丽君、陈诗达、童素娟、殷宝庆，执笔童素娟、殷宝庆。由于本研究完成于 2018 年 12 月，所以部分统计数据截止于 2018 年。本章部分内容已公开发表，详见童素娟，殷宝庆，陈丽君，等. 哲学社会科学人才队伍建设的问题与对策研究：基于浙江省的实证研究 [J]. 杭州学刊，2018(4):8-23。

② 2016 年 5 月 17 日，习近平在哲学社会科学工作座谈会上的讲话。

③ 湖南社科人才队伍建设课题组. 从战略高度加强社科人才队伍建设 [J]. 湖南社会科学，2012(2):168-170.

第一节　浙江哲学社会科学人才队伍建设的现状与成效

一、哲学社会科学人才的定义

所谓哲学社会科学人才，是指推动理论创新、制度创新、文化创新，推进党委政府决策科学化、民主化的重要力量。①哲学社会科学人才是哲学社会科学生产力的决定性要素，既是新知识、新理论的创造者，又是其他精神活动的指导者，更是政治决策的咨询参谋者和社会历史前进的推动者。当前浙江省的哲学社会科学人才主要分布在高校系统、党政研究系统（含政府机构）、党校系统、社科院系统、宣传系统、学会及民间科研系统六个单位类型。根据哲学社会科学人才在繁荣哲学社会科学中的作用，可以进一步将其划分为社科研究人才、社科教学人才、社科管理人才、社科宣传与咨询服务人才四类。

出于对调研时间及一手调研资料获取性等方面因素的综合考虑，在浙江省社科规划办的协助下，本研究着重考察了浙江省高校系统、党政研究系统、党校系统、社科院系统四个单位类型中的哲学社会科学研究（教学）人才队伍建设情况，并就如何挖掘哲学社会科学人才的创新潜力、促进浙江省哲学社会科学繁荣与推进社会全面发展提出相应的对策建议。

二、哲学社会科学人才队伍建设的基本现状

（一）研究方法与数据

扎根理论是由社会学家 Glaser 和 Strauss 于 1967 年提出的一种质性研究方法，该方法基于对丰富翔实的经验资料的深度剖析，通过科学的逻辑、归纳、演绎、对比、分析，逐渐提升概念及其关系的抽象层次，从而自下而上地构建一种实质的理论框架。②扎根理论被认为适合研究个人过程、人际关系以及个人与社会的互动，而哲学社会科学人才队伍建设是一种复杂的多主体多维度交互过程，采用扎根理论来探讨影响因素是可行的。

---

① 胡跃福，王文强．湖南人才研究报告 [M]. 北京：中央文献出版社，2007.

② 克里斯韦尔．质的研究及其设计：方法与选择 [M]. 青岛：中国海洋大学出版社，2008.

扎根理论研究方法的核心是访谈资料的收集和分析。[①]研究人员在访谈开始前不做理论假设，而是直接对访谈对象进行深度访谈并录音，将收集的录音资料整理成访谈文本。研究数据主要来自两次座谈会以及会后的个别对象深度访谈，以及浙江省社科规划办提供的统计数据和部分公布数据。两次座谈会分别对部分浙江省哲学社会科学人才和部分在杭高校人事处处长进行焦点座谈，设计非结构化座谈提纲对他们进行小组访谈，个别会后深度访谈，获取第一手资料数据。在访谈过程中，研究人员通过与受访者进行参与性的对话，引导其从自身角度出发客观地回答访谈问题。

（二）人才队伍建设的基本现状

浙江省各级党委政府持续优化人才政策，积极拓宽引才渠道，搭建育才平台，完善用才环境，各高校、科研机构等用人主体积极采取多种举措引进和培育人才，推动浙江省哲学社会科学人才队伍成长。据不完全统计，截至2018年，浙江省社科研究人才总数为44099人，其中高校系统中的哲学社会科学人才为31059人，各级党政研究系统中的哲学社会科学人才为10204人，各级党校系统中的哲学社会科学人才为2640人，社科院系统中的哲学社会科学人才为196人，分别占70.43%、23.14%、5.98%和0.45%。浙江省哲学社会科学人才数量及来源分布如表4-1所示。从数量来看，高等系统和党政研究系统是浙江省哲学社会科学人才的主要集聚地，在浙江省社科研究中发挥着绝对的主力军作用。

表4-1　浙江省哲学社会科学人才数量及来源分布

来源	数量/人	占比/%
高校系统	31059	70.43
党政研究系统	10204	23.14
党校系统	2640	5.98
社科院系统	196	0.45
合计	44099	100

① 李志刚．扎根理论方法在科学研究中的运用分析[J]. 东方论坛，2007(4):90-94.

从高层次人才平台和入选人数来看，浙江省入选国家、省级各类高层次人才平台项目的社科类人才数量、比例都有一定提升。截至2018年，浙江省社科高层次人才项目名称、数量及占比如表4-2所示。但从横向比较来看，2013—2017年，浙江省哲学社会科学人才入选中国科学院院士、中国工程院院士、长江特聘专家、杰青、国家青年高层次人才、优青6类高层次人才的比重仅为2.05%，明显低于北京（5.54%）、上海（3.74%）、江苏（3.95%）、湖北（3.87%）等社科领域发达的省市，即便是与天津（6.63%）、四川（4.46%）等省市相比也相对较低。2013—2017年六类高层次人才入选前十省份的数量统计如表4-3所示。

表4-2　浙江省社科高层次人才项目名称、数量及占比（截至2018年）

高层次人才项目名称	入选总人数/人	哲学社会科学人才数/人	哲学社会科学人才占比/%
国家创新人才长期项目	311	11	3.54
国家创新人才短期项目	33	4	12.12
国家创业人才项目	129	1	0.78
国家青年高层次人才计划	245	1	0.41
国家外专高层次人才计划	60	2	3.33
国家领军人才	170	19	11.18
国家青年拔尖人才	42	8	19.05
浙江省特级专家（共5批）	125	18	14.4
浙江省“万人计划”	199	23	11.56
浙江省创新人才长期项目	1087	60	5.52
浙江省创业人才项目	346	4	1.16
浙江省海鸥计划	148	3	2.03
浙江省“151”人才（重点资助）	50	10	20.00
浙江省“151”人才（第一层次）	185	24	12.97
浙江省“151”人才（第二层次）	403	91	22.58
浙江省“151”人才（第三层次）	800	172	21.50

注：浙江省特级专家的数据截至2018年4月；浙江省“151”人才统计期限为2013—2017年。

表 4-3　2013—2017 年六类高层次人才入选前十省份的数量统计

单位：人

序列	省份	中国科学院院士		中国工程院院士		长江特聘专家		杰青		国家青年高层次人才		优青		总计	
		总计	社科	总计	社科	总计	社科	总计	社科	总计	社科	总计	社科	总计	社科
1	北京	60	0	56	0	222	80	355	15	546	0	619	8	1858	103
2	上海	12	0	9	0	93	27	143	4	395	0	257	3	909	34
3	江苏	6	0	6	0	69	21	79	1	228	0	194	1	582	23
4	广东	1	0	6	0	30	8	48	0	221	0	113	0	419	8
5	湖北	6	0	4	0	56	12	56	3	184	0	107	1	413	16
6	浙江	4	0	3	0	26	5	40	1	159	0	109	1	341	7
7	安徽	5	0	4	0	5	1	42	0	112	0	91	3	259	4
8	陕西	3	0	2	0	54	3	30	0	83	0	71	0	243	3
9	四川	2	0	1	0	38	9	23	1	109	0	51	0	224	10
10	天津	0	0	0	0	25	8	28	1	67	0	61	3	181	12

注：本表格原始数据来源于中国科学院、中国工程院以及国家各大部委网站；严格按照各类人才当选单位的落地省份进行统计；长江特聘学者、杰青、优青的哲学社会科学人才数据是通过查看 2013—2017 年历年公布名单统计而得，由于杰青、优青主要面向自然科学，所以哲学社会科学人才较少。

三、哲学社会科学人才队伍建设的主要成效

浙江省哲学社会科学人才队伍建设主要取得了以下几方面成效。

（一）高层次人才引进培育取得新突破

浙江省各地各单位普遍重视高层次哲学社会科学人才引进，取得了明显成效，有力地推动了浙江省哲学社会科学研究水平提升。如浙江大学引进了赵鼎新、许钧、刘同舫等一批国内顶尖人文社科学者，大大增强了学校的人文社科研究实力，提升了相关学科发展水平；浙江师范大学引进的刘鸿武教授，开辟了非洲学这一新的学科领域，扭转了浙江省在国别研究和国际关系研究领域的弱势局面。

（二）青年后备人才培育力度进一步加大

浙江省各高校、科研单位积极采取多种举措，加强青年哲学社会科学人才培养。其中浙江省社科联组织实施了“之江青年社科学者行动计划”，通过项目扶持、导师引领、研修培训、学术研讨等方式，促进青年哲学社会科学人才加快成长，初步形成了一支具有创新激情、富有学术潜质的青年社科生力军。截至2018年遴选培养的学者中，有9人入选教育部新世纪优秀人才，26人入选省中青年学科带头人培养计划，35人入选浙江省“151”人才第一、第二层次培养对象，10人入选钱江人才项目；浙江大学实施了优秀青年人才引进“百人计划”，每年面向海外招聘50名左右35岁上下的优秀青年学者，其中包括一大批青年哲学社会科学人才；浙江理工大学实施了杰青培养计划，对符合要求的社科青年人才直接给津贴、给职称，助推社科青年人才加快成长。

（三）人才支撑平台进一步丰富

浙江省大力加强人文社科优势学科和研究平台建设，有力地支撑和推动了哲学社会科学人才成长。在全国第四轮学科评估中，浙江省人文社科领域获得A类的学科达到15个，占浙江省A类学科总数的34.2%。2017年，浙江大学的管理科学与工程、农林经济管理和中国美院的美术学3个人文社会科学学科成功入选全国一流学科建设名单。在平台建设上，浙江省大力推进高校马克思主义学院建设，实现了本科院校马克思主义学院全覆盖；打造了35家省哲学社会科学研究基地，有力提升了浙江省基础理论研究和学科发展水平，凝聚了一批在国内有较大影响的研究团队。同时，“浙江文化研究工程”、浙江省哲学社会科学规划项目、浙江省科技厅的软科学项目、自然科学基金项目等多层次、多元化的科研项目相互补充、相互促进，为社科研究人才成长提供了有力支撑。

（四）人才扶持和激励力度持续加大

浙江省陆续制定了《科研成果奖励规定》《科研人员成果考核办法》等一系列制度，对国家级、省部级课题给予经费资助，对荣获国家级、省部级的人文社科优秀成果给予奖励，对各类高层次人才给予专项人才经费补贴，对新进博士科研人员给予启动资金扶持等，强化对哲学社会科学人才的扶持激励。各用人单位也积极采取有力举措，推出了各类人才激励扶持政策，激发人才动力。如杭州师范大学推出了“卓越人才”计划，2017—2019 年遴选了人文社科类领军人才 30 余人，给予重点扶持培养；一些单位逐步将智库成果纳入社科研究人员的业绩考核、成果奖励与职称评聘，有效激发了科研人员从事决策咨询研究的积极性。

（五）研究实力不断提升，高层次成果不断涌现

在各类科研平台和项目的扶持下，浙江省社科研究人员的研究水平得到了有力提升，高层次项目和成果不断涌现。2020 年，浙江省获得国家社科基金立项项目数达 300 项，与 2019 年基本持平，总立项率为 19.1%。其中重点项目 20 项，一般项目 206 项，青年项目 74 项。①“浙江文化研究工程”研究任务圆满完成，出版各类专著千余部，推出了一批在全国具有重要影响的优秀成果。其中，《中国历代绘画大系》被国内外 200 多家高校、博物馆等机构收藏，列入国家重大出版工程，得到习近平总书记的高度重视和充分肯定。在 2019 年评出的第二十届省哲学社会科学优秀成果奖中，浙江省获奖成果质量较往届有了明显提升，得到了省外评审专家的高度评价。其中，不少成果入选了国家社科基金文库，一些成果填补了国内外学术研究的空白，在学术话语构建、研究范式拓展等方面具有开创意义。

第二节　哲学社会科学人才队伍建设存在的问题及其原因分析

一、哲学社会科学人才队伍建设存在的问题

虽然近年来浙江省哲学社会科学人才队伍从数量、结构和质量上都得到了不断提升，但与其他先进省份相比、与“两个高水平”建设和人才强省的目标相比，还存在一些问题和短板，亟须加大力度予以破解。调研发现，浙江省哲学社会科学人才队伍的主要短板如下。

① 统计数据来源于全国社科工作办网站公示的 2020 年度国家社科基金年度项目和青年项目立项名单。

第一，高层次领军人才不足。从总量来看，浙江省哲学社会科学人才与其他省份相比差距并不大，但高层次人才数量相对比较少，尤其缺乏掌握学界话语权、引领学科新方向的名师大家，缺乏具有较高社会知名度和广泛影响力的领军人物。如在国务院学位委员会27个哲学社会科学学科评议组中浙江省只有8人入选，教育部长江学者特聘教授中，浙江文科只有16位，而北京有136位，上海有46位，江苏有30多位。

第二，全国影响力不够。浙江省作为改革开放的先行地，改革开放40多年来，在经济社会发展方面走在全国前列，产生重大影响。因此，在解读浙江实践、构建浙江理论上，浙江省社科界理应具有权威性和发言权。但浙江省学者在全国范围内的声音还比较弱。如浙江学者为中央政治局集体讲课的凤毛麟角，重大事件中进入央视演播室接受访问的屈指可数，甚至在杭州举办G20峰会期间，参与央视直播解读的也不是浙江的学者，而是复旦大学的张维为教授。

第三，重大成果不多。虽然近年来浙江省获得的国家高层次社科研究项目数量不少，但总的来说在学界产生重大影响的原创性、开创性成果还不多，社会引领作用发挥不足，在学术命题、学术思想、学术观点、学术标准上的话语权和影响力与建设社科强省的目标还有不小差距。

二、哲学社会科学人才队伍建设存在的问题的原因分析

这些问题的产生虽然有浙江省高水平高校不多，与北京、上海等地相比地缘优势不足等客观因素，但也与浙江省对哲学社会科学人才队伍建设的重视不够、体制机制不够合理、激励政策不足等原因密切相关。在调查中，社科界反映较多的问题如下。

（一）对哲学社会科学人才的重视程度不高

各级党委政府对哲学社会科学人才的重视程度和自然科学人才相比仍然存在不小差距。从国家层面来看，自然科学有两院院士，而社会科学则没有。与之相关的，理工科有一级教授，而人文社科由于没有院士，最高职称只有二级教授，两者在待遇方面存在较大差距；在成果奖励上，自然科学有国家科技

进步奖，而哲学社会科学最高只有省部级奖。从浙江省层面来看，在“创新强省”战略的推动下，各级党委政府高度重视科技创新人才，与之相比，对哲学社会科学人才的重视程度不够。从人才工作的体制机制来看，哲学社会科学人才工作缺少牵头单位，处于各部门多头管理、各用人单位各自为战的局面。除了“之江青年社科学者行动计划”，浙江省还缺少有足够显示度的荣誉性高层次哲学社会科学人才称号和培育性人才专项。在各类综合性的人才项目中，哲学社会科学人才的名额很少，比例也很低。如已入选的五批 125 位浙江省特级专家中，只有 18 人属于哲学社会科学领域；而且哲学社会科学类和文化艺术类同为一组，两者的衡量标准截然不同，既影响了哲学社会科学人才的选拔，也影响了文艺人才的选拔。

（二）哲学社会科学人才支撑平台不足

近年来，浙江省各类人才新政、人才平台层出不穷，但绝大多数面向的都是科技创新人才。城西科创大走廊、之江实验室、西湖大学都是科技类大平台，各大型企业及其设立的工程中心、技术中心、企业研究院等也都是重点集聚科技类人才的平台。与之相比，人文社科类人才的集聚平台主要是各高校、科研院所的学科平台以及各类研究基地等科研平台，与自然科学相比，不仅类型较为单一，而且数量较少，级别也不高。如浙江省虽然有 15 个文科学科在全国第四轮学科评估中获评 A 类（含 A–），但相比北京 87 个、上海 38 个、江苏 23 个，差距明显。在国家双一流建设名单中，浙江省虽然有三个文科学科入选，但在总的 20 个一流学科中数量也极为有限。从省内来看，在 2016 年公布的 98 个省一流学科（A 类）中，哲学社会科学类只有 29 个，仅占 30% 不到。另外，省哲学社会科学研究基地、文化创新团队、人文社科类协同创新中心等其他平台的总量与自然科学类相比也还偏少。一流学科平台和科研平台的不足，极大地制约了高层次人才的引进，也难以承载大量哲学社会科学人才发展的需要。全国第四轮学科评估入选文科 A 类学科京沪江浙比较如表 4-4 所示。

表 4-4　全国第四轮学科评估入选文科 A 类学科京沪江浙比较

地区	A 类学科		A 类学科名单	所属学校
	自然科学	人文社科		
北京	108	71	马克思主义理论、管理科学与工程、工商管理、公共管理、法学、理论经济学、应用经济学、政治学、社会学、统计学、中国语言文学、外国语言文学、新闻传播学……	清华大学、北京大学、北京师范大学、中国人民大学、北京航空航天大学、北京理工大学、中国农业大学、北京交通大学、首都师范大学、北京科技大学、北京邮电大学、北京外国语大学、北京体育大学、中央音乐学院、北京工业大学、北京林业大学、首都医科大学、北京中医药大学、中央财经大学、中央美术学院
上海	53	32	马克思主义理论、工商管理、外国语言文学、管理科学与工程、法学、新闻传播学、公共管理、应用经济学、社会学、戏剧与影视学……	上海交通大学、复旦大学、同济大学、华东师范大学、上海大学、华东理工大学、上海中医药大学、上海财经大学、东华大学、上海海洋大学、上海外国语大学、华东政法大学、上海体育学院、上海音乐学院、上海戏剧学院
江苏	46	21	马克思主义理论、哲学、社会学、教育学、中国语言文学、外国语言文学、中国史、工商管理、理论经济学、法学、农林经济管理、公共管理、图书情报与档案管理……	南京大学、南京农业大学、南京师范大学、南京航空航天大学、河海大学、江南大学、南京林业大学、南京中医药大学、南京理工大学、南京工业大学、南京信息工程大学
浙江	32	12	农林经济管理、中国语言文学、外国语言文学、管理科学与工程、公共管理、理论经济学、法学、马克思主义理论、教育学、工商管理、美术学、艺术学理论、统计学	浙江大学、中国美术学院、浙江工商大学

（三）哲学社会科学人才考核评价体制不够合理

浙江省仍有部分高校的人才考核评价体系基本套用自然科学的考核办法，侧重论文数量、课题级别、经费数量等量化指标。这就导致许多社科学者只注重多出成果快出成果，难以静下心来潜心学问，也难以产出重大成果。同时，由于人文社科领域可申报的课题项目、科研经费的数量、可发表期刊的数量与级别等方面和自然科学相比差距较大（如在国外论文发表上，理工科相对容易，而社会科学相对较难，一些冷门学科甚至无相对应的外文期刊），因此，在同样的量化考核体系下，人文社科学者和理工科学者相比，在待遇、职称评审、成果评奖等方面都处于劣势，不利于人才成长。比如现有的哲学社会科学人才考核评价体系采用的指标一般是研究成果，尤其是英文文献，把商业社会中的市场价值放到了对哲学社会科学人才的评价体系中，而这与哲学社会科学的发展逻辑却相去甚远。理工科一个实验能带来的科研产品、技术、专利、经济效益等，都是哲学社科在短期内无法转化的。在考核中，对人文社科领域的不同学科以及教学、基础理论研究、决策咨询、社科普及等不同类型人才缺乏分类考核机制，造成不同学科不同类型人才之间的不平衡。此外，由于人才的待遇是与职称和成果等挂钩的，一是部分社科职称层级少，如理工科职称大部分都有正高级职称，而社科职称中如经济、会计、统计中长期未设置正高级职称。二是社科奖项类别少，如由中央（国务院）颁发的奖项，自然科学类有国家自然科学奖、国家技术发明奖、国家科学技术进步奖、国家最高科学技术奖、中华人民共和国国际科学技术合作奖等；社科奖项主要有由国家哲学社会科学规划办颁发的国家社会科学基金项目优秀成果奖、由教育部颁发的国家优秀教学成果奖。三是国家和浙江省的部分奖项中社会科学人才占比少，如 2017 年，浙江省特级专家中哲学社会科学人才占比为 14.40%，浙江省“151 人才”中哲学社会科学人才占比为 20.65%。

（四）哲学社会科学人才待遇和激励力度亟待提升

调查显示，2012 年前，浙江省哲学社会科学人才尤其是高校哲学社会科学人才待遇与其他省市相比尚有优势，但是近些年来和广东等地相比差距逐渐拉开，与内地有些高校相比也已经没有优势。一流大学和一流学科创建的背后，本质上是人才竞争。如广东省于 2015 年率先在全国启动高水平大学、高水平理工科大学，以“双高”对接国家“双一流”大学建设，“双高”大学 3 年投入资金超 300 亿元，而且后续“双高”大学建设政策不会改变，资金投入力度将继续加强[①]。广东“双高”建设以超常规的投入力度和改革举措，为广东高

① 陶玉霜 . 广东省地方本科高校人才队伍建设激励机制研究 [D]. 湛江：广东海洋大学，2018.

校在队伍建设、人才培养等方面都赢得了重要的先机。特别是一些人文类学科的青年社会科学教师，由于其项目来源少，其中又多是纵向项目，经费支持较弱，因此相当长时期的收入待遇通常低于同年龄同条件的理工科教师。此外，很多人才激励政策，如加强科研成果转化收益激励政策、人才安家补贴、购(租)房补贴、人才公寓政策等，更多是向科技人才倾斜，人文哲学社会科学人才能享受的范围有限。加上近年来，浙江省各地生活成本尤其是住房成本持续上升，迫使一些人文社科学者为了生计，将大量精力投入非学术性生产活动，造成极大的人才资源浪费，还有一些学者转投到外省待遇相对更高的地区，造成人才流失。①

（五）科研经费管理制度需进一步完善

广大社科研究人员普遍反映，科研经费中激励支出偏低，没有体现人文社会科学科研规律和科研人员的创造性劳动价值；经费报销程序过于严格复杂，导致经费使用中违规现象难以杜绝。这在很大程度上挫伤了科研人员的积极性。2016 年中国高校科技经费的统计数据显示：清华大学、浙江大学、中山大学、上海交通大学的年度科技经费位居全国前四，分别为 51.68 亿元、44.20 亿元、39.03 亿元、36.56 亿元。②从高校人均科研经费统计结果上看，排名较高的是北京航空航天大学、北京理工大学、华南理工大学、清华大学等高校，这些高校人均科技经费都超过 90 万元。从学校类型来看，工科类大学的科技经费明显大幅高出文科类大学，更有部分偏文科的 985 和 211 高校年度科技经费未破亿元，可见工科和文科的差异之大。2016 年高校年度科研经费地区比较如表 4-5 所示。针对科研经费管得“过细过死”、绩效支出受到工资总额限制、报销手续繁杂、程序较多、时间过长等严重影响科研人员积极性的突出问题，广东省印发《关于进一步完善省级财政科研项目资金管理等政策的实施意见（试行）》（粤委办〔2017〕13 号），结合广东省实际情况，围绕简政放权，在下放调剂权、可用科研经费“开工资”、取消绩效支出比例限制、扩大劳务

① 钱炜．失落的名校 兰州大学启示录：兰州大学：名校的焦虑 [J]. 中国新闻周刊，2017(20):14-23.

② 教育部科学技术司发布的《2017 年高等学校科技统计资料汇编》整理了 2016 年全国 1804 所高等学校及其附属医院从事科技活动的数据。

费开支范围、年度剩余资金“不清零”、差旅会议费单位可自定、科研财务助理帮“管账”、构建科研信用管理体系八个方面有所突破，让一线科研人员科研经费使用更自主、不再为报销“跑断腿”。虽然浙江省财政已将纵向社科类科研项目激励支出比例提高到15%，而横向课题经费的使用可根据双方合同的约定灵活使用，这对科研经费管理进行了一定程度的“松绑”，但总体来看，纵向研究激励提高不大，改善效果不明显，而横向经费在管理使用上仍有诸多限制，没有完全释放经费使用自主权。此外，经费报销制度还存在大量“繁文缛节”，占了科研人员大量的时间，也不符合浙江省“最多跑一次”改革的要求。浙、粤两省科研经费管理上的激励政策比较如表4-6所示。

表4-5　2016年高校年度科研经费地区比较

地区	学校名称	科研经费 / 亿元	人均科研经费 / 万元
北京	清华大学	51.68	92.57
	北京大学	28.46	20.47
	北京航空航天大学	27.01	116.68
	北京理工大学	26.26	107.65
	北京科技大学	9.76	41.93
	中国农业大学	16.84	86.07
上海	上海交通大学	36.56	27.42
	同济大学	29.40	48.70
	复旦大学	35.79	35.28
	上海大学	8.48	33.41
浙江	浙江大学	44.20	39.35
江苏	东南大学	20.49	40.73
	南京大学	13.17	60.38
	南京航空航天大学	13.01	64.75
	南京理工大学	11.51	50.72
	苏州大学	9.87	28.39
	南京农业大学	9.75	51.45

续表

地区	学校名称	科研经费 / 亿元	人均科研经费 / 万元
广东	中山大学	39.03	46.41
	华南理工大学	25.25	94.15
	广东工业大学	8.36	33.41

数据来源：2018 年 5 月教育部科学技术司发布的《2017 年高等学校科技统计资料汇编》中，2016 年全国 1804 所高等学校及其附属医院从事科技活动的数据。

表 4-6　浙、粤两省科研经费管理上的激励政策比较

激励政策	广东省	浙江省
人员费开支规定	明确规定科研院所可从直接费用中开支本项目在编人员的人员费，人员费列入单位工资总额控制	在职人员的工资性支出（即人员费）未能在政策的直接费用中予以正视
科研间接费用规定	提高间接费用比重，取消绩效支出比例限制，绩效支出单列管理，不计入单位绩效工资总量调控基数	科研间接费用规定在各单位的执行标准、进度不一
科研劳务费规定	明确了劳务费开支的范围和标准，重申劳务费不设比例限制	劳务费比例过低，而且对于人员费的使用还存在较多限制
科研财务助理制度	建立健全科研财务助理制度，为科研人员在项目预算编制和调剂、经费支出、财务决算和验收等方面提供专业化服务	科研人员自己单独编制科研项目预算，单独承担经费报销任务
科研信用管理体系	建立全省统一的科研信用管理体系，对严重失信行为的责任主体予以客观记录，联合惩戒	缺乏全省统一的科研信用管理体系

第三节　加快推进哲学社会科学人才队伍建设的对策建议

中央《关于加快构建中国特色哲学社会科学的意见》明确提出，要实施哲学社会科学人才工程，建设种类齐全、梯队衔接的哲学社会科学人才队伍。哲学社会科学人才队伍建设是一项基础工程，也是一项系统工程、长期工程，必须从有利于浙江省社科事业的长远可持续发展出发，在人才引进、选拔、培养、考核、激励、使用等各个环节解决体制机制问题，拓宽思路、创新举措，努力推动浙江省哲学社会科学人才队伍建设再上新台阶，为建设哲学社会科学强省提供强大人才支撑。本书针对当前浙江省哲学社会科学人才队伍建设中存在的问题，提出如下建议。

一、高度重视哲学社会科学人才队伍建设

各级党委政府要进一步提高对哲学社会科学人才工作的重视程度，把哲学社会科学人才队伍建设和科技创新人才建设放在同样重要的位置，将哲学社会科学人才作为全省人才大军中的一支不可或缺的重要力量，将哲学社会科学人才队伍建设作为高水平建设人才强省的重要内容，强化对哲学社会科学人才工作的领导，加强顶层设计和统筹谋划，以更大力度推进哲学社会科学人才队伍建设。

第一，加快制定浙江省哲学社会科学人才发展专项规划。围绕打造“六个浙江”、实现“两个高水平”、建设“社科强省”的奋斗目标，明确浙江省哲学社会科学人才队伍建设的指导思想、基本原则、主要目标和相关的平台、政策、举措，明确界定相关部门和各用人主体在哲学社会科学人才队伍建设中的职责任务、权利义务等，着力解决制约浙江省哲学社会科学人才发展的关键问题，推动哲学社会科学人才队伍建设迈上新台阶。

第二，建立健全党委政府与高层次社科专家的沟通联系机制。建议建立和完善省领导联系高层次社科专家制度，定期走访慰问高层次社科专家，听取对浙江省人才工作和经济发展的意见建议，加强联络、增进感情；建立健全社科专家参与党委政府重大决策制度，注重邀请高层次社科专家参与重大决策的咨询论证，使哲学社会科学人才感受到党和政府的重视、关怀和尊重，增强荣誉感和认同感。

第三，加大对高层次哲学社会科学人才的选拔激励力度。大幅提高浙江省特级专家等高层次人才项目中的哲学社会科学人才的比例，修订完善省特级专家评定制度，将人文社科专家单列一组评选，或另设独立的哲学社会科学领军人才项目，认定其级别相当于两院院士，可评定为文科一级教授，真正体现自然科学人才和社会科学人才同样重要的要求。对于入选领军人才的社科专家，除了每年给予一定的额外津贴，还应给予其在团队建设方面更大的自主权，如在人才招聘、绩效工资分配、科研启动资金分配、考核标准设置等方面，给予其最大限度的自主决定权，促进其加快构建高水平科研团队，带动相关学科领

域进入全国顶尖水平。

二、优化哲学社会科学人才发展环境

近年来，全国各地都在爆发“抢人”大战，全力争抢高层次人才。地区之间的竞争本质上将是人才的竞争。但我们认为，真正的人才竞争不能光看短期内能引进多少人才，而要长远看真正能留住多少人才，并在多大程度上发挥好人才作用。因此，比短期的引才政策更重要的是建立良好的人才发展环境，真正让优秀人才进得来、留得住、用得上。

在“硬环境”上，要对标上海、广东、江苏等发达省份的人才政策，落实好浙江省《高水平建设人才强省行动纲要》的各项政策，针对哲学社会科学人才特点，进一步出台含金量、精准度更高的哲学社会科学人才政策，在待遇和激励上努力缩小与自然科学人才的差距。深化人才服务领域的“最多跑一次”改革，突出重点系统、重点事项优化服务，解决好人才关心的住房、子女就学、家属就业等问题，真正让哲学社会科学人才来得放心、待得舒心。

在“软环境”上，要为哲学社会科学人才发展创造更为自由、宽松、有利于激发创造力的氛围，既要待遇留人，更要感情留人。要坚持以学术水平和学风品格作为衡量哲学社会科学人才的主要标准，尽量弱化行政化的考核管理，减少研究人员的行政兼职，让专家学者把精力更多地放在学术研究上，更好地发挥其学术专长。营造更加宽松、包容、自由的学术氛围，对一些不涉及政治原则的学术问题和学术观点，鼓励百花齐放、百家争鸣，不打板子、不扣帽子，让广大哲学社会科学人才充分感受到党委政府识才的慧眼、爱才的诚意、用才的胆识和容才的雅量，增强归属感、认同感，促进人才创造活力竞相迸发、聪明才智充分涌流。加大对优秀人才的宣传推介，对做出重大贡献的杰出人才，按照有关规定进行表彰奖励，在全社会营造重视哲学社会科学人才的良好氛围。

三、加强哲学社会科学人才支撑平台建设

“栽好梧桐树，引得凤来栖”，人才引进培育需要强大的平台支撑。要大力加强各类哲学社会科学学科平台、科研平台建设，为哲学社会科学人才成长创

造更多干事创业、施展才华的舞台。

首先，深入实施浙江优势学科培育计划。加强浙江省哲学社会科学重点优势学科规划布局，进一步提升浙江省传统优势学科水平，争取使更多哲学社会科学学科进入国家“双一流”方阵；以浙江省新增的一级学科博士点为依托，不断提升学科建设水平，形成新的学科增长点，吸引一批在全国具有领军地位的学科带头人，形成学科建设和人才建设互为支撑、良性互动的良好格局。

其次，加强省哲学社会科学重点研究基地建设。丰富拓展创新团队和协同创新中心等省级人文社会科学科研创新平台，促进优势学科、新兴学科、交叉学科成长，为吸引省外高端人才、凝聚培育人才团队搭建平台。

最后，积极推进高端智库建设试点工作。加强新型智库平台建设，加快新型专业智库建设，吸引和汇聚省内外优秀应用对策研究和决策咨询服务人才，更好地研究浙江、服务浙江，为“两个高水平”建设提供智力支撑。

四、建立健全哲学社会科学人才引进机制

加大高层次人才引进，是解决浙江省社科领军人才不足问题的一条重要途径。要进一步创新机制、拓宽渠道、精准施策，下大决心、花大力气，以超常规的举措做好人才引进工作。

第一，建立全省哲学社会科学紧缺人才专业目录。适时向社会公布，为各用人单位引才提供参考。建立人才引进效应评估筛选机制，对成功引入的哲学社会科学高端人才建立人才档案，实行长期跟踪服务。

第二，建立健全哲学社会科学人才引进筛选和引进效应评估机制。在宏观上加强对全省哲学社会科学人才引进的监督，杜绝人才引进“唯帽子”现象。

第三，加强柔性引进的力度。针对当前各省人才竞争日趋激烈的现状，在继续推进全职引进的同时，坚持“不求所有，但求所用”的原则，加大柔性引进的力度。推动实施“浙籍学者回归”等引智计划，以承担重大科研项目、定期讲学访学、担任青年人才和团队导师的方式，柔性引进一批以浙籍学者为主的国内知名学者，带动浙江省社科研究水平提升和人才成长。

五、高度重视中青年哲学社会科学人才培养

十年树木，百年树人。中青年人才是哲学社会科学未来发展的中坚力量，雄厚的后备人才储备，是保证浙江省哲学社会科学发展始终位于全国前列的重要基础。因此，要继续加大对青年哲学社会科学人才的扶持培育力度，着力打造一支年富力强、锐意进取的中青年人才梯队。

第一，继续深化实施“之江青年社科学者行动计划”①。探索开展之江青年拔尖人才选拔，重点遴选培养一批优秀青年学者，打造浙江社科学术领军人才梯队。

第二，探索建立青年学者导师配对制度。筛选一批具有较强学术潜力和较好培养前景的青年学者，聘请国内知名学者担任人才导师，提升中青年哲学社会科学人才的研究能力和水平，引导青年学者更快进入高层次学术圈，积累学术人脉，为未来成长铺平道路。

第三，加大对中青年哲学社会科学人才的政策扶持。设立青年哲学社会科学人才专项课题，恢复青年社科成果评奖，在各类学术期刊开辟浙江中青年学者专栏等，加大对优秀青年人才的扶持、选拔和推介力度。

六、进一步优化人才评价激励机制

首先，改变当前片面以论文、项目、经费数量等行政化和量化考核为主的人才评价考核办法。针对人文社科政治要求高、成果见效周期长、成果效益难以定量衡量等特点，探索建立以学术质量、社会影响、实际效果为衡量标准，利于哲学社会科学人才潜心研究和创作的评价考核和激励办法，注重过程激励和结果激励并重、数量激励和质量激励并重。

其次，针对哲学社会科学不同领域、不同学科、不同研究类型的人才，实行分类评价制度。对从事基础理论研究的人才，重点评价其理论创新、传承文明、学科建设等方面的能力贡献，探索实行代表性成果同行评价制度；对从事应用对策研究的人才，重点评价其为党和政府决策提供服务支撑的能力业绩；

① 蒋承勇．省社科联第七届常务理事会工作报告 [EB/OL].(2018-02-07)[2020-06-12].https://www.zjskw.gov.cn/art/2018/3/30/art_1229516287_22062.html.

对艺术类人才，重点评价其在艺术表演、作品创作、满足人民精神文化需求等方面的能力业绩；对从事教育的哲学社会科学人才，重点把教书育人作为评价的核心内容，突出教育教学业绩评价①。遵循不同类型的人才成长发展规律，科学合理设置评价考核周期，注重过程评价和结果评价、短期评价和长期评价相结合，突出中长期目标导向，适当延长基础研究人才、青年人才等评价考核周期②。

最后，加快调整科研经费管理制度，加大对智力劳动的激励力度。从根本上改变科研经费管理行政化倾向，以最大限度方便学者搞科研为原则，调整优化科研经费管理机制，调动社科研究人员积极性。响应中央号召，充分认可和尊重科研人员的智力支出，在经费开支范围和使用比例上增强灵活度。对于纵向课题，可以继续提高用于人员激励的绩效支出比例，同时加强对课题成果质量和绩效的考核，根据课题完成质量确定绩效奖励的比重；对于横向经费，应完全按照合同约定来管理执行，不再附加财务管理条款，切实提高研究人员的经费使用自由度。

---

① 新华社．中共中央办公厅、国务院办公厅印发《关于分类推进人才评价机制改革的指导意见》[EB/OL]. (2018-02-06) [2020-06-12]. http://www.gov.cn/zhengce/2018-02/26/content_5268965.htm.

② 新华社．中共中央办公厅、国务院办公厅印发《关于分类推进人才评价机制改革的指导意见》[EB/OL]. (2018-02-06) [2020-06-12]. http://www.gov.cn/zhengce/2018-02/26/content_5268965.htm.

第五章 促进志工、社工、义工发展，提高社会治理水平

当前，创新、协调、绿色、开放、共享五大发展理念引领着中国的深刻变革。党的十八届五中全会强调，要加强和创新社会治理，推进社会治理精细化，构建全民共建共享的社会治理格局。作为社会建设重要组成部分的社会治理，是中国特色社会主义现代化总体布局的重要内容之一。① 在实现中华民族伟大复兴的历史进程中，促进志工、社工、义工发展，提升社会治理水平，推进社会治理现代化，是推进国家治理体系和治理能力现代化的题中应有之义。

促进志工、社工、义工发展，可以充分调动社会各方面力量参与社会治理，有助于把各种社会问题化解在基层，解决在萌芽阶段，志工、社工、义工将成为党和政府解决社会问题、舒缓社会矛盾、增进社会团结、维护社会稳定的重要依靠力量。进一步加强志工、社工、义工队伍建设，培养造就一支宏大的、具有较高专业化水平的志工、社工、义工队伍，既是促进社会和谐稳定、解决社会问题的重要保证，也是提高党的执政能力、创新党的群众工作方式的重要手段，更是创新社会治理体制、提高社会治理水平的重要举措。

① 宋国恺．论社会治理是社会建设的重要方略：兼论“社会建设就是建设社会现代化”[J]. 探索，2018(1):153-159.

第一节　义乌志工、社工、义工发展的现状问题评估[①]

一、志工、社工、义工、社会治理的概念内涵及其关系

（一）志工、社工、义工的概念内涵

社工其实就是社会工作者的缩写，是指在相关社会服务领域从事专门性社会服务工作的专业技术人员，主要包括社会福利、社会救助、社会慈善、残障康复、优抚安置、劳动保障、青少年服务、司法矫治、医疗卫生等。[②]义工是指志愿贡献个人时间及精力，没有任何物质报酬，提供社会服务。志工在这里是指义工骨干，愿意从事义工管理工作，常为慈善团体、社团、政党的工作人员。社工和义工有共同点，都是为了促进社会和谐、提供社会服务，都需要有一定的社会责任感。但社工是一种遵循严格的专业伦理和价值，具有特有专业知识和技术的从业资格人员，有工资报酬，而义工则无偿付出，没有任何报酬，不需要受专业资格的限制。

（二）社会治理的概念内涵

社会治理是当代社会公共管理职能社会化的结果。[③]所谓社会治理，就是在现有的社会发展条件下，政府、各种社会组织与公民等多种社会主体参与社会治理过程，协商合作，进行社会公共事务的管理，实现公共利益的最大化。中共十八届三中全会做出的《中共中央关于全面深化改革若干重大问题的决定》首次正式使用了社会治理的概念，并将“推进国家治理体系和治理能力的现代化”作为全面深化改革的总目标，为“创新社会治理体制”专设一章。由此可见，社会治理理念被推上了中国有史以来前所未有的高度，这标志着我国治理思维与模式的积极转变。

① 童素娟．促进志工、社工、义工发展与提高社会治理水平的研究 [J]. 社会福利（理论版），2018(11):9-15.

② 王颖婷．司法社会工作人员的人才管理：基于长宁区司法禁毒社会工作的现状分析 [D]. 上海：华东师范大学，2010.

③ 刘雅静．社会治理创新：理论蕴涵、实践困境与路径探寻 [J]. 理论导刊，2014(10):12-14，26.

（三）志工、社工、义工与社会治理的关系

习近平同志指出，社会治理主要是对人的服务和管理，说到底是做群众的工作。[①] 而志工、社工、义工天然源于群众，又担负着为群众服务的神圣职责。结合习近平同志关于社会治理的重要论述，并考虑到志工、社工、义工发展与共建共享社会治理的契合性，可以通过促进志工、社工、义工发展，提供精细化社会服务，来促进共建共享社会治理格局的形成。社会工作是一种专业化的社会服务，它通过切实了解困难群体的需要、设计科学的服务程序、运用科学方法去解决问题，并促进社会和谐，实现社会公平。社会工作者的专业化、职业化服务在推动共建共享社会治理格局形成中具有举足轻重的作用。志工、义工则是协助社会工作者实现共建共享社会治理格局的重要社会力量。

二、义乌社会治理创新的主要成效

浙江省义乌市是金华市下辖的县级市，位于浙江省中部地区。2011 年 3 月，义乌成为国际贸易综合改革试点城市，是我国第十个综合配套改革试验区。[②] 由于小商品贸易发达，义乌的社会环境具有高度复杂化、多元化、动态化的特征，因此促进不同国度、不同民族、不同文化的大融合，是义乌社会治理的重要课题。

（一）流动人口管理局

浙江省义乌市社会管理创新的重要经验就是成立流动人口管理局。义乌市政府利用机构改革调整之机，从人口管理的惯性思维中跳出来，以发展的眼光、创新的举措稳步推进机构改革。流动人口管理局的成立，为流动人口社会管理创新树立了新的思路和典范，具有很高的推广价值。义乌市流动人口管理局积极推进分级负责、属地管理的流动人口服务管理模式，已初步形成“党委政府领导、专门机构牵头、职能部门联动、社会力量协同”的流动人口服务管理格局。

---

① 曾特清．全面建成小康社会的重要遵循：学习习近平总书记关于社会治理的重要论述 [J]. 山西高等学校社会科学学报，2015(12):19-23.

② 郭斯兰．贸易改革试点渐成 [J]. 浙江经济，2013(15):1.

（二）新型智慧城市建设[①]

义乌紧紧围绕“世界小商品之都”定位，强化顶层设计，大力推进新型智慧城市建设，努力打造数据融合创新的智慧城市，建成国内新型智慧城市的义乌标杆、国际智慧城市的义乌样板，实现“七个一”发展愿景，即“一网全面感知、一云集约共享、一数智融全城、一体联动治理、一机智享生活、一网商聚全球、一舱掌控全局”，为义乌数字经济蓬勃发展注入新动能，为国际化都市建设打造新引擎，为社会高质量发展提供有力支撑。

（三）城市中产化

无论是从义乌经济发展水平、居民平均收入，还是从职业分布来估计，义乌在高速发展中成功培育了一大批中产富裕家庭，实现了社会阶层结构的现代转型。这构成了义乌社会治理创新很重要的背景。义乌的中产阶级已经成为义乌社会治理创新的重要力量。作为阶层基础而言，义乌的中产阶层希望市场繁荣、社会稳定，希望政府继续积极有为，维护繁荣稳定的局面，也希望有更多的社会参与权利和渠道。从有利条件来看，这个阶层不仅在市场经济活动中积累了财富，同时也积累了丰富的社会经验，有能力参与社会治理。但是中产阶层内部也有分化和差异，从一定程度上削弱中产阶层参与社会治理的能力，因此中产阶层的内部整合是实现义乌社会治理的关键。

（四）社会群体大融合

改革开放以来，大量外来建设者的进入使得义乌的劳动关系呈现日益复杂化、多样化、市场化的特点。[②]为了构建良好的劳动关系，义乌从政策制定、服务体系、管理举措等多方面入手，努力使外来人口在住房、医疗、社会保障、子女上学、职业介绍、劳动保护、公共文化服务等方面逐步享有与本地市民同等的待遇，逐步建立了“党委领导、政府支持、部门配合、工会运作、职工参与”社会化维权格局[③]，形成了政府调控机制与社会协调机制互联、政府行

---

① 周静．义乌：新型智慧城市建设驶入快车道 [N]. 浙江日报，2020-12-29（11）.

② 杨志文．现代城市社会管理创新的“义乌模式”及其启示 [J]. 环球市场信息导报，2015(37):47-50.

③ 杨洁．新时期工会维护农民工合法权益的作用机制研究 [D]. 南京：南京航空航天大学，2015.

政功能与社会自治功能互补、政府管理力量与社会调节力量互动的社会化维权网络。

三、义乌社工的发展现状、典型案例与存在的问题

（一）发展现状

北京大学社会学系教授王思斌认为，长期以来，中国的社会工作是“行政性、半专业化的社会工作”①，主要由政府机关及其下属事业单位组织实施。同样，义乌的社会工作也是“行政性、半专业化的社会工作”，政府在社会工作的发展过程中起到了举足轻重的作用。

2013 年，义乌市人民政府出台了《义乌市社会工作岗位设置办法（试行）》《义乌市社会工作人才专业技术职位设置及薪酬待遇办法（试行）》两个文件，解决了当时取得社会工作者职业水平资格证书的人员没有“岗位职称待遇的问题”。②2014 年，义乌正式下发《关于调整社区工作者工资待遇的通知》，决定从 2014 年 1 月 1 日起规范调整社区工作者待遇标准。主要从提高职业资格津贴、建立自然增长机制、建立月考核奖、设个人荣誉奖励性补贴等方面，对社区工作者工资福利进行调整。2017 年 4 月，义乌市司法局启动社会工作者参与社区矫正工作，通过“发挥优势、嫁接品牌、强化对接”三方面措施，强力推进社会力量参与社区矫正工作有效开展。

义乌社会工作人员大致可以分为三类：一是专职者队伍，包括居委会、福利院、老年公寓等服务机构的工作人员；二是兼职者队伍，分布在政府民政部门及工会、妇联、青年团等不同组织机构；三是志愿者队伍，包括参与社区互助的居委会、社区居民、在读学生、在职职工等。但从社会工作专业的角度来讲，专业社会工作是缺失的，只能从这三类人群中挖掘潜在的专业社会工作者。这与义乌的经济发展和国际化程度对于专业社会工作者的需求是不相符合的。

---

① 王思斌 . 试论我国社会工作的本土化 [J]. 浙江学刊，2001(2):56-61.

② 任武林 . 义乌社工岗位职称待遇解决出新规 [J]. 中国社会工作，2014(3):9.

（二）典型案例[①]

“马赛克”本意是指“不同主体拼接组合在一起而形成的整体空间现象”。[②]义乌鸡鸣山社区是一个典型的“马赛克化”社区，该社区南依环城南路，北依江东中路，东依宾王路，西依篁园路。该社区既有义乌本地市民，也有本地农民、流动的商人和农民工，再加上少数民族和境外人员，呈现出马赛克状。多样化的人口结构和多元化的文化相互拼接在同一社区内，并不是鸡鸣山社区的特例，在义乌市其他社区中也有这一明显的特质。

马赛克社区具有多元复杂性，社区公共意识薄弱，容易引起纠纷冲突，治理难度更大。2013 年，鸡鸣山社区提出了“三和谐”工程，引入专业社工，发起各类公益活动，吸引不同群体参与，积极营造多元化的国际性社区。该社区向本地居民及流动人口介绍境外或少数民族的风俗习惯，向境外人员介绍境内的文化、习俗、法律，重视社区内各群体生态系统间的内在有机联系。从实践来看，马赛克社区治理的关键在于通过服务社区内不同的群体，搭建社区公共参与平台，组织跨群体活动，促进尊重包容、互动交流，形成社区归属感。

（三）存在的问题

从宏观角度分析，义乌的社会工作主要存在三方面问题：一是在促进方式上，用行政手段指令性推进多于用法律规范和引导，社会工作专业化、职业化的进程相对滞后；二是在服务内容上，还没有形成惠及全民的社会服务，特别是城乡居民基本养老保险、基本医疗保险等未能覆盖全社会，法律服务、心理咨询、智障（残障）和精神疾病康复治疗等社会工作还有明显的缺项和薄弱环节；三是在资源配置上，社会工作的资源基本由政府包揽，相关社会组织发展相对滞后。

义乌的社工人才队伍建设主要存在以下问题：

第一，总量不足。一直以来，民政系统是中国传统社会工作的主要载体。在义乌民政系统中，社会工作从业人员总量严重不足，仅就工作量而言，平均一个工作人员要为一千名服务对象提供服务，与义乌的经济社会发展和国际化

---

① 董海宁．社区的“马赛克化”和社区治理创新：以义乌鸡鸣山社区为例 [J]. 榆林学院学报，2016(1):28-31.

② 王红霞．中国城市马赛克：人口多元化进程及其社会影响 [M]. 上海：上海社会科学院出版社，2013.

程度极不适配。

第二，专业化、职业化程度低。义乌的社会工作从业人员专业化、职业化程度较低，文化素质比较低，专业社工技能比较差，更谈不上系统化、个性化、差异化的社工专业培训，真正意义上的社会工作者“门可罗雀”。尽管浙中地区拥有多所高等院校，每年有不少社会工作专业毕业生，但只有不到30%的学生毕业后从事社会工作，以致义乌社会工作的专业化程度长期在低水平徘徊，难以适应现代社会工作的需要。

第三，财政支持力度不足。政府购买社会工作服务的财政制度没有建立健全，社会工作人才队伍建设财政投入不足，社会工作者薪酬偏低，人才集聚缺少吸引力。义乌专业社工的薪酬水平较低，难以吸引和留住比较优秀的社会工作人才。

第四，社会认同感较低。社会各界对社会工作的尊重不够，社会工作人才的职业地位较低，严重影响工作热情和队伍的稳定。义乌某社会服务机构负责人反映，公开招聘工作人员时，社会工作专业大学毕业生报名比例不高。

四、义乌志愿者服务的发展阶段、发展现状与存在的问题

随着网络的普及和发展，民间志愿服务在短短几年内，从无到有，从少到多，从小到大，吸纳了无数青年参与其中。特别是在经济相对发达、处在改革开放前沿的义乌，民间志愿服务发展迅速，在社会治理创新领域发挥着越来越重要的作用。

（一）发展阶段①

义乌志愿者服务发展主要经历了四个阶段。

第一阶段：探索发展阶段（1949—1994年），改革开放前，义乌基本没有志愿者概念，更没有社会志愿团体，志愿服务更多的是一种带有政治色彩的“学雷锋、做好事”。随着改革开放和市场经济发展，志愿服务才开始慢慢萌芽。

第二阶段：多元服务阶段（1995—2001年），随着改革开放的纵深发展，

① 陈宇鹏，张玮玮．义乌市志愿者服务发展的对策[J]．钦州学院学报，2009(6):98-100.

义乌小商品市场的发展壮大，以及外来人口的大量涌入，义乌城市管理面临着巨大的挑战，大量的志愿者参与社会治理工作，这一时期的志愿服务呈现形式多元化的特点。

第三阶段：品牌发展阶段（2002—2005年），随着义乌会展经济的发展，更多的商人和外国客人光顾义乌，更多的青年志愿者加入志愿服务队伍，志愿服务的质量和水平得到了进一步提升。青年志愿者已经成为义乌商城形象的塑造者和城市文明的传播者，青年志愿者的“奉献、友爱、互助、进步”成为义乌的一种精神写照，义乌志愿服务的品牌效应开始显现。

第四阶段：专业发展阶段（2006年至今），随着义乌志愿服务的快速发展，义乌市委、市政府组织相关部门建立健全志愿者管理办法和机制建设。2006年，义乌出台《关于成立义乌市志愿服务工作委员会的通知》，要求规范和完善义乌市志愿服务工作。2014年，义乌市政府在《义乌政府工作报告》中专门提到了志愿工作，提出要大力发展志愿服务事业。2016年，义乌市委深入推进“红色星期六”党员义务日制度，鼓励引导广大党员争当志工、社工、义工，并出台《志愿者、赞助伙伴礼遇办法（试行）》，从志愿者保障、典型培育、积分兑换、发展入党、卫生福利、教育福利、困难关爱等方面对志愿者进行嘉许和保障。

（二）发展现状

伴随着社会经济的转型和义乌城市外向度越来越高，群众对于志愿者服务的需求越来越强烈。传统社区的邻里互助已经难以满足义乌国际化和城市化快速发展的要求，志愿者服务显得越来越重要。由于子女忙于经商或在外创业，社区内的老人和儿童需要志愿者帮助和照顾；大量外国人常年居住在义乌，融入义乌需要志愿者服务；社区突发事件处理上需要志愿者帮助维持秩序、引导自救、恢复生活。

近年来，社会公益力量也在逐步兴起，“爱心公社”“义工之家”“四季风”“中华义行会”“红水晶”“民间紧急救援协会”“建设美丽义乌促进会”等社会公益组织开展了一系列爱心助学、敬老助残、绿色环保等活动，有的已成为义乌公益金名片。①2017年年底，义乌注册志愿者人数达到常住人口（包括在义乌3个月以上的外来建设者）的10%，市、镇街、社区三级100%建立志愿者组织。义乌市建立助老助学、救灾、司法调解、展会、文化宣传、清网净网（网评）六大类志愿服务队伍300支以上，专业化志愿者社会组织20个以上，并建立一个志愿服务潜在资源共享数据库。②

（三）存在的问题

尽管义乌市的志愿者服务近年来取得了一定的成绩，但是还存在问题和面临挑战，具体如下。

第一，缺少统筹协调发展。义乌市的志愿者服务主要是政府部门、街道社区发动和推动的，参与人员局限在青年团员、政府工作人员、社区老年人和社区工作人员。许多部门机构"一拥而上"，纷纷建立志愿者组织，开展志愿者服务，容易造成各自为政、资源浪费、项目重复、恶性竞争的情况。

第二，缺少专业化的志愿活动。义乌社会人事参与志愿服务具有较好的群众基础，街道、社区领导参与热情高、支持力度大，青少年和社区群众的参与热情也比较高，但专业人才参与程度较低。

第三，志愿活动形式单一。义乌志愿者服务常常局限于社区卫生、文艺演出等服务项目，缺乏自主创新能力。随着义乌经济社会的发展和国际化程度的提高，义乌社区群众对志愿服务的期望越来越大，单一的志愿者服务形式已经难以及时满足群众的多样化需求。

第四，志愿者的成长机制不健全。志愿者参与志愿服务，不仅是为了帮助他人，也希望自己在其中获得锻炼和成长。③但各级志愿组织对于志愿者的成长需要，特别是普通志愿者的成长不够关注，没有建立促进志愿者成长、成熟、成才的完善机制。

第五，志愿服务组织缺乏品牌意识。志愿服务组织的公众认可度不高，服

① 金华市文明办．浙江义乌倾力打造"志愿者之城"[EB/OL].(2014-11-24)[2018-12-23.]http://sdta.wenming.cn/tszs/201411/t20141124_1465201.shtml.

② 金华市文明办．浙江义乌倾力打造"志愿者之城"[EB/OL].(2014-11-24)[2018-12-23.]http://sdta.wenming.cn/tszs/201411/t20141124_1465201.shtml.

③ 吴者健．广州市大型体育活动志愿者组织与管理的调查研究[D].广州：广州体育学院，2008.

务对象不够全民化。志愿服务组织的服务方向比较固定，服务范围不够广泛，没有形成常规化、细致化、深入化的品牌服务意识。

第二节　促进志工、社工、义工发展和提高社会治理水平的对策建议

自党的十八大以来，我国坚持以人为本，把增进人民福祉、促进人的全面发展作为改革发展的出发点和落脚点①，提出了人人享有、普遍受惠的共享发展理念。落实到社会治理领域，就是加强和创新社会治理，推进社会治理精细化，构建全民共建共享的社会治理格局②。而促进志工、社工、义工发展在推进社会治理精细化、构建全民共建共享的社会治理格局上大有作为。因此，政府要积极发挥志工、社工、义工的社会治理作用，切实有效提高社会治理水平，促进不同国度、不同民族、不同文化背景的社会群体大融合。

一、国内外志工、社工、义工发展以及社会治理的经验借鉴

（一）国外社会治理的经验借鉴

第一，强调多元参与。③伴随着西方发达国家社会福利改革运动的兴起，一些国家强调“参与式治理”，即国家力量与社会力量、公共部门与私人部门以及公民个人等多元主体共同参与社会治理；强调“多中心治理”和“协作式治理”，政府、市场、社会三大力量不再是支配与被支配的关系，而是基于共同利益和目标的“伙伴式关系”。

第二，注重以人为本。西方发达国家注重改善民生，将改善民生、增进国民社会福利作为政府的重要职能④；扩大中产阶级或中等收入群体比重，注重

① 2015年10月12日，中央政治局会议研究制定“十三五”规划重大问题时指出：“人民是推动发展的根本力量，必须坚持以人民为中心的发展思想，把增进人民福祉、促进人的全面发展作为发展的出发点和落脚点，发展人民民主，维护社会公平正义，保障人民平等参与、平等发展权利，充分调动人民积极性、主动性、创造性。”

② 2015年的十八届五中全会提出“要加强和创新社会治理，推进社会治理精细化，构建全民共建共享的社会治理格局”。

③ 张玉玲 . 国外社会治理经验借鉴 [J]. 决策探索（上半月），2016(4):17.

④ 黄家亮，郑杭生 . 国外社会治理的基本经验 [N]. 人民日报，2014-05-04(5).

构建合理的社会阶层结构；同时，也注重利益协调机制和专业社工服务的建立和完善。

第三，建立预防机制。现代社会是个高风险性的社会，西方发达国家特别注重“预防为先与动态治理”。建立健全重大决策社会风险评估机制，注重对环境、法律、社会稳定等领域进行风险评估。运用“互联网 +”等信息化手段，在公共安全、公共卫生、食品监管、交通运输、人口流动等重点领域建立社会监测体系与危机预警系统。

（二）发达国家和地区社会工作的基本经验①

第一，政府发挥主导作用。在发达国家和地区，社会工作的发展在很大程度上依赖于公共财政和福利体制。比如：美国、英国、中国香港社会工作发展的主要经费来源是政府，而社会工作协会在社会工作专业化发展上起更重要的作用。

第二，制定完备的政策法规和服务规范。在发达国家和地区，社会工作领域的法律和规章制度是规范社会工作各主体的基本依据，也是推动社会工作专业化的重要手段与保障，比如美国的社会工作务实标准手册和社会工作伦理守则、中国香港的具体领域服务条例。

第三，坚持职业化、专业化导向。发达国家和地区社会工作职业化、专业化程度非常高，社会工作服务水平的高低，在很大程度上取决于社会工作人员的素质和能力。美国专业的社会工作者有 90% 以上具有硕士及以上学位。社会工作者像医生、律师一样拥有完善的职业资格、支撑体系和薪酬制度。②

第四，社会组织为主要运作载体。美国有三分之一的社工受雇于私人社会工作组织，由政府资助或社会筹资来独立开展服务。③中国香港四百多家社会工作组织承担 90% 以上的社会福利服务。政府和社会工作组织是合作伙伴，“政府主导、非政府社会工作组织为主、社会志愿者广泛参与”的社会工作良性运行和发展机制基本形成。

---

① 张孟见，刘伟 . 发达国家或地区社会工作发展的经验研究 [J]. 经济与社会发展，2015(4):99-102.

② 张孟见，刘伟 . 发达国家或地区社会工作发展的经验研究 [J]. 经济与社会发展，2015(4):99-102.

③ 张孟见，刘伟 . 发达国家或地区社会工作发展的经验研究 [J]. 经济与社会发展，2015(4):99-102.

（三）“志工＋社工＋义工”三工联动发展模式的国内经验

1. 深圳：“三工”联动创社区服务新模式

深圳中海怡翠社区服务中心通过“妇工＋社工＋义工”的模式服务社区居民，形成了“妇女互助会”“阳光家长学院”“阳光童乐会”“反家暴和谐大使”等系列品牌服务，成为全市社会建设一道亮丽的风景线。

2. 杭州：“邻里之家”夯实“三工联动”

杭州“邻里之家”通过挖掘社区领袖、联合社区各类特色工作室、引进区级和镇街中心孵化成熟的公益性社会组织，搭建起邻里守望、互助、交流的平台，使各类社会组织和社区居民在“邻里之家”能发挥各自所长，增加居民互动，提升居民自治能力。①

3. 中山：创新“三工联动”志愿服务模式

广东省中山市积极探索实施“政府引领、专业服务、共建共享”的社会志愿模式，通过引入一线社会工作理念与专业手法，创新“三工联动”志愿服务模式（公务员义工引领、社工专业服务、社区义工广泛参与），打造“政府搭台、机构服务、群众唱戏”的社工与义工同步成长平台，逐步构建服务专业化、品牌特色化、覆盖广泛、功能齐备的志愿服务体系。②

4. 包头：形成“三工联动”“四社互动”新模式

包头市青山区已形成“三工（社工、助工、义工）联动”、“四社（社区、社团、社区居委会、社工）互动”、高校督导的社会管理新模式。青山区在建成“区—街道—社区”三级社会工作服务网络的基础上，形成“培养专业社工、社工引领助工、义工协助社工、群众参与义工”的互动格局，在老年人、残疾人、社会救助等领域开展社会工作。

5. 厦门：富有“台味”的“三工联动”创新模式

2014 年 10 月，厦门成立两岸义工联盟，借鉴台湾志愿服务的经验做法，以台胞志工带动各界爱心人士搭建“义工之家”平台，以义工为主要参与对象，

---

① 西湖区 . 我区健全三级平台 夯实“三社联动”工作基础 [EB/OL].(2015-05-15)[2018-12-23].http://www.hzxh.gov.cn/art/2015/5/15/art_1365747_10363142.html.

② 郑毅勇 . 中山：创新“三工联动”志愿服务模式 努力打造“志愿之区”[EB/OL].(2015-01-06)[2018-12-23].http://www.wenming.cn/syjj/dfcz/gd/201501/t20150106_2388790.shtml.

并长期招募社会爱心人士。[①]

6. 西宁：打造“三工”联动培训模式

作为项目组织者，西宁市工会通过向社会组织购买服务，由社会组织发挥专业优势制定专业培训方案，并发动志愿者组织落实。“工会 + 社工 + 义工”三工联动培训模式可以发挥各方面的优势，将社会工作专业的理论、理念、方式、方法嵌入传统的服务职工活动。

二、社会工作人才队伍建设的宏观导向

任何一项政策与策略都需要一种宏观取向与原则作为导向，社会工作人才队伍建设也不例外，只有确定道路的方向，社会工作人才队伍建设的道路才会越走越宽，越走越远，越来越接近预期的目标。

社会工作人才队伍建设应坚持以下四项原则：

一是坚持“党管人才”的原则。《中共中央关于构建社会主义和谐社会若干重大问题的决定》第一次将建设一支宏大的社会工作人才队伍的要求写进了党的重要文件[②]，这是“党管人才”原则的生动体现。在社会工作人才队伍建设上坚持“党管人才”的原则，有利于党对社会工作人才的统筹规划、统一把握，有利于社会工作人才队伍建设保持正确的方向，有利于政府部门和社会各界充分认可并发挥社区社会工作人才的作用和价值。

二是坚持国际化与本土化相结合的原则。社会工作作为专业化的职业和学科是一个国际通用的概念，有其内在的发展规律、职业操守和学科规范。因此，在建设社会工作人才队伍的过程中，必然要在学科建设、岗位开发与设置、人才使用及待遇等方面逐步做到与国际接轨。[③]与此同时，我们又要立足中国现状，坚持社会工作人才建设与我们的社会制度、文化传统的耦合，力求做到我们的社会工作既与国际接轨又有本土化的特色。

---

① 阿贵，林晓蕾 . 创新模式“台味”渐浓　厦门海沧志愿服务蔚然成风 [EB/OL].(2016-03-03)[2018-12-23]. http://www.fjtb.gov.cn/rollnews/201603/t20160303_11401149.htm.

② 王建军 . 社会工作人才队伍建设的春天 [J]. 社会福利，2007(1):13-14.

③ 伍艳飞 . 关于加强社会工作人才队伍建设的几点思考 [J]. 长沙民政职业技术学院学报，2009(3):13-14.

三是坚持循序渐进的原则。中国社会工作的现状是：一方面，由于缺乏专业岗位及合适的薪酬待遇，90% 左右的社会工作专业的毕业生难以或不愿意从事专业工作；另一方面，现有的大多数从业人员则缺乏专业知识和专业能力。为提高社会工作队伍的素质，应通过设置系列的社会工作专业岗位，吸引专业人员加盟到社会工作的队伍中，逐步做好增量工作。同时，要在一定的时限内，为存量人员提供专业培训，使之成为初级、中级的社会工作人才。“存量”与“增量”同时兼顾、循序渐进，做好新老人员的交替、“增量”对“存量”的转换、非专业社会工作者向专业社会工作者的过渡等工作。

四是坚持构建体系化的社会工作者人才队伍。社会工作者队伍既需要直接面对案主的社会工作者人才，也需要领航和把脉的社会工作管理型人才和社会工作研究型人才；既需要基层社会工作经验丰富的人才，也需要经过专业社会工作理论技能训练的人才；既需要建设一支稳定的专业社会工作者主力军，也需要建立一支优秀的业余社会工作者同盟军和庞大的志愿社会工作者生力军；既需要初级社会工作师，也需要中级社会工作师，还需要高级社会工作师。

三、社会工作人才队伍建设的对策措施

（一）借鉴国外经验，解决社会工作者的专业化、职业化问题

现有的民政系统内，社会工作者是一批宝贵的人力资源，可以对他们进行社会工作专业理念和技能的培训，使他们具有高度的服务意识、熟练的工作技巧，为社会提供有效的服务。[①] 同时，还要积极引入通过社会工作师考核的专业社会工作者，逐步以专业社会工作者取代非专业化的准社会工作者。提高现有社会工作人员的专业素质包括两个方面的内容：一是转变社会工作人员的思想观念；二是提高社会工作人员的知识水平和服务技巧。在行政性、非专业化的社会工作模式中，社会工作人员形成了管理的性格，其行为主要是管理行为，即使是一些服务型的活动，社会工作人员也以管理者的角色出现。因此，要实现社会工作的专业化，现有的社会工作人员必须转变思想观念，树立服务意识，扮演社会服务的角色。由于现有的很多社会工作是非专业化的，很多社

① 童素娟，戴晓青．浙江省女性社会工作人才队伍建设研究 [J]. 社会科学前沿，2019，8(3):363-370.

会工作人员都是未经过专业训练的，其专业知识是不足的，专业技巧是缺乏的，所有这些与专业化的要求相去甚远，所以，要实现社会工作的专业化，就必须对现有的社会工作人员进行系统的培训，不断增加他们的专业知识和专业技巧，必须更加广泛地提高他们的知识水平和服务技巧。在这方面，进行大规模的在职培训是一条可行的措施。

（二）加强教育培训，解决社会工作者考核培训制度的问题

现代意义上的社会工作师①，特指受过专门的社会工作教育或训练，具有社会工作专业理论知识和技能技巧，取得社会工作组织机构所认可的从业资格，以社会工作为职业生涯的社会工作从业人员。②发达国家和地区普遍对聘用的社会工作者实行一套规范的职位评定和晋升制度。③相比之下，我国的社会工作还处于初始阶段，社会工作师考核培训机制还相当不完善。为了保障服务对象权益和职业伦理要求，专业社会工作者与医师、律师一样，必须有一套资格认证和注册制度、职位等级制度和行业规范，以及相应的教育层次要求。④要加强教育培训，有计划、分层次地对现有社会工作人员进行大规模专业培训，鼓励他们参加进修、实习、短训、函授等，有系统性和计划性地提升人才队伍的职业素质和专业水平。

（三）开发社会工作岗位，多渠道广泛吸纳社会工作人才

第一，培育社会服务组织（“新生式”）。把社会服务组织作为聚集社工岗位、吸纳社工人才的重要载体，鼓励兴办各类民办社会服务机构，特别是非营利的服务机构。积极培育专业性和综合性的社工服务组织，如社会工作师事务所、社会工作服务社（站）、社会工作咨询中心等协助社会管理等。逐步完善现行的社工服务组织，引导其进一步“去行政化”；推进服务类事业单位向民办

---

① 在美国，要获得社会工作师执照，必须在临床实务领域里带督导实践两年，或服务满 3000 小时，而且考察的重点放在沟通技巧、职业伦理和对多元文化的敏感性方面。此外，凡具有硕士学位并在毕业后从事实务两年以上的社工，还可根据自身的条件和实务需要，申请由全美社会工作者协会设立的“持证社会工作者”“合格临床社会工作者”“临床社工证书”等。这些证书和执照提供的是专业的信誉保证。因此，美国的用人单位可根据应聘社工拥有的学历、实务年限和持有的证书或执照判断其专业水准。

② 周军蓉 . 社会工作者队伍建设的现状、问题和对策研究：以浦东新区为例 [D]. 上海：复旦大学，2009.

③ 陈雷 . 社会工作职业化的困境与抉择 [J]. 岭南学刊，2009(3):77-80.

④ 陆素菊 . 社会工作者职业化和专业化的现状及对策 [J]. 教育发展研究，2005(19):48-51.

社会组织转制，如福利院、养老院等。建立政府财政支付制度，通过建立社会服务组织的竞争机制，实行政府公共服务的合同制外包。对各类公益性社会组织进一步降低准入门槛，对那些规模不大、影响有限、针对特定人群的自助、互助类群团，可以实行社区备案制度。

第二，转化存量岗位资源（“嵌入式”）。按照社会服务机构的性质、规模和服务对象的数量、服务内容等，明确规定必须设置一定的社工岗位，将社工服务嵌入具体工作。[①] 主要的岗位配置领域是：党政机关，主要是社会管理和公共服务职能部门的有关岗位；事业单位，主要是福利、保障、教育、卫生等服务类公益事业单位的有关岗位；国有企业，主要涉及企业思想政治工作、职工维权等工作岗位；基层社区，主要是街道办事处、居（村）委会以及基层党群工作的相关岗位。

第三，拓宽岗位开发渠道（“渗透式”）。[②] 在不改变现有机构设置、编制的情况下，逐步引入具有专业背景的人进入社会工作事务性岗位，并尽可能将人事评价标准向社工评价标准靠拢，逐步实现社会工作岗位人员由非专业向专业的转变。对非公有制企业单位、社会组织等体制外的社会机构，不采取强制措施，主要引导其设置社工岗位，使用社工人才。

（四）“社工、义工”联动，积极培育民间组织和志愿者队伍

政府、市场与社会三足鼎立的现代社会运行机制，已经成为我国社会工作发展的必由之路。[③] 尽管民间组织和志愿者不属于专业社会工作者，但它们的出现与成熟将为我国的社会工作添砖加瓦，成为社会工作队伍一支不可忽视的力量。境外的经验表明，培育和扶持非政府群团组织和志愿者队伍的成长，是取得社会大众层面对社会工作专业性理念及方法认同的重要途径，同时广大的民间非政府组织和社会志愿者队伍也是专业社会工作者形成的社会基础。[④] 在发挥民间组织和志愿者队伍的作用上，可以推行“社工＋义工”模式即“社工

① 麦庆泉．关于加快发展社会工作，促进社会治理体制创新的建议 [OL].(2014-03-12)[2018-12-23].http://www.gdrd.cn/pub/gdrd2012/rdzt/qgrdh122/yajy/201403/t20140312_141369.html.

② 麦庆泉．关于加快发展社会工作，促进社会治理体制创新的建议 [OL].(2014-03-12)[2018-12-23].http://www.gdrd.cn/pub/gdrd2012/rdzt/qgrdh122/yajy/201403/t20140312_141369.html.

③ 刘建娥．社会工作的专业化探讨 [J]. 玉溪师范学院学报，2005(12):47-49.

④ 陈雷．社会工作职业化的困境与抉择 [J]. 岭南学刊，2009(3):77-80.

引领义工服务、义工协助社工服务”，建立社工、义工联动发展机制，每一名社工固定联系一定数量的义工。由社会工作行政主管部门组织牵头，建立“社工、义工”联动工作联席会议制度，定期召开联席会议，统筹协调“社工、义工”联动工作，研究解决工作中遇到的问题。①

四、社会工作人才队伍建设的行动计划

（一）社会工作人员的职业化与专业化计划

第一，大力开发社会工作岗位，加快推进现有社会工作人员的职业化进程。在涉及社会工作的党政机关、人民团体、事业单位中研究设定社会工作岗位，并通过公开招聘专职工作者，逐步改善社会工作人员的结构和素质，做到每个单位都要配足、配强专职工作者。

第二，加快推进现有实际从事社会工作人员的专业化进程。分期、分批、分层开展社会工作专业培训，提升现有实际从事社会工作的人员的专业水平和能力。同时，根据国家职业资格证书制度的有关规定，积极推进社会工作者职业水平评价，鼓励和支持他们通过助理社会工作师、社会工作师职业水平考试获得职业水平证书，并按要求逐步做到登记、持证上岗。

第三，积极引进专业背景的社会工作人才。大力开发社会工作专业岗位，建立相关保障、激励机制，吸引、鼓励高校社会工作专业优秀毕业生从事社会工作，构建由一般社会工作人员、助理社会工作师、社会工作师组成的多层次的社会工作人才队伍体系。

（二）社会工作模式创新计划

积极探索有中国特色的职业化、专业化社会工作模式。社会工作是一门实践性很强的专业。在职业化、专业化的社会工作实践中，政府社会工作行政主管部门应设立专项研究资金，不断总结实践经验，加强实践为本的本土社会工作研究，对现有的行政性、非专业化的社会工作模式进行改造。一方面，要发挥国际通行的专业社会工作提供系统化、多样化、个性化的专业化服务的优

① 赵君华．深圳市医务社工与义工“两工联动”模式探析 [D]. 武汉：华中科技大学，2013.

势；另一方面，要充分利用我国已有思想政治工作、群众工作、民政工作等处理问题的丰富经验。通过对从国际上引入的专业社会工作和我国本土的行政性、非专业化社会工作的整合，实现取长补短、优势互补，在不断创新中，探索并建立一套具有中国特色、可操作性强、被实践证明行之有效的职业化与专业化社会工作模式。

（三）政府公共财政购买服务计划

发达国家和地区的政府每年都将主要财力用于公共管理和服务，着力解决民生和提升国民福祉，大部分社会服务机构的财力也主要来源于财政支持。借鉴西方发达国家推进社会工作发展和人才队伍建设的经验①，切实发挥政府公共财政的主导作用是一个共同的趋向。对浙江而言，将政府职能更多地放到社会管理和公共服务方面，健全完善公共财政机制，在多元筹集社会服务资金的同时，完善社会发展和社会工作人才开发的公共财力保障机制，确保社会工作人才队伍建设的政府主导和财政支撑刻不容缓。主要措施如下：健全社会工作公共财政投入体制，使公共财政成为社会工作经费的主要来源，合理界定政府提供社会工作服务的范围，确定政府购买服务的项目经费预算。将政府购买公益性民间组织服务纳入政府购买序列统一管理，推行招投标制度，通过招标或委托的形式向符合条件的公益性民间组织购买服务。符合条件的公益性民间组织通过竞标或谈判的形式获得这些服务项目立项，向公众直接提供社会服务，政府则负责对这些接受财政资助的机构进行年度考核、审计、评估和日常工作的督导。

（四）公益性民间组织培育计划

第一，加大公益性民间组织培育力度。多形式培育和扶植一批承担公共服务职能、能够直接提供社会工作服务的各类公益性民间组织，选择一批现有的民间组织规范整合成为符合社会服务工作条件的公益性民间组织；鼓励支持符合条件的组织和个人，创办一批公益性民间组织。通过建立政府公共财政购

① 如我国香港特别行政区政府每年社会福利经费的 70% 用于购买民间社会工作机构的社会服务，而这些机构的经常性开支（包括员工工资）的 90% 也来源于政府的财政资助。在澳大利亚，政府社会福利保障支出中投入各类社工服务的经费约占 70%。

买服务机制，推动这些公益性民间组织吸纳社会工作人才，在精神病人民政照顾、民政青少年犯罪预防、民政矫治等被国内外经验证明富有成效的民政服务领域提供专业化的服务。

第二，优化公益性民间组织发展的政策环境。在合作主义模式下，重构政府与民间组织的关系，建立平等的合作伙伴关系。政府鼓励社会力量创办公益性民间组织，适当降低其注册登记条件，简化其登记手续，确定若干官方或民间社会工作机构（如社会工作局、社会工作协会、社会工作联合会），妥善解决“双重管理体制”下民间组织难以找到业务主管部门、登记注册困难的问题。

（五）培育志愿精神和互助意识计划

推动志愿服务、发展公益性民间组织都有必要积极培育民众的志愿精神和互助意识。美国之所以拥有堪称世界上最活跃、最发达的非营利组织以及民众具有积极参与志愿服务的习惯，除了政策法规因素，与美国社会普遍的志愿精神和自由结社的传统也息息相关。正是由于有了这种自由结社的传统、互助意识和普遍的志愿精神，美国才会有众多的志愿团体和庞大的志愿者群体。在浙江的民政平台上培育和发展公益性民间组织，需要各级政府在积极倡导邻里互助、大力宣传志愿精神的同时，采取灵活有效的多种形式，鼓励和推动民众的参与，培育和引导民众的互助意识和志愿精神。如建立“时间储蓄银行”“爱心银行”“志工人力银行”等，培育和激励公众的互助意识；建立社工、义工联动的模式，形成“社工引领志工开展服务、志工协助社工改善服务”的模式，通过一系列措施，如志愿者的教育培训可由专业的社工承担，志愿者的考评监督可由社工负责，志愿者的奖惩激励可由专门的社工负责等，引导和鼓励公众志愿精神的发挥。

（六）慈善事业发展计划

建设慈善文化，普及慈善理念，提高民众的慈善意识，增强企业的社会责任感，形成良好的慈善公益氛围。总结慈善超市有效运行模式，实现各县(市、区)、有条件的乡镇（街道）依托社会捐赠站点，基本建有慈善超市。发挥慈善执行机构向有需要的个人、家庭、群体、组织提供服务和帮助的独立作用。建立一套职业化、专业化慈善工作和志愿者慈善工作相结合的慈善工作体系，提高慈善项目运作水平。加大基金会等公益慈善类公益性民间组织培育力度；积极探索建立专职慈善工作者的人事、福利、保障等制度，切实保障慈善工作者的合法权益。

第六章　积极推进人力资源服务业产业园区建设[①]

在当今世界，知识和信息已成为时代发展的主要动力，人力资源作为生产要素中最具活力和创造力的要素，已成为各国经济发展和企业竞争的第一资源。[②]随着世界各国对人力资源的不断重视，人力资源服务业应运而生、应势而起，开始加速发展，对世界各国的经济和社会发展做出重大贡献。为适应新形势下经济社会发展要求，浙江省委省政府高度重视并大力推进人力资源服务业发展，人力资源服务业已成为现代服务业中的重要新兴产业。

第一节　浙江省人力资源服务业及园区的发展现状与存在的问题

一、发展现状

浙江人力资源服务业自20世纪80年代开始发展，行业运行经历了劳务市场、劳动力市场、人才市场、人力资源市场四个历史阶段，发展到了以国有和民营人力资源服务机构为主体，以中外合资和行业性人力资源服务机构为补充的人力资源市场服务体系。国有机构是浙江人力资源市场服务业体系中重要的

---

① 本章根据杭州市人力社保局委托课题“中国杭州人力资源服务产业园发展规划（2014—2020）”的研究成果整理修改所得。本章部分内容已经公开发表，详见童素娟，蔡杰．产业转型背景下杭州市人力资源服务业发展探析 [J]. 杭州研究，2015(4):34-46，并收录到中共浙江省委人才工作领导小组办公室、浙江省人才发展研究院编的《浙江人才发展蓝皮书 2014》（浙江大学出版社）一书中。

② 颜青，陈诗达，殷宝庆．促进浙江高层次人才向创新驱动一线集聚的路径探析：基于人力资源产业园建设视角 [J]. 现代工业经济和信息化，2017(21):3-5,9.

组成部分。从横向看，国有机构可以分为公共性、营利性和兼具两者功能的人力资源服务机构；从纵向看，国有机构（主要是公共人力资源服务机构）又分为省级、市级、县级和乡镇级四个等次。

（一）人力资源服务业的快速发展与产业发展高度耦合

浙江省（尤其是杭州市和宁波市）产业经济的快速发展，不仅催生了人力资源服务业的兴起，还有力推动了人力资源服务业的发展。统计数据表明，产业经济每增长 1 个百分点，人力资源服务业的产值就会增长 4 个百分点，人力资源服务业的发展与产业发展高度耦合。《浙江省人力资源服务业发展白皮书（2020 年）》显示，截至 2019 年年底，浙江省共有人力资源服务机构 4133 家，全年营业收入 1852.65 亿元，从业人员 8.40 万人，全年纳税 74.83 亿元，帮助实现就业和流动 1052.61 万人次。全省人力资源服务机构从 2014 年的 1802 家增长到 2019 年的 4133 家，年营业收入从 2014 年的 339.37 亿元增长到 2019 年的 1852.65 亿元，年均增速 40%，位列浙江省服务业前列。

（二）人力资源服务业的结构优化与经济转型相互促进

杭州市在信息经济和智慧经济的引领下，经济转型升级和产业结构调整的步伐不断加快，有力推动了人力资源服务业的结构优化。同时，人力资源服务业结构的优化也促进了经济的转型升级。浙江省人力资源服务内容基本涵盖了公共人力资源服务、人才招聘、人事代理、劳务派遣、服务外包、人才测评、人才培训、管理咨询以及猎头服务等，完备的产业链基本形成。其中，人才招聘和劳务派遣是浙江省人力资源服务业的主要服务内容。随着《劳务派遣暂行规定》的施行，劳务派遣的市场规模在不断缩小，人事代理和服务外包的市场规模在不断扩大，提供这两类服务的企业分别占 56.4% 和 46.2%。人才猎头服务发展势头良好，43.6% 的企业提供人才猎头服务。服务外包、人才猎头等高中端人力资源服务的发展为浙江省经济转型升级和产业结构调整提供了强有力的人力资源保障，加快了经济转型升级的步伐。

（三）人力资源服务业的有效集聚与园区建设同步发展

产业集聚和规模扩大呼吁政府和市场合力为人力资源服务产业打造一个更

适合的平台，平台的建设满足了人力资源服务个性化和多样化需求，加快了人力资源服务产业的集聚。浙江省不同地区的人力资源产业园区发展阶段各有差异，不同人力资源服务产业园的定位决定其功能也不尽相同。浙江（杭州）人力资源服务产业园专注高端人才服务，注重人力资源培训服务；宁波江东区人力资源服务产业园对接服务行业企业，注重人力资源产业宣传；宁波北仑区人力资源服务产业园的技能人才服务和高端人才服务齐头并进。杭州、宁波两地人力资源服务产业园比较如表 6-1 所示。

表 6-1　杭州、宁波两地人力资源服务产业园比较

地区	园区名称	开园时间	园区定位	管理模式	入驻企业
杭州	浙江（杭州）人力资源服务产业园	2013 年 12 月	专注高端人才服务，打造多元化的人力资源服务产业基地和多渠道的人力资源解决方案产品创新基地	管委会与企业共同管理模式	总共 22 家，其中大中华区人力资源服务机构百强企业 7 家，省内知名人力资源服务企业 4 家
	杭州市（江干）人力资源服务产业园	2013 年 11 月	以人力资源培训服务为重点，搭建平台，集聚产业，招才引智，发展共赢	市场化运作模式	30 余家人力资源服务机构已正式入驻园区
宁波	宁波江东区人力资源服务产业园	2012 年 9 月	集聚产业，拓展服务，培育市场，打造高地	人社局管理模式	总共 23 家，其中包括世界 500 强德科人力、意大利排名第一的杰艾人力、中国排名第一的中智集团、中国业内纳斯达克第一股前程无忧，以及博尔捷、上海外服、浙江外服、天坤集团等国内外知名机构以及南北猎头、卡斯达猎头、杰博人力、中联人力等 6 家宁波本土公司
	宁波北仑区人力资源服务产业园	2012 年 7 月	以技能人才服务和高端人才服务为重点，集聚产业，培育机构，集聚人才，开发市场，创新服务	人社局管理模式	总共 24 家，其中总部机构 8 家，民营全资子公司 14 家，外资全资子公司 2 家

注：本表是对浙江大学公共管理学院陈丽君教授团队《苏浙沪三地人力资源服务产业园调研报告》中的所有表格归总而得。

（四）人力资源服务业发展环境的优化与政策体系密切相关

人力资源服务业作为新兴的现代服务业，其发展与政府职能部门的宏观指导和扶持密切相关，良好的政策体制环境可以有效促进人力资源服务业的快速发展。浙江省制定并出台了《浙江省中长期人才发展规划纲要（2010—2020年）》《杭州市中长期人力资源发展规划（2012—2020）》《杭州市人民政府办公厅关于加快发展人力资源服务业的实施意见》《宁波市中长期人才发展规划纲要（2010—2020年）》等一系列促进人力资源服务业发展的政策文件，不仅为人力资源服务业的发展谋划了方向和蓝图，还制定了具体的扶持政策。政策内容主要包括财政补贴、税收优惠、土地房屋补助、贡献奖励、资质评定等诸多方面。据不完全统计，自2010年以来，浙江省尤其是杭州、宁波两地用于补贴扶持人力资源服务业发展的资金逐年增加，培育了一大批本土企业和地方品牌，推动了人力资源服务业的快速发展。

（五）人力资源服务业市场秩序的规范与行业自律密不可分

规范的市场秩序是人力资源服务业健康发展的前提和保障，行业自律是规范市场秩序的重要内容和手段。首先，通过成立浙江省人力资源服务业行业协会自治组织加大对行业发展的宏观指导和统筹规划，不断规范市场秩序，提高行业自律。其次，加大对人力资源服务业从业人员的培训。调查数据显示，92.3%的企业为其员工提供各类培训，其中53.8%的企业提供专业培训，38.5%的企业提供一般培训。再次，积极推广和施行人力资源服务业行业标准。浙江省积极推动人力资源服务业行业标准的实施，并鼓励企业参与国际标准化质量管理体系认证等。最后，浙江省还积极开展人力资源服务企业的资质评定，通过评选品牌企业、诚信企业等方式完善行业自律和市场秩序。

二、存在的问题[①]

人力资源服务业发展已被提到国家战略高度了。随着人力资源服务业的行业成长和产业壮大，未来它将成为推动现代服务业发展的重要组成部分及战略

① 董良坤．把脉人力资源服务产业园[J].中国人才，2013(7):27-29.

性增长极。[①] 但就浙江省而言，人力资源服务业有如下问题：

第一，人力资源服务产业园的体制创新动力不足。一方面，产业园建设的决策协调、建设管理和运营服务的多元主体还没有完全形成，缺乏职责明晰、高效协调的管理主体及对应的组织实体。另一方面，省内现有产业园区建设从功能定位、载体建设到环境配套、政策聚焦等方面还缺乏明确的实体性职能管理机构，在某种程度上束缚着产业园发展的体制创新空间。

第二，同质化特征与服务产业链的不合理同时存在。产业园的功能定位大多缺乏适合当地经济社会发展实情、产业结构特征和市场化水平等个性化或差异化功能定位。同时，人力资源服务产业链不合理，服务模式相似、服务功能同质和服务产品单一的情况普遍存在，而中高端服务业务领域还比较薄弱。

第三，建设人力资源服务产业园的多元投入机制不完善。主要反映在地方政府对产业园的财政支持力度有限，在加大人力资源投资力度上还没有具体措施[②]。人力社保部门作为园区建设的项目法人，在园区规划、建设投入和运营管理等方面基本上还是“统包统揽”，项目投资主体单一，融资渠道单一，投融资模式单一，民间资本或社会资本投入支持力度不够。

第二节　浙江省人力资源服务业及园区的调研情况

为了更好地把握浙江省人力资源服务企业的发展状况，为浙江省人力资源服务产业园区建设提供实践支撑，出于调研的方便性考虑，我们在杭州市选取了近 100 家人力资源服务企业进行了问卷调查，共回收有效问卷 39 份，占问卷总数的 39%，占杭州市人力资源服务企业总数的 10% 左右。虽然调查覆盖面相对偏小，但也能够在一定程度上反映当前浙江省人力资源服务业的发展情况，统计数据具有一定的代表性。

一、调查企业及其从业人员情况

在调查的 39 家企业中，从企业性质上看，国有企业 5 家，占比 12.8%；

---

① 董良坤．把脉人力资源服务产业园 [J] 中国人才，2013(7):27-29.

② 侯增艳．我国人力资源服务产业园区发展状况及对策研究 [J] 经济参考研究，2014(56):22-29.

民营企业 32 家，占比 82.1%；其他（外资、合资等）2 家，占比 5.1%。从企业层级上看，总部企业 33 家，占比 84.6%；分支机构 6 家，占比 15.4%。从企业资质荣誉上看，拥有知名企业称号的企业 12 家，占比 30.8%；拥有诚信企业称号的企业 7 家，占比 17.9%；市行业协会会员企业 10 家，占比 25.6%；省行业协会会员企业 15 家，占比 38.5%。从企业上市情况看，仅有 1 家已经上市，上市比例为 2.6%；在 38 家未上市的企业当中也仅有 2 家企业有上市打算。从企业信息化管理程度上看，实现全信息化管理的企业 14 家，占比 35.9%；实现半信息化的管理企业 23 家，占比 59.0%；基本无信息化的企业 2 家，占比 5.1%。从企业入驻人力资源服务产业园区情况看，11 家企业已经入驻园区，占比 28.2%；28 家企业未入驻园区，占比 71.8%。从办公场地情况看，场地性质为自有的 6 家，占比 15.4%；租赁的有 33 家，占比 84.6%。39 家企业的办公场地总面积为 70958.58 平方米，平均每家企业的办公场地面积为 1819.45 平方米。

39 家企业从业人员总数为 2364 人，平均每家企业约有从业人员 60 人。其中，专科以下学历 609 人，专科学历 816 人，本科学历 838 人，研究生学历 101 人。拥有高级（含副高）职称的有 33 人，中级职称 304 人，初级职称 282 人，无职称 1745 人。为从业人员提供专业培训的企业有 21 家，提供简单培训的有 15 家，基本无培训的有 3 家。根据调查数据统计，杭州市人力资源服务业从业人员学历、职称和培训情况如图 6-1～图 6-3 所示。

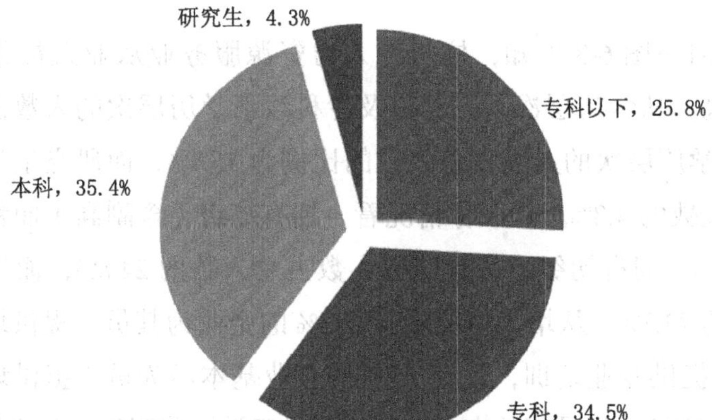

图 6-1 杭州市人力资源服务业从业人员学历情况

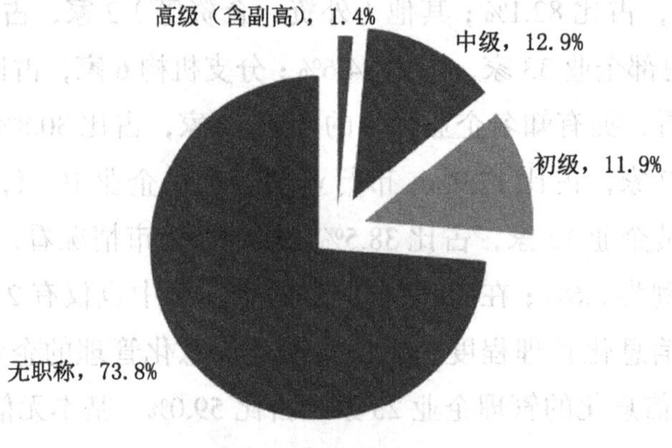

图 6-2　杭州市人力资源服务业从业人员职称情况

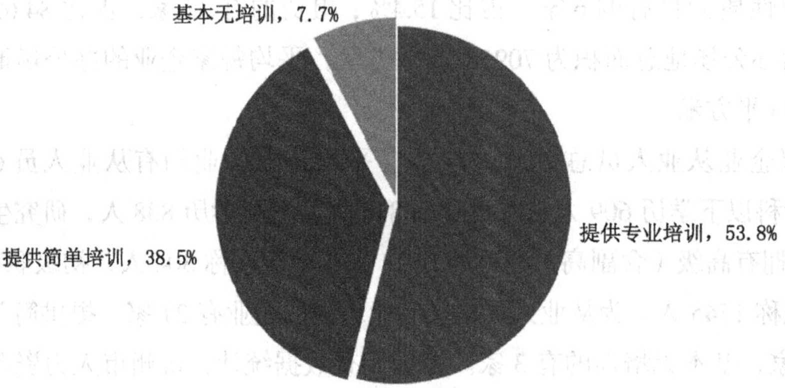

图 6-3　杭州市人力资源服务业从业人员培训情况

根据图 6-1～图 6-3 可知，杭州市人力资源服务业从业人员整体素质水平相对还不高。从学历层次看，专科及专科以下学历层次的人数占总人数的 60.3%，本科学历层次的人数占总人数的比例为 35.4%，而研究生学历层次的人数仅占总人数的 4.3%。从职称情况看，拥有高级（含副高）职称人数仅占总人数的 1.4%，拥有初级、中级职称人数占总人数的 24.8%，而无职称人数却占总人数的 73.8%。从培训情况看，92.3% 的企业为其员工提供培训，其中 53.8% 的企业提供专业培训，仅有 7.7% 的企业基本不为员工提供培训。这说明大多数企业比较重视员工的实务培训，相对于学历和职称更关注的是员工的实操能力。“重能力轻学历”的理念在杭州市人力资源服务业的发展过程中表现得比较明显。但从长远发展来看，从业人员素质整体偏低会在一定程度上制约行业能级的提升和行业潜力的挖掘。

二、企业业务情况

在 39 家调查企业当中，服务内容涉及人才招聘的有 20 家，涉及人事代理的有 22 家，涉及劳务派遣的有 30 家，涉及人才培训的有 15 家，涉及人才测评的有 8 家，涉及管理咨询的有 14 家，涉及外包服务的有 18 家，涉及猎头服务的有 17 家。不同企业在服务内容的供给方面存在交叉，不同的服务内容在企业总体业务占比上也存在差异。本书从两个角度分析杭州市人力资源服务业的业态结构情况：一是人力资源服务内容的覆盖面情况，即同一服务内容的企业供给比例情况；二是人力资源服务业态的占比情况，即不同服务内容的市场份额比例情况。根据调查数据统计，杭州市人力资源服务内容覆盖面情况如图 6-4 所示。

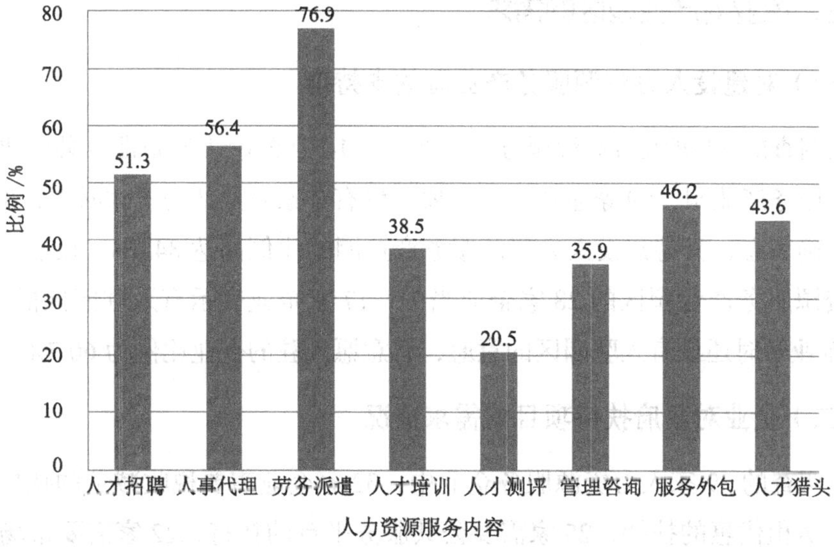

图 6-4　杭州市人力资源服务内容覆盖面情况

调查显示，人才招聘、人事代理和劳务派遣是杭州市大多数人力资源服务企业所提供的服务内容，提供这类服务的企业分别占企业总数的 51.3%、56.4% 和 76.9%。提供服务外包和人才猎头服务的企业分别占企业总数的

46.2% 和 43.6%。相比之下，提供人才培训、人才测评和管理咨询等服务的企业占企业总数的比例偏小，分别为 38.5%、20.5% 和 35.9%。

在杭州市人力资源服务业中占比较大的服务业态是劳务派遣和人才猎头，分别占业务总量的 28.7% 和 18.3%。其次为人才招聘、人事代理和外包服务，占业务总量的比例分别为 11.9%、13.7% 和 10.8%。而人才培训、人才测评和管理咨询的业务占比相对较低，分别为 6.3%、1.6% 和 5.3%。

不管是从人力资源服务内容的覆盖面情况分析，还是从人力资源服务业态的占比情况分析，杭州市人力资源服务业的结构仍然不太合理。人才招聘、人事代理、劳务派遣和外包服务等中低端服务占比较大，而人才测评、管理咨询和人才培训等高端服务占比偏低。究其原因，一方面是需求不足，需要高端人力资源服务的市场经济主体有限；另一方面是供给不充分，由于高端人力资源服务技术含量要求高，对从业人员的素质能力要求也高，因此发展相对滞后，成为杭州市人力资源服务业发展的一块短板。

三、企业对产业园区的需求

（一）对建设人力资源服务产业园的支持度

在调查的 39 家人力资源服务企业当中，14 家企业认为非常有必要建设人力资源服务产业园，19 家企业认为必要，仅有 3 家企业认为不太必要，3 家企业未明确表态，支持建设人力资源服务产业园的比例高达 84.6%。在还未入驻人力资源服务产业园区的 28 家企业当中，17 家企业表示有入驻园区的意愿，11 家企业暂时还没有入驻园区的意愿，有意愿入驻的企业比例为 60.7%。

（二）企业对政府扶持项目的需求情况

在调查的 39 家人力资源服务企业中，32 家企业需要税收减免的扶持，27 家需要房租优惠的扶持，25 家需要公共服务平台的扶持，22 家需要市场拓展的扶持，21 家需要政府推荐的扶持，19 家需要财政资金的扶持，11 家需要贡献奖励的扶持，10 家需要人才引进的扶持。根据调查数据统计，杭州市人力资源服务企业对政府扶持项目的需求情况如图 6-5 所示。

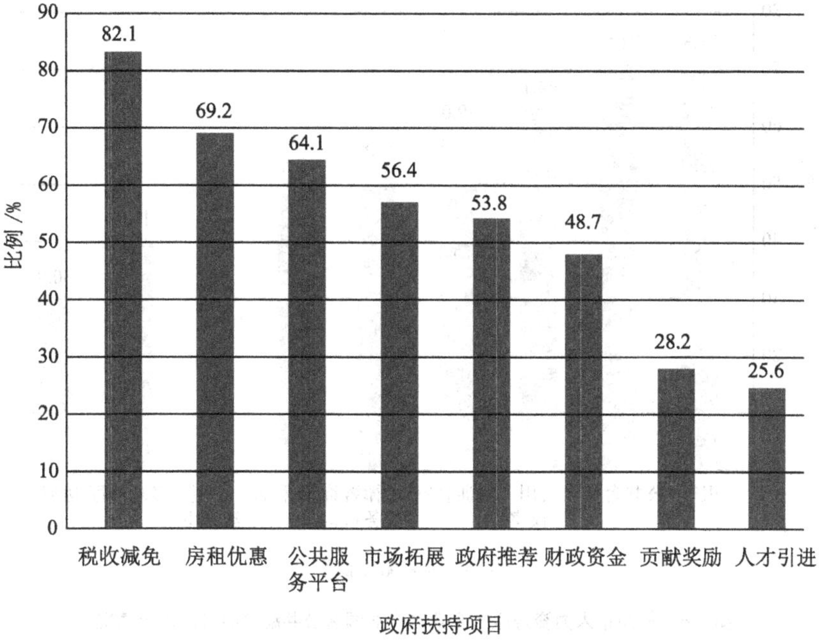

图 6-5　杭州市人力资源服务企业对政府扶持项目的需求情况

根据图 6-5 可知，企业最希望获得的政府扶持项目是税收减免、房租优惠和公共服务平台，有此需求的企业占比分别为 82.1%、69.2% 和 64.1%。对市场拓展、政府推荐和财政资金有需求的企业占比分别是 56.4%、53.8% 和 48.7%，属于一般性需求。而需求排次最末的项目是贡献奖励和人才引进，所占比例分别为 28.2% 和 25.6%。

（三）企业对产业园区公共配套服务的需求情况

在调查的 39 家人力资源服务企业中，28 家企业希望有银行，28 家企业希望有公共食堂，25 家企业希望有公用会议室，23 家企业希望有培训教室，21 家企业希望有法律咨询服务机构，19 家希望有便利店，17 家企业希望有小型洽谈室，16 家企业希望有多功能厅，12 家企业希望有咖啡吧。根据计算，杭州市人力资源服务企业对产业园区公共配套服务的需求情况如图 6-6 所示。

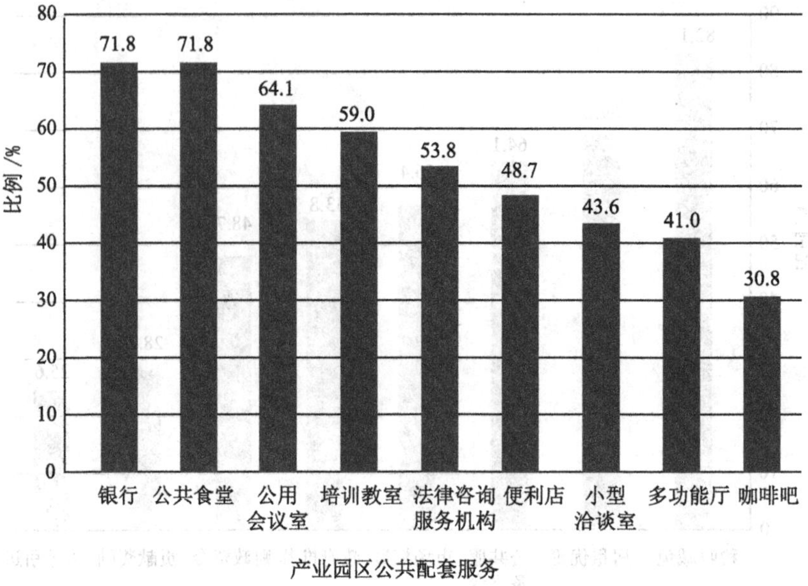

图 6-6 杭州市人力资源服务企业对产业园区公共配套服务的需求情况

根据图 6-6 可知，企业对所列举的有关产业园区公共配套服务项目的需求普遍较高。除了便利店、小型洽谈室、多功能厅以及咖啡吧等服务项目的需求比例在 50% 以下，对其他服务项目的需求比例均在 50% 以上。其中，对银行和公共食堂的需求比例最高，均为 71.8%。

（四）企业对产业园区提供相关培训的需求情况

在调查的 39 家人力资源服务企业中，23 家企业希望提供高管人员培训，21 家企业希望提供行业资质培训，19 家企业希望提供专业培训，17 家企业希望提供从业人员素质培训，12 家企业希望提供高级人才培训，9 家企业希望提供行业人才专业培训。根据调查数据统计，杭州市人力资源服务企业对产业园区相关培训的需求情况如图 6-7 所示。

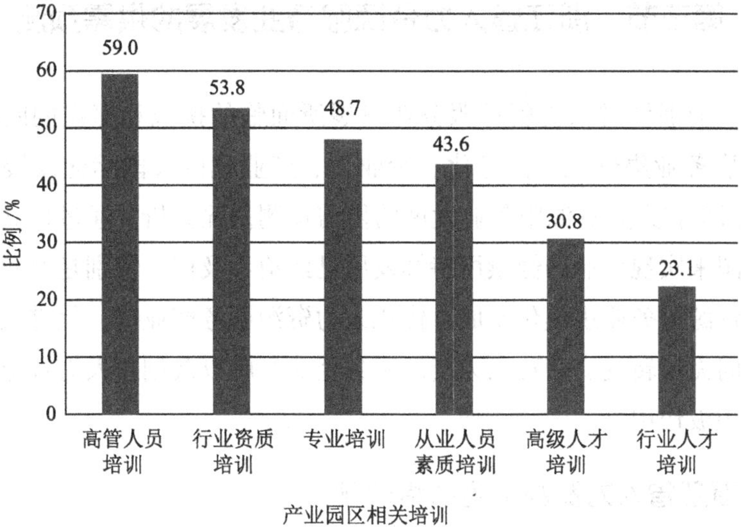

图 6-7　杭州市人力资源服务企业对产业园区相关培训的需求情况

根据图 6-7 可知，企业对高管人员培训和行业资质培训需求较大，分别占企业总数的 59.0% 和 53.8%。对专业培训和从业人员素质培训的需求处于中间状态，有此需求的企业占企业总数的 48.7% 和 43.6%。而对高级人才培训和行业人才培训的需求则相对较低，有此需求的企业占企业总数的比例仅为 30.8% 和 23.1%。

（五）企业对产业园区的其他相关需求情况

通过调查我们还发现，就企业入驻园区是否会产生同质化竞争问题，12.8% 的企业认为不会产生，56.4% 的企业认为不一定会产生，认为必然会产生同质化竞争的企业仅占 30.8%。大部分企业都认为建设发展人力资源服务产业园应当着重解决品牌建设和宣传、明确园区功能定位和完善园区公共服务等问题。园区建设存在的主要问题有公共服务跟不上、社会影响力不够和信息化程度不高等。此外，还有部分企业提出了希望政府部门能够加大政府购买公共服务力度，完善园区入驻企业准入和退出制度以及重点扶持本土企业等要求。

第三节　浙江省人力资源服务业发展的供需预测

面对当前浙江省人力资源服务业发展所面临的挑战和存在的问题，结合人力资源服务业集聚化、信息化、专业化、产业化以及国际化发展的未来趋势①，按照全省人力资源服务业发展的供需预测情况分析，通过建立人力资源服务产业园来实现行业的健康可持续发展已经迫不及待。特别是要发挥园区在实现人力资源服务业规模化发展、优化人力资源服务产业链、促进人力资源市场从有形向无形转变、培育人力资源服务企业品牌以及创新人力资源服务内容等方面的积极作用。

一、浙江省人力资源服务供给预测

根据2015—2021年浙江省全社会从业人员数以及三产从业人员的统计数据，按照全社会从业人员0.85%的年均增长率、第一产业从业人员–4.086%的年均增长率、第二产业从业人员按总就业人口减第一产业和第三产业就业人口设定值推算，第三产业从业人员4.6%的年均增长率保持不变预测仿真，到2025年浙江省全社会从业人员总数达4076.99万人；第一产业316.75万人，第二产业1528.41万人，第三产业2231.83万人。浙江省全社会从业人员数统计与预测如表6-2所示。

表6-2　浙江省全社会从业人员数统计与预测

单位：万人

年份	全社会从业人员总数	全社会新增从业人员数	第一产业从业人员数	第二产业从业人员数	第三产业	
					从业人员数	新增从业人员数
2010	3636.02	44.04	581.87	1810.36	1243.79	35.82
2011	3674.11	38.09	535.70	1868.83	1270.01	26.22
2012	3691.24	17.13	522.01	1880.92	1288.31	18.30
2013	3708.73	17.49	506.95	1853.43	1348.35	60.04
2014	3714.14	5.41	501.73	1846.32	1366.09	17.74

① 董小华．人力资源服务业发展问题初探[J]．中国人力资源开发，2013(5):86-89.

续表

年份	全社会从业人员总数	全社会新增从业人员数	第一产业从业人员数	第二产业从业人员数	第三产业	
					从业人员数	新增从业人员数
2015	3733.65	19.51	492.69	1804.29	1436.67	70.58
2016	3760.00	26.35	466.24	1782.24	1511.52	74.85
2017	3796.00	36.00	447.90	1754.59	1593.51	81.99
2018	3836.00	40.00	437.86	1730.80	1667.34	73.83
2019	3875.11	39.11	406.83	1764.27	1704.01	36.67
2020	3908.05	32.94	390.21	1735.45	1782.39	78.38
2021	3941.27	33.22	374.27	1702.62	1864.38	81.99
预测仿真						
2022	3974.77	33.50	358.98	1665.65	1950.14	85.76
2023	4008.56	33.78	344.31	1624.40	2039.85	89.71
2024	4042.63	34.07	330.24	1578.71	2133.68	93.83
2025	4076.99	34.36	316.75	1528.41	2231.83	98.15

数据来源:《浙江统计年鉴 2021》。

二、浙江省人力资源服务需求预测

其一，浙江省人力资源服务需求总量预测。根据浙江省人才发展“十四五”规划，截至 2020 年年底，全省人才资源总量达到 1410 万人，比 2015 年增长 31.2%。假设 2020 至 2025 年人才总量增长率相同，则可以预测 2025 年人才总量将达近 1500 万人。2025 年浙江省人才需求总量就是 2025 年浙江省人力资源服务的需求预测。

其二，浙江省人力资源三次产业需求分布预测。根据近年浙江省第三产业人才总量、2025 年第三产业的地区生产总值、2025 年三次产业从业人员比例预测，对 2025 年第三产业的人才需求进行预测。结合浙江省产业结构调整的导向，重构人才需求的产业结构，最后通过经验修正，确定 2025 年第三产业人才需求的预测值。浙江省第三产业地区生产总值和从业人数的统计与预测如表 6-3 所示。

表 6-3　浙江省第三产业地区生产总值和从业人数的统计与预测

年份	第一产业		第二产业		第三产业	
	地区生产总值/亿元	从业人员数/万人	地区生产总值/亿元	从业人员数/万人	地区生产总值/亿元	从业人员数/万人
2010	1322.85	581.87	14140.90	1810.36	11936.10	1243.79
2011	1535.20	535.70	16271.04	1868.83	14048.56	1270.01
2012	1610.81	522.01	17040.53	1880.92	15731.05	1288.31
2013	1718.74	506.95	18162.78	1853.43	17453.12	1348.35
2014	1726.57	501.73	19580.72	1846.32	18716.19	1366.09
2015	1771.36	492.69	20606.55	1804.29	21129.81	1436.67
2016	1890.43	466.24	21571.25	1782.24	23792.36	1511.52
2017	1933.92	447.90	23246.72	1754.59	27222.48	1593.51
2018	1975.89	437.86	25308.13	1730.80	30718.83	1667.34
2019	2097.38	406.83	26566.60	1764.27	33687.76	1704.01
2020	2209.38	390.21	28505.96	1735.45	37794.30	1782.39
2021	2327.36	374.27	30586.90	1702.62	42401.42	1864.38
预测仿真						
2022	2451.64	358.98	32819.74	1665.65	47570.16	1950.14
2023	2582.56	344.31	35215.58	1624.40	53368.96	2039.85
2024	2720.47	330.24	37786.32	1578.71	59874.63	2133.68
2025	2865.74	316.75	40544.72	1528.41	67173.35	2231.83

假设浙江省三次产业人才比例与三次产业从业人数比例一致，根据表 6-3 对 2025 年三次产业地区生产总值以及从业人数的预测，可以得出浙江省 2025 年三次产业人才的比重构成为 7.77 ∶ 37.49 ∶ 54.74。考虑到第三产业中，从事教育、科技、卫生等领域的人才比较集中，而直接创造的地区生产总值比较小，同时未来服务业的发展使得服务业人才数量也有较大提高，得出 2025 年三次产业人才需求的预测值分别为：316.75 万人、1528.41 万人和 2231.83 万人。2025 年浙江省三次产业人才需求总量预测如表 6-4 所示。

表 6-4　2025 年浙江省三次产业人才需求总量预测

单位：万人

年份	第一产业	第二产业	第三产业
2025	133.07	576.64	557.64

三、浙江省人力资源服务市场需求预测

其一，浙江省人力资源服务产业从业人员总量预测。按照前文的预测，到 2025 年浙江省第三产业人才需求总量将达 557.64 万人。2010 年浙江省全省有人力资源服务从业人员 2 万余人，到 2015 年，浙江省人力资源服务业从业人员增加到 4 万人以上，因此全省人力资源服务从业人数年均增长率为 15.02%。假设浙江省人力资源服务从业人数年均增长率保持不变，则可以预测到 2025 年浙江省人力资源服务从业人数将达 18.76 万人，2030 年将达 37.77 万人。浙江省人力资源服务产业从业人员总量预测如表 6-5 所示。

表 6-5　浙江省人力资源服务产业从业人员总量预测

单位：万人

年份	2022	2023	2024	2025	2026	2027	2028	2029	2030
人数	12.33	14.18	16.31	18.76	21.58	24.82	28.55	32.83	37.77

其二，浙江省人力资源服务产业产值预测。根据现有资料得知 2010 年浙江省人力资源服务产业产值为 350 亿元，假设浙江省人力资源服务产业产值年均增长率与第三产业地区生产总值增长速度一致，浙江省人力资源服务业产值预测一如表 6-6 所示。根据 2010—2020 年浙江省第三产业地区生产总值统计数据计算得出浙江省第三产业地区生产总值年均增长率为 12.19%，到 2025 年浙江省人力资源服务产业产值将达 1965 亿元，2030 年将达 3492 亿元。

表 6-6　浙江省人力资源服务业产值预测一

单位：亿元

年份	2022	2023	2024	2025	2026	2027	2028	2029	2030
产值	1392	1561	1752	1965	2205	2473	2775	3113	3492

假设全省人力资源服务业产值增长速度保持不变，浙江省人力资源服务业

产值预测二如表 6-7 所示。根据调查资料统计，全省人力资源服务业产值年均增长率为 20%，可以预测到 2025 年浙江省人力资源服务产业产值将达 5392 亿元，2030 年将达 13417 亿元。

表 6-7　浙江省人力资源服务业产值预测二

单位：亿元

年份	2022	2023	2024	2025	2026	2027	2028	2029	2030
产值	3120	3744	4493	5392	6470	7764	9317	11181	13417

第四节　浙江省人力资源服务产业及园区发展的对策建议

根据浙江发展人力资源服务业的总体思路，结合行业的基本情况、调研情况以及供需预测，考虑行业发展趋势和浙江经济社会发展特点，借鉴相关发达国家和地区的发展经验，在此基础上，本书提出促进浙江人力资源服务业产业园区发展的对策建议。

一、总体思路

浙江省发展人力资源服务业产业园区的总体思路是：以科学发展观为统领，紧紧围绕人才强省战略，以加快转变经济发展方式为主线，强化人力资源服务业对人才的引领作用，进一步发挥人力资源服务业对经济转型升级的带动作用。人力资源服务业的发展必须坚持"产业发展与经济转型升级相结合，政府引导与市场运作相结合，公益性与经营性相结合，规范管理与行业自律相结合"的原则，民生为本、人才优先，推进人力资源服务业的产业化、市场化、专业化、信息化、集团化和国际化，形成统一规范、功能完善的多层次、多元化的人力资源服务业产业园区体系，为经济转型升级和社会发展提供强有力的人力资源支撑和保障。

浙江省应以"一园多区"的整体布局为基础，加大资源整合力度，加快高端人力资源服务核心区、中端人力资源服务功能区和基础性人力资源服务综合区三大主体板块建设，打造具有全国特色的人力资源服务产业园。坚持市场在人力资源配置中的决定性作用，推动人力资源公共服务和市场化服务融合发展，以提高人力资源服务供给能力和促进人力资源服务业健康持续发展为主要任务，以扩大产业规模、促进产业升级、增强产业实力为主要目的，建设一批集“产业集聚、企业孵化、服务拓展、品牌树立、内容创新、能级提升”等功能于一体的人力资源服务产业园区。

二、基本原则

第一，坚持政府推进，发挥市场主导作用。加强政府在人力资源服务产业园区建设发展过程中的规划引导、政策激励、环境优化以及组织协调，加大政府购买公共服务力度，突出市场主体地位，充分发挥市场在园区规划发展过程中的资源配置作用。

第二，坚持创新发展，推动产业转型升级。适应经济社会发展要求，通过创新产业园区布局规划、管理模式、经营模式以及盈利模式等路径，积极引导人力资源服务业顺应产业发展趋势，推动人力资源服务业转型升级，提高人力资源服务业的自主创新能力。

第三，坚持统筹发展，完善园区服务功能。按照统筹运作的要求，避免园区服务功能重叠和资源浪费，加快推进劳动力市场和人才市场的整合，不断完善服务功能，积极推动园区服务向基层扩展，为城乡劳动者提供均等、便捷和高效的人力资源服务。

第四，坚持要素集聚，优化园区发展环境。充分发挥人力资源服务产业园区的自身优势，推动各类人力资源服务机构向园区集聚，不断扩大园区产业规模，逐步形成完善的人力资源服务产业链。

三、对策建议①

（一）加强园区发展战略规划

浙江省应从全省层面研究和推进省内人力资源服务产业园区建设与发展的指导意见，或制定省内人力资源服务产业园专项发展规划等规范性文件，为全省人力资源服务产业园区的战略布局提供指导。同时，既要明确园区认定标

① 董良坤 . 把脉人力资源服务产业园 [J]. 中国人才，2013(7):27-29.

准，严格认定程序，建立和完善退出机制，又要控制总量，鼓励差异化发展，严防一哄而上，避免同质化竞争，逐步形成以省级产业园区为示范龙头、以市（县）级产业园区或基地为骨干、以特色性产业集聚区为支撑的人力资源服务产业园区整体发展格局。

（二）促进人力资源服务产业集聚

浙江省应按照“功能完善、机制健全、运行有序、服务规范”的要求，积极引进和集聚各类人力资源服务企业，尤其是国内外知名人力资源服务企业，建立“立足当地、面向全省、服务全国”，具备“五高四强”[①]基本特征的国家级人力资源服务业集聚高地。依据“总体规划、分期实施、梯度推进”原则，按照“高、中、低端结合，上下游配套”的设计，完善产业园区布局，加快引进和培育一批实力雄厚、辐射力强、具有国际竞争力的人力资源服务龙头企业。杭州采用“一园多点”建园模式，根据产业集聚状态多点发展，形成多元化、差异化、辐射化的人力资源服务产业园。健全完善发展模式和运营管理，整合各类资源，增强园区核心竞争力，打造园区品牌，提高创新能力，促进产业升级转型，打造先进人力资源服务产业集群，为杭州市转型升级和创新驱动发展集聚人才和智力。

（三）推进人力资源服务创新

浙江省应整合人力资源服务产业园区核心竞争力，延伸服务领域，提高创新能力，优化服务项目，开发新的服务产品，把园区打造成为服务产品齐全、专业化程度高、技术含量高的人力资源服务供应基地。建立和完善专业化、信息化、产业化、国际化的现代人力资源服务创新体系，积极推动园区本土企业与国内外知名企业的多形式合作，引导园区企业的业务形态多元化混合经营，升级重构人力资源服务产业链。积极引进国际先进人力资源服务理念、服务技术和管理模式，引导入驻企业更加侧重客户的需求导向，更加突出细致的专业分工，提供更多的“专、精、深”的差异化、个性化服务产品，凸显园区特色

① “五高四强”是指：入驻企业层次高、信息化水平高、管理效能高、市场占有率高、服务效益高；产业人才队伍强、创新能力强、国际竞争力强、区域辐射能力强。

的竞争优势。引导创业风险投资机构和信用担保机构扶持园区人力资源服务企业开发创新服务产品，比如人才测评服务、服务产品研发等高端人力资源服务、企业管理咨询服务，按照数据网络化、信息社会化、流程自动化、管理电子化的要求，促进园区人力资源服务企业向现代化、专业化、综合服务一体化方向创新发展。

（四）孵化优质人力资源服务企业

浙江省应根据人力资源服务业的发展方向、目标和任务，充分发挥园区人力资源服务的孵化功能，大力培育中小人力资源服务企业，引导、扶持园区中小人力资源服务企业做大做强，将产业园区定位为人力资源服务企业的孵化基地。建立人力资源服务业专项引导资金，加大对从事人力资源服务业的本地企业的重点扶持和支持，推动全省人力资源服务业进入新的发展水平。一方面，通过引进有一定规模和实力的人力资源服务企业，促进园区中小人力资源服务企业创新服务内容、规范服务行为、提升服务能级；另一方面，在园区开辟专门“孵化区域”，积极培育入驻园区中小人力资源服务企业，特别是一些创新能力强、服务业态新、技术含量高的中小人力资源服务企业。园区每年培育孵化人力资源服务企业 10 家左右，推动全市人力资源服务业的健康快速发展。政府要建立人力资源服务业发展资金，加大对园区人力资源服务企业创业的扶持力度。

（五）推动园区管理体制创新

浙江省应推动人力资源服务业产业园区管理体制创新。一是体现政事分开、政企分开和管办分离，要明确政府职能在人力资源市场建设、人力资源服务业发展和产业园建设管理中的职责，不仅要合理界定决策协调、建设管理和运营服务等主体界面的权利与义务，还要重视形成统一灵活、权责一致和分工合理的人力资源服务产业园管理体制及运营机制。同时，探索建立人力资源服务产业园区理事会模式，作为协调人力资源服务产业园区建设发展的联络指导及联合协调机制。二是建立和完善人力资源服务产业园区管理制度和运行机制，把人力资源产业园建设纳入“人才强省”和创新驱动发展总战略目标，以产业结构调整和布局来带动人力资源服务产业园区发展，以人力资源服务产业园区发展来引领经济转型升级。认真落实园区税收、金融、职称评定、房租补贴、政府购买服务等优惠政策，降低企业经营成本，为人力资源服务产业园区的发展提供优良的制度政策环境。

（六）探索园区多元投入机制

浙江省应探索人力资源服务业产业园区多元投入机制。一是地方各级财政要探索设立人力服务业发展专项引导资金，重点对人力资源服务产业园区的功能创新产品、技术平台、研发费用等进行支持。二是创新人力资源服务产业投融资模式，建立以政府投入为导向、社会投入为补充的多元化资金筹措机制。三是引导风险投资支持园区服务机构发展，或者参与园区人力资源服务机构的业务重组、行业整合和产业优化，推动金融资本和人力资源服务产业优势互补。预计未来，国家和地方将进一步加大对人力资源服务产业发展的扶持力度，尤其是在产业园建设、市场开放、产业支持、财税及金融资金方面的政策支持，浙江省人力资源服务产业园建设和人力资源服务业发展正处在一个黄金时期，既有产业机遇，又有时代条件。

（七）优化园区服务市场环境

浙江省应积极推动园区规范有序的人力资源市场发展，建立政府监管、机构诚信、行业自律、社会监督相结合的人力资源市场监管体系，营造公平、竞争、有序的人力资源市场环境。加强产业园区基础设施建设，完善教育、交通、医疗、金融、会议、餐饮等商务配套。加大政府对园区信息化建设的资金投入，尽快实现“一园多区”信息联网，共享园区人才信息库和服务项目信息库，着力打造好“两港”（培训港、信息港），构建好“两个市场”（有形硬件市场和无形信息软件市场）的建设，以信息港辐射打通园区，实现分园区联网，加快与其他地区联网，实现“实体园区”和“虚拟园区”同步发展，积极创建和营造园区良好的工作环境、生活环境、服务环境和政策环境。

（八）强化园区人才支撑

浙江省应加强与国内外高校、科研单位、人力资源服务企业和人力资源产业园区的合作与联系，拓宽园区人力资源服务业人才引进培养路径，构建强有力的园区人才保障和支撑体系。在引进人力资源服务研究机构的同时，设立园区人力资源服务业研究院，积极开展对人力资源服务项目、服务营销策略、从业人员专业能力、职业道德等的研究开发和专业培训，全面提高和优化园区人力资源服务业人才素质，建立一支职业化、知识化、专业化、社会化的人力资源服务业人才队伍。

第七章　更加注重发挥现代服务业人才引领作用

现代服务业是衡量一个国家现代经济社会发达程度的重要标志。[①]“现代服务业”的概念是在十五大报告中首次提出的，其主要内涵可以概括为：用现代化的新技术、新业态和新服务方式改造传统服务业，向社会提供高附加值、高层次、知识型的生产服务和生活服务的服务业。[②]现代服务业具有“高人力资本含量、高技术含量和高附加值”的特点[③]，主要包括基础服务、生产性服务、个人消费服务和公共服务四个领域。[④]

当前，制约服务业特别是现代服务业发展的最大因素是人才短缺，现代服务业人才资源不足成为制约产业结构调整升级的“瓶颈”。在所有保障要素中，未来浙江现代服务业的发展，应更加关注人力资源的培养和发展。[⑤]人力资源的数量结构和质量水平是产业结构调整的根本保障，人力资源的存量结构和增量结构的优化，是产业结构优化和升级的关键推动力和智力上的保证与支撑。因此，加快现代服务业的人才引领，推动经济转型升级，提升国家治理效能，具有十分重要的战略意义和实践意义。[⑥]

① 张存刚，卫静静．甘肃省现代服务业发展现状、问题与对策 [C]. 中国经济规律研究会第 23 届年会暨第 2 届全国马克思主义经济学论坛，2013.

② 沙振权，温飞，胡贝斌．现代服务业内涵及演进方向的述评 [J]. 华南理工大学学报（社会科学版），2011(2):48-52.

③ 周冲．沈阳市现代服务业人力资源开发对策研究 [D]. 沈阳：沈阳理工大学，2007.

④ 宋马林．生产性服务业研究现状及思考 [J]. 温州职业技术学院学报，2008(1):22-24.

⑤ 陈诗达，童素娟．更加注重发挥现代服务业人才引领作用 [J]. 今日浙江，2011(17):41.

⑥ 陈诗达，童素娟．更加注重发挥现代服务业人才引领作用 [J]. 今日浙江，2011(17):41.

第一节　浙江省现代服务业人力资源发展研究①

一、现代服务业人力资源发展现状评估

（一）调研对象

调研采用典型调查和抽样调查结合的方法，并辅助以个案访谈和座谈会的方法，确定了现代商贸业、金融服务业、现代物流业、信息服务业、科技服务业、商务服务业、旅游业、文化服务业、房地产服务业、社区服务业和人力资源服务业 11 个行业的 40 多家企业为研究对象，平均一个行业约 4 家企业，具有一定的典型性和代表性；同时，选取了杭州、宁波、温州、义乌 4 个现代服务业相对发达的地区，选取具有代表性的行业和企业进行抽样调查。因此，本次调研数据在一定程度上反映浙江现代服务业的总体情况，但仍有局限，可作为了解浙江现代服务业人力资源现状和问题的参考依据。

（二）调研数据

第　，数量规模不断扩大。截至 2019 年年底，全省现代服务业从业人员规模达 1704.01 万人，比 2015 年增加 267.34 万人，现代服务业从业人员占三大产业从业人员的 43.97%，比 2015 年提高 5.49 个百分点。按三次产业分的从业人员年底总数如表 7-1 所示。2019 年浙江省规模以上服务企业主要行业营业收入情况如表 7-2 所示。

表 7-1　按三次产业分的从业人员数

单位：万人

年份	总从业人员数	第一产业从业人员数	第二产业从业人员数	第三产业从业人员数
2015	3733.65	492.69	1804.29	1436.67
2016	3759.96	466.24	1782.20	1511.52
2017	3796.00	447.90	1754.59	1593.51
2018	3836.00	437.86	1730.80	1667.34

① 本节是浙江省人力社保厅重点课题的研究成果，课题组成员有陈诗达、应建民、童素娟（执笔）、罗利丹（执笔）。本节部分内容已公开发表，部分数据已做更新，详见陈诗达，应建民，童素娟．浙江现代服务业人力资源发展研究 [J]. 第一资源，2013(2):103-116。

续表

年份	总从业人员数	第一产业从业人员数	第二产业从业人员数	第三产业从业人员数
2019	3875.11	406.83	1764.27	1704.01

数据来源：《浙江省统计年鉴 2020》。

表 7-2　2019 年浙江省规模以上服务企业主要行业营业收入情况

行业	营业收入 / 亿元	比 2018 年增长的比值 /%
交通运输、仓储和邮政业	3858	12.0
信息传输、软件和信息技术服务业	8445	22.0
房地产业（除了房地产开发经营）	576	8.2
租赁和商务服务业	2369	14.6
科学研究和技术服务业	1591	20.3
水利、环境和公共设施管理业	531	−3.7
居民服务、修理和其他服务业	222	27.2
教育	73	13.5
卫生和社会工作	236	9.0
文化、体育和娱乐业	383	−11.4
总计	18284	16.3

数据来源：浙江省统计局、中商产业研究院整理。

第二，地区差距有所拉大。根据《2012 年浙江省设区市服务业发展评价报告》，2012 年 11 个设区市服务业发展综合指数从高到低排序依次为杭州、宁波、绍兴、舟山、金华、嘉兴、台州、温州、湖州、丽水和衢州，最高的杭州和最低的衢州规模指数差距由 2011 年的 18.58 拉大到 21.96。从区域分布来看，杭州、宁波居第一阵营，绍兴、舟山、金华、嘉兴、台州、温州、湖州居第二阵营，丽水和衢州居第三阵营。2019 年浙江省各市年末单位从业人员数如表 7-3 所示。服务业从业人员占全社会从业人员的比重指标地区差异系数为 20.60%，服务业增加值地区差异系数为 22.05%，服务业增加值占地区生产总值比重地区差异系数为 14.70%，服务业劳动生产率地区差异系数为 19.09%。

表 7-3　浙江省各市年末单位从业人员数（2019 年）

单位：万人

城市	全社会就业人员数	第一产业	第二产业	第三产业
杭州市	720.00	56.70	256.60	406.70
宁波市	589.09	15.88	319.10	254.11
嘉兴市	336.00	25.32	176.47	134.21
湖州市	193.90	20.56	94.60	78.74
绍兴市	348.00	45.09	173.01	129.90
舟山市	75.60	10.56	28.77	36.27
温州市	575.90	61.35	269.94	244.61
金华市	354.50	68.57	162.37	123.56
衢州市	135.01	47.00	43.44	44.57
台州市	408.30	66.52	184.22	157.56
丽水市	144.30	46.07	44.67	53.56

数据来源：《浙江省统计年鉴 2020》。

第三，市场配置功能增强。省、市、县三级人才服务平台基本建立，公益性人才服务体系日趋完善，人才资源市场配置作用充分发挥，政府人才服务机构公益性服务和社会人才服务机构专业化服务实现优势互补。截至 2019 年年底，浙江省有人力资源服务机构 4133 家（不含村级平台），全年营业收入 1852.65 亿元，从业人员 8.40 万余人，全年纳税 74.83 亿元，帮助实现就业和流动 1052.61 万人次。

第四，收入水平增长较快。浙江省现代服务业单位在岗职工年平均工资如表 7-4 所示。从收入水平看，2019 年金融业从业人员年平均工资最高，为 550.63 亿元，其次是信息传输、计算机服务和软件业，年平均工资分别为 519.49 亿元。相比 2018 年，年平均工资增长率最高的是居民服务和其他服务业，增长率是 89.65%；教育业其次，为 42.99%；租赁和商务服务业为 38.09%；金融业的年平均工资增长率仅 4.32%；公共管理、社会保障和社会组织仅 5.90%。

表 7-4　浙江省现代服务业单位在岗职工年平均工资

项目	2018 年 平均工资 / 亿元	2019 年 平均工资 / 亿元	增长率 /%
交通运输、仓储和邮政业	214.96	252.06	17.26
信息传输、计算机服务和软件业	388.54	519.49	33.70
批发和零售业	293.49	345.74	17.80
住宿和餐饮业	60.07	68.48	14.00
金融业	527.85	550.63	4.32
房地产业	157.66	207.68	31.73
租赁和商务服务业	153.64	212.16	38.09
科学研究、技术服务和地质勘查业	146.34	179.99	22.99
居民服务和其他服务业	9.18	17.41	89.65
教育业	81.20	116.11	42.99
卫生和社会工作	42.26	53.10	25.65
公共管理、社会保障和社会组织	14.58	15.44	5.90
文化、体育和娱乐业	21.49	30.23	40.67

数据来源：《浙江省统计年鉴 2020》。

（三）调研结论

第一，第三产业结构比例进一步提高，从而推动产业转型升级。从国际产业转移趋势看，服务业成为国际制造业转移后的又一转移重点。随着产业结构调整的加快，浙江第三产业结构比例进一步提高，产业结构由原来的“二三一”变为“三二一”，即第三产业成为拉动经济的主导产业。浙江抓住机遇出台了一系列的政策法规，积极推动现代服务业转型升级，现代服务业在三次产业中的结构比例进一步提高，对全省现代服务业发展将产生重大推进作用。

第二，生产型与生活型服务业并驾齐驱，高端人才备受重视。生产性服务业是世界大都市的经济主导力量，美国纽约、日本东京、中国香港等大都市之所以能够辐射和影响整个世界经济发展，高度发达的生产性服务业“功不可没”。[①] 与发达国家和地区相比，浙江的生产性服务业不管是在总量还是在结构上都需要长时间、大踏步地发展。[②] 从内部构成看，金融、保险、咨询、技术服务等生产性服务业结构水平不高，浙江省还是以生活型服务业为主导。生产型和生活型服务业并驾齐驱是今后较长时期浙江现代服务业的一大发展趋势。而生产性服务业以专业知识和专业人才为主要生产要素，这是与传统服务业如餐饮、商贸等产业的最大区别。[③] 基于这个特征，随着生产性服务业的发展，高端人才的需求必然大增，浙江省须做好战略性人才储备。

第三，服务功能范围进一步增大，人力资源素质进一步提升。人力资源竞争优势直接关系到现代服务业区域竞争优势的形成。[④] 随着各市县服务业发展规划和政策的实施以及示范园区的建设和现代服务业的发展成熟，现代服务业逐渐渗透到人民的日常生活，服务功能范围进一步增大，浙江现代服务业人才竞争日趋激烈，人力资源素质进一步提升，尤其是信息服务业、金融服务业、商务服务业等十大重点领域的高层次、高素质人才急剧增加。

第四，产业集聚发展进一步加强，人才高地优势逐步凸显。浙江服务业创新发展主要集中于七大领域，分别为智慧物流、协同生产、智慧出行、医疗健康、文化教育、智慧农业、智慧旅游。[⑤] 产业集聚要求加强人才支撑和保障能力，即鼓励产业集聚区依托高等院校、职业院校和科研机构，建立现代服务业区域高新技术和高层次应用型人才培养基地；积极营造人才环境，加大人才引进力度，全面落实引才优惠政策。随着现代服务业产业集聚发展的加强，浙江对现代服务业人才培养和引进的载体逐步形成，浙江逐渐成为长三角地区上海之外大批现代服务业高端人才的集聚地之一，人才高地优势将逐渐凸显。

二、现代服务业人力资源发展存在的问题及原因

浙江现代服务业人力资源发展虽然取得了较大的成绩，但从浙江产业升级和经济结构调整的实际出发，当前浙江现代服务业人力资源发展仍存在一些问

① 浙江省地方统计调查局课题组 . 生产性服务业发展状况、问题及对策研究 [J]. 浙江金融，2012(3):29-32.
② 徐文晔 . 再探生产性服务业发展新路 [J] 浙江经济，2015(4):48-49.
③ 郑雪春 . 浙江生产性服务业发展和竞争力分析 [D]. 杭州 : 浙江工业大学，2011.
④ 王小平，李素喜，等 . 区域服务业竞争力与政策环境研究 [M]. 北京 : 光明日报出版社，2008.
⑤ 翁建荣 . 浙江服务业创新发展亮点纷呈 [J]. 浙江经济，2018(16):8-11.

题，与一些现代服务业发展先进省份相比仍有差距。

（一）主要问题

第一，人才总量储备不足，高端人才比较紧缺。整个浙江地区的现代服务业水平处于全国领先水平，但与京沪等地相比，浙江省对现代服务人力资源的吸引力仍然不足，这无疑会给现代服务业人力资源竞争带来不利影响。浙江现代服务业产业集群的区块优势吸引和集聚大批专业性劳动力，但高素质的专业技术人才、产品设计人才和经营管理人才等这些高端人才仍然比较缺乏。① 另外，浙江的现代服务业大多是私营的中小企业，随着土地、原料等生产成本的上涨，部分企业仍采取压低工资的办法来降低生产成本，而不是通过吸纳人才，加强自主创新能力来提高利润，这样对高端紧缺人才的吸引力也会下降。②

第二，整体素质不高，从业人员主要集中在传统服务业。大部分人力资源仍然集中在传统的劳动密集型服务业领域。③ 传统服务业集聚了一大批低素质的专业性劳动力，影响服务行业的整体素质。传统服务业向现代服务业转型升级时，人力资源素质将是一个极大的瓶颈，它决定着浙江服务业的发展方向。浙江生产型服务业人力资源发展存在的主要问题有：专业服务人才数量不足，难以发挥规模效应；专业服务人才素质相对较低，专业技能相对薄弱，这导致生产性服务业发展举步维艰。而浙江在信息传输、计算机服务和软件业、商务服务、会展等高附加值、知识密集型新兴服务业发展中相对一线城市仍然发展不足，也制约了现代服务业人力资源的发展。

第三，中小企业对人力资源的培养激励不够重视。中小企业是浙江现代服务业企业的主体。中小企业人力资源管理一直没有得到足够重视，已经成为制约中小企业可持续成长的瓶颈。④ 中小企业的中高层管理人员普遍缺乏现代化管理的知识和思维，对现代服务业人力资源的培养与激励不够重视，缺乏长期的战略眼光，主要存在以下问题：吸纳了大量低素质的劳动力资源，缺乏高端

---

① 楼关洪，李新，章钢．浙江产业集群优化升级探索 [J]. 浙江经济，2009(9):22-23.

② 贺岐梅．集群视角下东道国中小企业为跨国公司关系研究：以浙江省为例 [D]. 上海：复旦大学，2009.

③ 于晨芳．福建省现代服务业人力资源开发研究：借鉴台湾经验 [J]. 财讯，2018(18):181.

④ 郭晶．浅谈中小企业人力资源管理问题与对策 [J]. 现代经济信息，2009(16):112.

的技术人才和管理人才；人力资源绩效评估和激励体系不科学，存在激励手段无差别化、单一化等问题；漠视人才资本的投入，人才培训急功近利，更没有形成系统性、规划性、持续性的培训机制。

第四，人力资源发展环境尚不够完善健全。① 现代服务业发展仍然处在初级阶段，从国家层面来看关于现代服务业发展的政策法规还缺乏战略引领性和统筹规划性，而在许多地方政府层面，很多优惠政策和扶持办法缺乏延续性和针对性，尤其是现代服务业人力资源方面的培养和引进优惠政策。

（二）原因分析

1. 直接原因

现代服务业仍处于发展初级阶段。从浙江省的现代服务业发展阶段来看，现代服务业虽然在地区生产总值中的比重有所上升，但仍不是推动经济发展的主导力量。这导致浙江现代服务业人力资源需求水平不足，还是以低素质的专业性劳动力为主。行业结构上，传统服务产业仍占主导地位，金融、商务、信息等知识密集型现代服务业相对优势仍需加强。收入结构上，绝大部分人仅仅满足于基本生活的需求，对服务业的需求还未达到一定的临界点，浙江现代服务业仍以生产型服务业为主。尤其受疫情影响，相对富裕阶层如私营企业主等是浙江现代服务业的需求主体，中低收入阶层所需要的质优价廉的基本需求性服务业还有待进一步发展。②

2. 根本原因

城市化和行业市场化进程不足。城市是现代服务业发展的空间载体，发展现代服务业必须具备一定的人口起点规模。浙江省现代服务业增加值主要是由省辖市和较大的县级市创造的，城市化相对滞后、区域差异显著导致中小城镇的现代服务业缺乏需求基础，人力资源队伍建设动力不足。与此同时，浙江省现代服务业中某些行业依然存在明显的制度性垄断，造成市场配置的低效率和竞争的无序，如电信、民航、银行、保险、传媒等行业存在政策性进入壁垒和垄断现象，现代服务业难以进入这些领域，只能在制造业、餐饮、快递物流等

① 于晨芳．福建省现代服务业人力资源开发研究：借鉴台湾经验 [J]. 财讯，2018(18):181.

② 韩冬筠，李勇坚．中国服务业发展趋势的定量分析与政策思路 [J]. 学习与探索，2007(3):139-141.

传统服务业方面发挥作用。这种市场结构抑制了现代服务业的需求，导致浙江省服务业创新不足，难以聚集高端的现代服务业人力资源。

3. 内部原因

转型升级不到位，中小企业主体意识不强。大部分现代服务业的企业以中小企业为主，缺乏足够的资金和人才支撑来推动转型升级。很多企业仍然采取家族式管理模式，企业的主体意识和现代化管理理念不强，难以构建有效的人才引进平台，引才缺乏主动性和积极性。同时，中小企业人才流失现象严峻。主要原因在于：一是中小企业人才开发机制不健全，很多民营企业采用家族式的管理模式，存在严重的人才信任危机，许多中高层次人才几乎没有自我发展的空间；二是中小企业人才的工资水平、福利待遇和社会保障水平相对较低，缺少长期的员工职业生涯规划，人才在非公企业中看不到更大的事业平台和成长空间；三是量大面广的中小企业很多都处于相对弱势的地位，受城市的环境和品位限制，引才难度增加，留才环境欠佳。

4. 外部原因

人才培养和引进的政策环境仍不够优越。现代服务业中小企业的人才工作还未能从单项的政策推动转向全面的制度创新，“锦上添花”的多，“雪中送炭”的少。在人才的培养、评选、激励、职称评定等政策方面还没有充分考虑现代服务业人才的特殊性，中小企业利用公共政策资源还存在局限性[①]，工资水平普遍偏低，且公共政策明显向机关、事业单位和国有企业倾斜，中小企业缺乏吸引人才的绝对优势。尤其是在社会保障方面，机关事业单位的平均水平远远高于企业平均水平。

三、深入推进现代服务业人力资源的对策与建议

随着转型升级的不断深入，市场上将会涌现出各种各样的专业性公司，如投资公司、咨询机构等，它们输出知识、经验、创意和智慧。因此，现代服务业需要集聚一大批受过良好教育、拥有现代文化素养、经过专业训练的人力资

① 李强，冯顺桥 . 调查·思考·决策 :2004 年度浙江省党政系统优秀调研成果汇编 [M]. 杭州 : 浙江人民出版社，2006.

源[1]，不断地培养出具有国际视野、敢于创新、富有激情、有能力的人力资源团队。

（一）主要方向

在新的历史条件下，浙江要在现代服务业发展上占据先机，就要最大限度地激发各类人才到现代服务业中创业创新的动力和激情。制度安排的主要方向是引导各类人才尤其高端人才向现代服务业流动，形成“企业集聚人才，人才引领产业”的良好局面。主要方向如下：

一是延长制造业产业链，服务转型升级。未来生产性服务业应介入制造业，改变产业链从属地位，担当起向产业链上下游延伸和驱动产业集群的推动角色，服务制造业转型升级。

二是坚持以民为本，实施“两富”战略。促进文教卫生、商贸流通、旅游休闲、娱乐健身、餐饮住宿、交通运输、市政服务等生活性服务业的全面发展[2]，满足人民群众日益增加的物质和精神需求，建设“物质富裕、精神富有”的社会主义现代化浙江。

三是加强高端引领，突出高层次、高技能人才队伍建设。以加大人才投入为支撑，以建设现代服务业示范园区为重点，以市场配置资源为基础，以创新体制机制为动力，加快培养造就一批学术造诣精深、创新实力强劲、团队效应突出的高端领军人才，突出高层次、高技能人才队伍建设，引领现代服务业人才队伍整体发展。

四是坚持“政府引导、企业主体”的发展格局。现代服务业人力资源的开发，既要发挥政府的主导作用，通过行政力量来推动这项工作，也要调动社会资源，培育社会组织，共同推进现代服务业人力资源的发展，走“政府引导，企业主体”的道路。

（二）具体措施

第一，加大政策支持，完善现代服务业人力资源的公共政策体系。科学完

---

① 邵雅琼．基于现代网络和移动通信技术的旅游服务创新研究 [D]. 上海：上海师范大学，2009.

② 毕梦昭，金彩红．上海市生活性服务业的发展与空间差异 [J]. 中国商贸，2013(30):128-130.

善的现代服务业人力资源的公共政策体系，是现代服务业产业集聚高层次人才的吸铁石，也是留住人才、使用人才的加力器。浙江省要积极发挥政府的主导作用，制定出台更优惠、更有吸引力的现代服务业人才引进、培养、激励和保障政策，形成浙江现代服务业的产业优势，形成现代服务业人才集聚高地。要加强现代服务业人力资源发展的政策支撑，在不断探索完善现有人才政策基础上，特别对海外引智工程政策、人才专项住房政策、高校毕业生创业政策、产学研合作政策等方面重点突破，形成新的政策亮点。要加快构筑高层次人才创业创新的平台载体，发挥人力资源的整体竞争优势，降低中小企业创新创业成本，建设好一批国家级、省市级现代服务业的海外高层次人才创新创业基地、产业科研和生产基地①，为推动现代服务业提供发展平台和人才支撑。要完善现代服务业人力资源优先开发战略，着眼于经济转型升级和提升企业自主创新能力，进一步实施企业创业创新人才优先开发战略，完善现代服务业人力资源开发各项政策，引导企业成为人才开发的主体。

第二，拓宽引才渠道，充分发挥中心城市的现代服务业引才优势。拓宽引才渠道，健全引才网络，形成以政府为引导、中心城市为载体、用人单位为主体的人才集聚机制，充分实现信息对接、项目对接、人才对接。要完善中介机构、行业组织服务功能，积极拓宽引才渠道。要积极探索政府购买服务的形式，大力培育和发展人才中介组织，鼓励国内外知名猎头公司来浙江开展业务，进一步完善人力资源中介服务功能，积极开展人才资源外包、人才职业规划、人才测评、人力资源定价系统等适应现代服务业人力资源市场发展要求的服务项目，发挥其在市场运作、专业服务等方面的优势，提高浙江高端人才的市场化配置水平。要依托现代服务业集聚区优势，充分发挥杭州、宁波、温州等中心城市在浙江服务业发展中的核心作用，不断增强优势产业和行业的人才集聚功能，利用集聚区的项目、资金和税收等政策优势，做好引才工作，打造人力资源高地。要继续加强高新技术下沙大学城、留学人员创业园等各类载体建设，对特别优秀的人才，专门为其制定住房、工资、补贴、税收优惠、子女教育等方面的特殊政策。

---

① 陈晓红，张海兰．信息服务业人力资源现状分析及发展对策研究：以浙江省为例[J]．生产力研究，2012(8):162-164.

第三，加强教育培训，推进现代服务业从业人员的专业化、职业化。政府对现代服务业的产业教育和创业教育要积极引导和大力支持，适当时候要给予财政倾斜，初期需要和省内甚至国内运作比较成熟的高等院校合作，请其指导制定课程体系和培养师资队伍，积极摸索出一条适合现代服务业人力资源培训的可行路径，推动现代服务业从业人员的专业化、职业化。建立良性的职业培训制度，通过开展分期、分批、分层的现代服务业专业培训，提升现有现代服务业的专业水平和能力，主要是专业知识培训和经营管理培训。制定现代服务业从业标准，建立现代服务业从业规范，通过建立职业资格证书制度、从业规范制度、专家咨询制度，全面提高浙江省现代服务业的质量管理水平，促进浙江省现代服务业朝着现代化、规范化方向发展。要加大对创办现代服务业企业人力资源培训中心的财政补贴，加大对中小人才职业技术培训的采购补贴，建设人才职业教育体系，全面增加企业人才开发方面的公共投资。

第四，强化企业主体意识，健全完善现代服务业人力资源使用机制。积极发挥企业在现代服务业人力资源开发中的主体作用。加大企业在人才开发和技术创新中的经费投入，吸引现代服务业人才向企业流动，制定既具前瞻性又具操作性的企业人力资源战略，形成一支稳定的现代服务业人才队伍。① 要积极发挥人力资源的主动性和能动性，规范产业和企业的人力资源管理，实现人力资源的自由流动和市场化配置，既要考虑企业的长远战略定位，又要考虑员工个人的职业生涯规划。完善品德、业绩、知识、能力等要素构成的全面的人才评价体系，深化分配制度改革，充分体现技术、专利、品牌、管理等要素参与分配，逐步建立秩序规范、激发活力、注重公平、监管有力的工资制度，建立完善现代服务业人才的使用机制。

第五，建立有效激励导向，引导和推动人才向现代服务业聚集。建立健全与工作业绩紧密联系、充分体现人才价值、有利于激发人才活力和维护人才合法权益的激励保障机制。② 加大对现代服务业高层次人才、一线创新人才的激励力度。以货币补贴为主、实物配置为辅，建立分层次、多渠道、多形式的高

① 杨秋红 . 产业转型背景下现代服务业人才队伍问题研究：基于南通市的分析 [J]. 中国经贸导刊，2016(5): 46-48.

② 沈荣华 . 新世纪党的人才理论创新成果及启示 [J]. 人才资源开发，2011(11):6-9.

层次人才住房解决机制。[①] 制定人才认定标准，建立“产业发展人才奖励基金”，增强事业激励，为高层次人才提供事业发展空间。改善高层次人才工作环境，增加在资金、项目、科研合作等方面的投入，推动建立以业绩和能力为主的高层次人才开发与管理制度。[②] 重视精神激励，积极探索多元化的精神激励内容，促进高层次人才价值最大化。

第六，完善保障机制，优化现代服务业人力资源发展环境。人才环境在人才工作和人才队伍建设中具有长期性、根本性的作用。[③] 推进人才工作和人才队伍建设，必然需要一个良好的人才环境，努力开创人才辈出、人尽其才、才尽其用的新局面。加强舆论宣传和观念普及，要用法律法规的形式，确立现代服务业从业人员的职业地位，维护现代服务业从业人员的职业形象和尊严，保障现代服务业从业人员的合法权益，提升现代服务业的职业认可度。打造自由宽容的创新文化，加快政府的公共服务体系建设，营造人文、法制、市场、社会、生活的创新环境，推动现代服务业人力资源开发。建立信息丰富的人才信息系统，积极建设研发公共服务平台，积极谋划建设创新“五大平台”，建立、健全现代服务业中高层次人才的社会优待制度，鼓励社会各界在医疗、购房、交通、文化娱乐、子女入学入托等方面给予现代服务业高层次人才优惠待遇。[④] 健全现代服务业企业的医疗、养老、失业等保障制度体系，提高企业人才社会保障水平，使现代服务业人才在企业就业获得必需的社会保障。

第二节　浙江省人力资源服务发展趋势与模式创新

当前，以互联网、大数据、云计算为代表的新一代信息技术革命正席卷全球。顺应这一科技发展趋势，“互联网 +”以前所未有的开放、平等、多元重塑各行各业，也深刻影响经济的发展方式和百姓的生活方式。而作为互联网经济大省的浙江，在这场全球性的技术革命中占得了先机，越来越多的传统行业

① 贾政 . 高层次人才住房补贴申请　广州已有 120 人通过预审 [N]. 广州日报，2020-05-13（3）.

② 何凤秋，常虹 . 构建多层次、多元化事业单位高层次人才激励机制 [J]. 劳动保障世界，2011(12):4-9.

③ 贺鹏义 . 浅谈国有企业人才环境建设 [J]. 工会博览 : 理论研究，2011(9):258.

④ 周冲 . 沈阳市现代服务业人力资源开发对策研究 [D]. 沈阳 : 沈阳理工大学，2007.

与互联网全面渗透、融合，并发生奇妙的“化学反应”。人力资源服务业也不例外。浙江人力资源服务业通过在“互联网 +”上叠加传统服务，积极提升信息化水平，在“互联网 +”与人力资源服务的跨界融合创新上正做着积极的探索和尝试。

一、人力资源服务业的传统模式与发展趋势

（一）传统模式

人力资源服务业是生产性服务业的重要组成部分。① 人力资源服务业是指为人才和用人单位提供相关服务，从而促进人力资源的有效开发与优化配置的生产性服务业。② 从服务内容来看，人力资源服务业的传统模式主要包括人事代理、人才测评、人才派遣、人才招聘、社会保险缴纳、人才网站、人才培训、学历认证、人力资源管理咨询、高级人才寻访、国际人才交流等。

传统模式主要有以下几种：

第一，人才招聘。人才招聘是指人力资源服务机构根据用人企业、机构、组织的运营框架、岗位设置需要，对外招收适合岗位需要的人才。招聘是人力资源服务工作的关键环节，包括招聘简章、招聘软文、招聘广告、招聘工作等的编写、制作、发布、信访各个环节。③

第二，猎头服务。猎头服务是指从事搜寻、追踪、评价、甄选和提供高级管理或技术人才的行为。猎头与一般企业招聘、人才推荐和职业介绍服务不同，猎头追逐的目标是高学历、高职位、高价位三位一体的精英人才，搜寻的是那些受教育程度高、实践经验丰富、业绩表现出色的专业人才和管理人才。④

第三，人力资源派遣。人力资源派遣是一种灵活的用工方式，其特点是派遣单位和用工单位相分离，用工单位通过与人力资源派遣单位签订租用合同，租用员工并向人力资源派遣单位支付员工的工资、福利和“租金”（服务费）。

① 张杰 . 分工、生产性服务业与政府的作用：以上海为例 [D]. 上海：中共上海市委党校，2010.

② 来有为 . 人力资源服务业发展的新特点与政策建议 [J]. 发展研究，2010(5):80-82.

③ 马金莲 . 物业人力资源管理 [M]. 长春：东北师范大学出版社，2007.

④ 王媛媛 .YG 猎头公司的利基战略研究 [D]. 大连：大连海事大学，2015.

第四，管理咨询、测评和考核。管理咨询、测评和考核是指运用相关理论方法，对企业人力资源开发与管理进行分析，找出薄弱环节并加以改善，以促进企业合理科学地开发管理人力资源的一种专业性服务活动。①

第五，人力资源培训。人力资源培训是指企业为改变员工的价值观、工作态度和工作行为，使员工能在自己现在或将来的工作岗位上的表现达到企业的要求而进行的一切有计划、有组织的活动。②这里是指人力资源服务机构为其他单位或个人提供的相关人力资源培训服务。

第六，人力资源外包。人力资源外包就是企业根据需要将某一项或几项人力资源管理工作或职能外包出去，交由专业人力资源服务机构进行管理，以降低人工成本，实现效率最大化。③

（二）发展趋势

浙江人力资源服务业不断发展壮大，并呈现出良好的发展态势，主要呈现六大趋势。

一是产业的规模化。人力资源服务业已是具有高成长性的现代服务业。随着浙江产业结构的调整、市场主体的规范和运行机制的健全，“互联网＋人力资源服务”需求会大量增加，规模会迅速扩大。

二是运作的市场化。越来越多的民间资本和民间力量将会进入人力资源服务业，并在“互联网＋人力资源服务”发展中扮演重要角色。

三是服务的专业化。④要应对来自省外甚至国外知名人力资源服务机构的竞争，浙江人力资源服务业必须利用“互联网＋”技术手段走专业化发展的道路。

四是管理的信息化。以数据标准化为基础、以信息共享为平台，以“互联网＋”技术为手段，实现主要业务的整合贯通，实现管理的整体信息化。

五是竞争的集团化。面对越来越多的省外、国外人力资源服务机构进入浙江，浙江本地人力资源服务企业必须借力“互联网＋”技术做大做强，必须向

---

① 陈诗达，王凯，应建民．人力资源服务业理论与实践 [M]. 杭州：浙江人民出版社，2014.

② 许骏．创新企业培训与人力资源开发 [J]. 职业，2013(22):94.

③ 王永刚，樊建军．浅析企业人力资源外包化 [J]. 现代经济信息，2010(20):20.

④ 服务的专业化，是指人力资源服务机构提供更为专业的服务以满足客户的需要。

规模化、集团化发展，才能与之抗衡。

六是人才的高端化。浙江人力资源服务业的发展正处在由传统服务业向现代服务业转变、由提供低端服务向提供中高端服务转变的过程中，这就需要大量熟悉市场规律、掌握专业知识、精通信息技术、具有不断创新能力、引领“互联网 +”发展趋势的高端人力资源服务人才。

二、“互联网 +”在传统人力资源服务领域的创新

随着互联网与经济社会各领域的深度融合，资本、技术和大数据等“互联网 +”元素正在深刻地改变着各行各业。在“互联网 +”这个大背景下，社交、购物、新闻、生活服务等领域的创新已经相对完善，而人力资源服务市场仍然是一个有巨大潜力的市场，是一片蓝海。① 人力资源服务业态、服务模式、盈利模式等诸多方面都将发生变革，未来将呈现以下发展特点：行业细分加强；用户参与互动；跨界融合发展；大数据赋能；融资并购频繁。②

（一）“互联网 + 人力资源服务”

“互联网 + 人力资源服务”并不是两者简单相加，而是利用信息通信技术以及互联网平台，让互联网与人力资源进行深度融合，创造新的发展生态。③ 与传统人力资源服务相比，“互联网 + 人力资源服务”更加精准有效。借力“互联网 +”技术，人力资源服务从传统的以线下为主的业务信息流转服务模式，向高性价比、高可获得性、高服务标准和高服务体验的新模式转变。嵌入互联网技术以后，人力资源服务机构能够大量收集客户信息，精准分析目标客户群体，服务方式和服务内容更具针对性，客户满意度也更高。④

（二）人事外包领域的“互联网 +”创新

第一，定制化的传统人事外包（HRO）。传统人事外包主要为大型企业服

① 周锐．翟燕立：“互联网 + 人力资源”潜力巨大 [EB/OL].(2016-06-28)[2020-09-28].https://www.sohu.com/a/86833611_123753.

② 吴帅．“互联网+”时代人力资源服务业的创新与发展 [J]. 中国人力资源社会保障，2017(3):14-16.

③ 马丽娜 .浅析 " 互联网 +" 的应用与发展 [J]. 商情，2016(48):94.

④ 人力资源服务业与互联网融合发展 [EB/OL].(2017-07-18)[2020-09-28].https://www.sohu.com/a/158102648_689284.

务，尤其是500强外企。这些人事外包企业基本提供了整体的人事外包解决方案[①]，代表企业主要有中智、前程无忧（51job）和易才。

第二，软件即服务（SaaS）化的互联网人事外包。代表性公司主要有金柚网、社保通、蚂蚁HR。三家公司的创始团队成员都是资深的人力资源专家，都以社保代缴切入，通过SaaS方式为企业提供标准化的社保代缴服务。[②]

（三）招聘求职领域的“互联网+”创新

招聘行业是人力资源服务互联网化进程较明显的一个业态。传统招聘网站独霸天下的局面被打破，垂直招聘、社交招聘等新潮流异军突起。[③]新兴互联网招聘企业融入定位、社交、点评、实时通信，运用大数据分析技术，优化招聘求职的过程。人力资源蓝领服务市场也随着互联网的普及而逐渐活跃起来，保安、服务员等中低收入者从互联网获取免费的高价值服务的意识逐渐增强。

（四）其他人力资源服务业态的“互联网+”创新

其他一些业态也由于互联网和信息技术的发展有了新的发展契机。[④]比如：职业生涯规划咨询领域催生了新的咨询模式和工具；职业测评领域基于“互联网+”技术、大数据分析等更先进的技术，可以让信息采集更有效、分析结果更加精准；人力社保代理领域开始兴起移动端的社保代理服务；人力资源培训领域开始融入网络直播、云学习、大数据等元素；猎头行业则出现了运用大数据整合众多猎头公司资源的“云猎头”；人力资源管理咨询领域诞生了一些基于“互联网+”的管理咨询平台；人力资源信息软件服务行业中“云计算”已经大规模应用。

---

① 黑焰十字．易才、51job、金柚网 人事外包哪家强？[EB/OL].(2016-06-07)[2018-12-23].https://www.sohu.com/a/81700244_115207.

② 黑焰十字．易才、51job、金柚网 人事外包哪家强？[EB/OL].(2016-06-07)[2018-12-23].https://www.sohu.com/a/81700244_115207.

③ 人力资源服务业与互联网融合发展[EB/OL].(2017-07-18)[2020-09-28].https://www.sohu.com/a/158102648_689284.

④ 人力资源服务业与互联网融合发展[EB/OL].(2017-07-18)[2020-09-28].https://www.sohu.com/a/158102648_689284.

三、“互联网 + 人力资源服务”创新的浙江样本

为了考察“互联网 + 人力资源服务”在浙江的创新应用，我们实地走访了金柚网、外企德科（FESCO Adecco）浙江、千里马 3 家人力资源服务企业，并对“活来了”应用程序（App）、薪福多、魔视云、小服在线等初创型“互联网 + 人力资源服务”企业进行了研究，作为“互联网 + 人力资源服务”创新的浙江样本。

（一）金柚网

金柚网是全国首家 100% 在线人力资源服务平台，依托业界领先的“云 + SaaS”模式，为企业提供社保与公积金账户的在线设立、在线缴纳、跟踪查询、线上转移、咨询、全方位社保服务，以及入职、生日、假期、司龄、培训、多元化福利采购及发放一站式人力资源在线管理服务。社保管理是金柚网的核心业务，社保管理服务模块现有两种会员套餐即金柚宝和企业社保通。截至 2017 年年底，金柚网已在全国 135 个城市开设分公司，付费企业用户突破 32000 家，服务网点覆盖全国 400 多个城市和地区，全面开启中国社保无死角时代。

作为一个提供 100% 互联网在线服务平台，金柚网符合浙江政府“最多跑一次”改革理念，用“数据操作”取代“人工操作”，也解决了企业信息延迟问题。金柚网的产品将社保管理拆解并嫁接在电商的在线购物模式上。“买家”全程按照既定的流程动作进行社保信息标准化输出，在后台接收到完整的社保表单后，即刻就可进行区域识别，统一派送至缴纳地的专业服务人员，将信息与社保中心进行匹配。从信息的产生到最终入库，全程统一传送、高速流转，整个线上操作的环节，只需花费 3 ～ 5 分钟即可完成。[①]

下面用一个案例来说明利用 SaaS 和大数据进行社保管理服务的优势：张女士是一家 60 人左右的电商公司 HR 主管，主要负责处理公司人事工作，并兼任不同地区员工五险一金的管理。由于工作繁重、琐碎，加上缴纳地多，五险一金相关工作占她个人日常工作时间的 86%，金柚网与普通社保管理处理周

---

① 第一资源 . 技术释放人的潜能：访金柚网 CEO 郭伟、COO 邱燕 [EB/OL].(2017-09-01)[2018-12-26].https://www.sohu.com/a/168932763_182188.

期和费用成本对比如表 7-5 所示。

表 7-5 金柚网与普通社保管理处理周期和费用成本对比

月五险一金缴纳日常		1 名 HR 主管	再招 1 名应届生做 HR 专员	金柚宝	企业社保通
事项	方式	处理周期 / 天	处理周期 / 天	处理周期 / 天	处理周期 / 天
信息收集	电话、邮件	5~7	2~3	0.5~1	0.5~1
表单制作	手工	2~3	1~2	—	—
信息核准	电话、邮件	1~2	0.5~1	—	—
联系属地供应商	电话、邮件	3~4	2~3	—	—
汇款	网银、银行	0.5~1	0.5	0.5	0.5
突发性情况处理	—	1~2	0.5~1	0.5~1	0.5~1
处理周期总计		12.5~19	6~10	1.5~2	1.5~2
费用成本		—	70000 元 / 年	年费 5880 元 / 年 + 9.9 元 / 人 / 月	29.9 元 / 人 / 月
费用成本总计		—	70000 元 / 年	13008 元 / 年	21528 元 / 年

相比再招 1 名应届生做 HR 专员，金柚宝会员套餐效率提升 70%，费用每个月节省 4700 元左右，一年最高节省 56000 多元；企业社保通会员套餐效率提升 70%，费用每个月节省 4000 多元，一年最高节省 48000 多元。

（二）外企德科浙江

外企德科浙江是一家中外合资人力资源服务企业。2012 年 7 月，FESCO 浙江和 Adecco 合资，正式成立浙江外企德科人力资源服务有限公司，简称外企德科浙江。结合传统行业优势，借助“互联网 +”技术实现跨界融合，外企德科浙江推出了一系列先进的 IT 服务技术：企业资源计划（enterprise resource planning，ERP）系统[①]、客户关系管理（customer relationship management，

① 该系统横跨公司业务的各个方面，是一款针对传统人事外包、专项事务外包、福利外包等业务的集成一体化软件，从新客户建立、报价单建立到管理层审批、客服和后台运行的配合、质管的管控等都发挥着巨大作用，在各部门的流程衔接、及时反馈等方面具有卓越优势。

CRM）系统①、Easy Time 考勤管理系统②、客户及员工查询系统③、全国政策查询系统等④。借助这些“互联网 +”技术手段，外企德科浙江为客户解决了人力资源管理相关问题，提升服务能力的同时，降低了用工成本。下面我们来看两则具体服务案例：

快消零售类综合服务案例：全国社保缴纳。浙江省内某知名企业需要为员工在全国 60 多个城市属地缴纳社会保险，由于人员众多、城市分散、各地政策差异大，操作难度较大，需要专业的人力资源服务企业来解决这些问题。外企德科浙江运用全国政策查询系统，通过“一地签约、全国服务”的方式，为客户达成全国标准化服务，实行员工属地化缴纳社保，并为客户和员工提供全国社保咨询和答疑，及时有效地解决员工福利问题，提高了员工满意度。

全球领先电子商务公司案例：一站式人事服务。某全球领先的国际化互联网企业在本地有员工 15000 余人，在全国有员工 30000 余人。HR 完成人员招聘工作后，面临员工劳动合同签署、入离职手续办理、政策咨询、福利缴纳、档案管理等一系列事务性工作。该公司 HR 希望能够从这些烦琐的事务性工作中解脱出来，更好地关注招聘、绩效等核心业务。外企德科浙江运用 ERP 系统，派驻一批专业的在线客服，建立 HR 共享中心，从入职、在职、调动到离职对各个模块建立完善流程，为该公司员工提供一条龙的人事服务，大大降低了企业用人成本，提高了人力资源部门的工作效率，同时也给企业员工提供专业贴心的服务窗口。

（三）千里马

浙江千里马人力资源股份有限公司创立于 1999 年，是浙江省首家猎头公司与省内猎头行业的开创企业。浙江千里马人力资源股份有限公司专注于专业猎头工作，并不断创新猎头服务模式。千里马多年来一直加大在产品研发与

① 该系统可以优化工作流程，提高效率，更好地跟进客户，提升企业价值。

② 该系统改变传统的纸质申请、邮件审批、手动数据记录模式，实现全部自动化考勤管理，在电脑端、微信端均可以使用，让考勤管理可以随时随地进行。

③ 该系统为外企德科浙江所服务的员工提供查询服务，查询社保和公积金每月缴纳的明细数据。

④ 该系统为自主开发的全国业务系统，实现全国客户管理、入离职管理、基数采集、薪资管理等一系列传统人事业务的集中管控，并为客户提供全国各地人力资源相关法规政策在线查询。

模式创新方面的投入，先后投入数百万元研发了“智慧猎聘管理系统”①“51内参”②“园丁宝”③三个服务平台及“千里马”“千里马人力资源”“伯乐相马”等数个商标。千里马还先后申请并获得了10项软件著作权，由传统的人力资源公司转向科技型人力资源公司。同时，千里马根据杭州是互联网之都、互联网人才高度聚集的特点，利用公司毗邻“人工智能小镇”与“梦想小镇”“云栖小镇”的优势，积极与有关部门筹备开办“互联网（及人工智能）人力资源孵化器”，力求在这个孵化器中培育出一批可以引领人力资源未来趋势的领军企业和优秀人才。

（四）“活来了”App

“活来了”App是浙江群桥人力资源开发有限公司基于LBS（基于位置的服务）定位功能开发的一款移动互联网技能与服务分享应用。该公司通过对人工智能、移动互联网的深入研究，创新出C2S商业模式，推出“移动互联网+共享人力服务”平台“活来了”App。“活来了”App体现了共享经济独特性的优势：实现内容服务共享、趋于零边际成本（定位功能就近选择）、满足长尾需求（技能和服务多元化）、增加人文关怀（高黏度的社交环境下能够满足用户非标准、个性化的服务），100%实名认证，专注人力、生活、工作、设计、技术等服务领域，构造出一个能满足大众需求的技能变现链接平台，让个人技能有新的变现途径。在“活来了”App，人人都是服务需求者，人人都是服务提供者，客户可以专职赚高薪，也可以兼职赚外快；生活工作服务外包一键解决，悬赏求职大数据智能精准匹配。

---

① 千里马利用SaaS技术搭建了一个客户、人才、猎头公司三方可以共享的互联网服务平台。

② 基于多年来人才市场一直存在简历不真实、行业人才数据难以及时构建、内部人才稳定性调查比较困难的特点，千里马充分利用大数据及云计算技术，构建了一个针对一把手专门使用一键式服务的人才首席信息官平台——51内参。这个平台可以快速获取人才简历的真实性、行业人才动态监测、内部人才稳定性状态的信息，为企业一把手实时提供多方位的人才信息情报服务。

③ 针对浙江园区较多、中小微企业较为聚集、园区内部中小微企业专业人力资源服务较为薄弱的特点，千里马又专门打造了基于园区中小微企业的一站式互联网人力资源服务平台——园丁宝，以10分钟车程距离为限，设置线下人力资源服务点，通过线上提出需求，线上与线下同时提供及时、精准的人力资源服务，赋予了传统的人力资源服务企业“互联网+”的特性，同时大大降低中小微企业人力资源服务成本，使得共享人力资源服务在园区得以充分体现。

（五）薪福多

浙江薪福多网络科技有限公司（简称薪福多）于2016年在杭州创立，是一家人力资源行业的SaaS平台，也是地方政府重点扶持和共同打造的“互联网 + 薪酬管理”的专业服务公司。薪福多基于互联网、云计算技术，以优化企业“薪酬支付”服务为核心，为人力资源行业提供薪酬管理系统，为企业解决银行代发薪资收取高额服务费问题，并实现了薪酬信息智能检测、薪酬发放实时到账、跨行跨区零手续费等功能。薪福多已经覆盖了31个省、333个市、2862个县的服务网点，打通了国内100多家银行机构，并且与中国建设银行、招商银行、浙江网商银行展开深度战略合作。

（六）魔视云

宁波魔视云信息科技有限公司致力于将人工智能（AI）、大数据、云计算与视频技术应用于招聘领域，全面提升企业招聘与招聘管理效率，是国内领先的精准视频招聘平台供应商。魔视云采用“系统 + 解决方案 + 服务”模式，为企业提供简历归集、智能筛选匹配与候选人追踪功能的同时，将服务延伸至面试与评估环节，通过将视频面试、精准数字评估、企业雇主品牌、招聘数据分析解决方案与招聘管理SaaS系统相结合，助力企业快速获取简历，随时随地在线视频面试并精准评估候选人，持续优化招聘流程，传播企业统一的雇主品牌形象，帮助企业大幅缩短面试与招聘周期，节约招聘成本，在激励的人才竞争中占得先机。

（七）小服在线

小服在线服务平台是浙江普来久网络科技有限公司的专业人力资源服务互联网线上平台，凭借对人力资源行业的专业经验及业界领先的“云 +SaaS”模式，基于互联网、云计算技术，推出了“线上线下”相结合的服务模式。线上服务平台主要涉及社保公积金服务、薪酬服务、福利商城等功能，线下凭借健全的服务网络、专业成熟的服务团队、完善的服务体系，为各企业和个人提供人力资源一站式全方位服务，根据客户的需求可以提供个性化定制服务解决方案。自助服务和云计算将成为人力资源服务业发展的趋势，其所具有的共享性、集成性、移动性、灵活性、便捷性正改变和影响人力资源服务业的行业格局。

四、“互联网 +”下人力资源服务模式创新的对策建议

美国经济学家沃尔夫说：“市场与非市场之间的选择不是‘纯粹’的选择，而是一定程度的选择。制度选择愈是偏爱市场，这个制度所面临的‘陷阱’愈多。制度选择愈是偏爱非市场，这个制度所面临的非市场失灵的‘陷阱’也愈多。”① 政府不是万能的，我们强调政府在“互联网 + 人力资源服务”中的作用，并不是完全取代市场的作用。在市场配置有效的地方，应让市场发挥作用，政府当好“管家”；在市场失灵的地方，政府就要“冲锋陷阵”。

（一）创新“互联网 + 人力资源服务”商业模式

在“互联网 +”时代，共享化、灵活化、智能化是主流趋势，折射到劳动力市场的最突出表现是平台型就业、自主型就业不断增强。也就是说，未来就业的发展趋势是去雇主化、去组织化的“平台 + 个人”的自由灵活就业形态。个人可以自由选择在什么平台工作，可以自由选择做什么样的工作，还可以自由选择在什么时间、什么地点做什么工作。而人力资源服务企业的主要宗旨就是解决劳动力市场配置的问题，认真研究“互联网 +”背景下的就业趋势，树立适应“互联网 + 人力资源服务”的新理念、新思维、新模式，使人力资源服务从“唯我独有”到“社会共享”，从“固定用工”到“灵活就业”，从“人工处理”到“人工智能”。只有经历这样的转变，人力资源服务企业才能适应“互联网 +”时代的新要求。

（二）提升“互联网 + 人力资源服务”产品创新能力

人力资源服务企业必须不断创新服务内容和服务方式，才能适应“互联网 +”时代的需要。与“互联网 +”跨界融合发展的大趋势相比，产品创新能力不足、产业链延展性不够是人力资源服务业在产业结构方面的最大问题，主要表现为在高端业态发展不足、服务延展性挖掘不够、市场细分度不高、盈利模

① 沃尔夫. 市场，还是政府：不完善的可选事物间的选择 [M]. 陆俊，谢旭，译. 重庆：重庆出版社，2007.

式比较单一等方面。必须借力“互联网+”技术手段，创新服务产品，改变服务产品低水平重复竞争的状况，提升高端服务产品的供给能力。扩大管理咨询、人力资源战略决策、猎头服务等高端产品的比重，提供满足企事业单位需求的服务产品。加大企业研发支持和创新激励力度，鼓励与高校、科研机构的合作，提升人力资源服务企业的产品创新能力。积极推进人力资源服务产业集聚区建设，鼓励有条件的集聚区积极探索“互联网+人力资源服务”产品创新，整合“互联网+人力资源服务”资源，延伸服务领域，创新服务项目，开发新的服务产品。

（三）强化“互联网+人力资源服务”企业品牌意识

政府要加大支持“互联网+人力资源服务”企业创建品牌的力度，帮助企业创建省级、国家级著名商标，对于获得省级、国家级著名商标的企业给予奖励，努力培育一批国内知名的人力资源服务企业。确定一批“互联网+人力资源服务”领域的重点骨干企业作为标杆，引领人力资源服务互联网化，借力“互联网+”创新人力资源服务，在职业培训、职称评审等方面给予重点倾斜。以市场为核心，以服务品牌和服务产品为纽带，扶持培育一批发展较为成熟且具有竞争优势的“互联网+人力资源服务”本土企业，着力在技术水平、管理水平、质量水平上加快企业自身建设，树立良好的品牌形象，增强企业核心竞争力。

（四）优化“互联网+人力资源服务”投融资环境

“互联网+人力资源服务”发展本质上是一种市场行为，政府只是在市场失灵的地方发挥作用。而且政府的作用也不是一成不变的，在不同的发展阶段、不同的领域有不同的要求，政府在“互联网+人力资源服务”的初生阶段应积极发挥引导作用，通过财政杠杆等撬动更多的社会资本投资于“互联网+人力资源服务”的融合创新。[①]一是要深入贯彻落实相关扶持政策，对符合条件的“互联网+人力资源服务”企业做好税收、融资等方面的优惠工作；二是

① 田永坡．“互联网+”与人力资源服务业创新发展状况：基于调查数据的研究[J]．中国人力资源开发，2017(8):148-155.

设立由政府引导的人力资源服务产业“互联网+”基金，并加强其与民间创业投资机构的合作，共同承担风险，并且在分配收益时适当向民间创业投资机构倾斜[①]；三是引导民间资金流向相对成熟的“互联网+人力资源服务”企业，扩大其资金来源渠道；四是要组建有一定权威的“互联网+人力资源服务”行业评估咨询机构，对投资项目进行严格、规范的评估；五是要加强“互联网+人力资源服务”企业融资的审计、法律等服务支撑体系，为符合条件的优质机构在主板、创业板以及境外资本市场融资创造条件。

（五）规范“互联网+人力资源服务”市场秩序

与以往的传统行业不同，“互联网+”本质上是一种虚拟的经济社会形态，“互联网+人力资源服务”的监管也相对更复杂一些，不仅要规范人力资源服务市场秩序，监管手段更要适应“互联网+”技术，从线下延伸到线上。一是继续执行清理整顿“互联网+人力资源服务”市场秩序，注意做好整顿、服务并举，保障人力资源市场环境规范有序、良性健康。二是除了传统人力资源服务业监管部门，通信、互联网等相关信息技术监管部门也要参与监管，明晰监管责任，明确市场规则，合力打击违法违规。三是加强对已取得人力资源服务许可证的人力资源服务机构的日常监管，建立健全守法诚信档案及公示制度。对未经许可和登记、擅自从事人力资源服务和劳务派遣活动的组织或个人，依法查处和取缔。

（六）构筑“互联网+人力资源服务”人才高地

政府应加大人才的引进培养力度，打造一支结构合理、素质优良的“互联网+人力资源服务”人才队伍，为“互联网+人力资源服务”提供智力支持。一是加快多专业背景的复合型人才的培养，培养一批既懂互联网技术又有商业思维的复合型人才。二是引导企业完善人才储备机制，在加强人才培训与引进的同时，通过待遇留人、环境留人、机制留人、感情留人等方式，力求留心。三是实施“互联网+人力资源服务”高端人才培育工程，与国内外知名高校、人力资源服务企业合作，每年选拔人员赴高校和国外培训学习。四是建立完善

---

① 谭艳平 . 浙江创业投资发展的现状、问题及对策建议 [J]. 浙江金融，2011(1):58-60.

海外人力资源服务高层次人才信息库，定期引进具有海外知名跨国人力资源服务企业从业经验的优秀人才，促进浙江人力资源服务业先进理念、先进服务项目、先进服务技术和先进服务标准的形成和发展。五是建立适应“互联网 +”技术的人力资源服务人才的使用、流动、评价和激励机制。

第三节　浙江省民营中小企业职业经理人需求调查分析

企业所有权和经营权的分离使职业经理人诞生了，企业家职能的分解促成了职业经理人的发展。① 民营企业在向现代企业转型的过程中，要不断吸收外部资源，并将其转化为自身成长所需的能量，其中职业经理人是关键的外部资源之一。② 职业经理人能够推动民营企业所有权和经营权的分离，是现代企业制度的重要组成部分，也是现代企业中发挥决定性作用和具有战略性价值的高级人力资本，更是企业核心竞争力和持续竞争力优势的重要源泉。③ 浙江是全国民营经济发展最快的地区之一，浙江民营企业职业经理人问题具有代表性和前瞻性。④ 因此，本课题通过问卷调查和焦点座谈的形式，研究浙江省民营中小企业基本现状、人才队伍建设以及职业经理需求状况，并提出相关的对策建议，为相关部门提供决策参考。

一、职业经理人的概念界定

职业经理人起源于 20 世纪 50 年代的西方国家，是指运用全面的经营管理知识和丰富的管理经验，独立对一个经济组织开展经营或进行管理的人。⑤ 合格的职业经理人要拥有专业的管理知识、丰富的实践经验，善于决策和进行战略管理，善于协调和改善企业经营的内外部环境，能够正确制定企业的战略发展目标，对自己的职业忠诚和对企业忠心耿耿。⑥

---

① 黄昱方，赵曙明 . 经理人职能与职业化发展研究 [J]. 南开管理评论，2006(3):34-37，60.

② 胡延松 . 民营企业与职业经理人关系研究 [J]. 河南社会科学，2010(5):112-114.

③ 刘名远，温琦 . 职业经理人战略性管理研究初探 [J]. 科技情报开发与经济，2005(1):93-94.

④ 林晓权 . 浙江民营企业职业经理人激励因素实证研究 [D]. 杭州 : 浙江大学，2007.

⑤ 2003 年 6 月初，上海市劳动和社会保障局在制定《职业经理人职业标准》时首先对职业经理的职业定义进行了界定。

⑥ 刘名远，温琦 . 职业经理人战略性管理研究初探 [J]. 科技情报开发与经济，2005(1):93-94.

本研究采用中国职业经理人协会的概念界定，职业经理人是指通过建立社会化的职业资质评价制度，把担任经理职务作为社会职业选择的一个新的社会职业的从业人群。职业经理人大多数来自企业经营管理人员，通过职业资质认证，并自愿接受职业资质评价和管理。

二、浙江省民营中小企业发展状况

经过多年的发展，浙江民营经济已经成为浙江经济发展的亮点之一①，贡献了全省 65% 的地区生产总值、74% 的税收、87% 的就业量、91% 的企业总数。截至 2020 年年底，浙江省共有各类市场主体总数 803.24 万户，新设市场主体 168.15 万户，比 2019 年增长 10.91%，其中，八大万亿产业新设小微企业增长幅度明显高于平均水平。浙江民营企业具备超强的生命力，根据浙江省工商局的统计，全国企业的平均存续时间为 2.7 年，而浙江民营企业的平均存续时间是 7 年。② 浙江省民营中小企业生机迸发，呈现平稳快速的发展态势。

（一）民营中小企业产业结构逐渐提升

浙江省经济发展能够取得巨大成就，民营中小企业立下汗马功劳，而独特的小狗经济③模式更是成为浙江的名片④，主要集中在以纺织、服装等轻工业为代表的制造业。按照浙江省委省政府转型升级的决策和部署，广大民营中小企业顺应市场需求的变化，改造提升传统产业，优化产业结构、企业结构和产品结构，不断提升产品附加值、市场占有率和竞争力。⑤ 浙江省市场监管局和浙江省工商联共同发布的“2020 浙江省民营企业 100 强”榜单显示，2020 年上榜的浙江百强民企年度营业收入、净资产、净利润等指标合计数分别为 43897 亿元、12377 亿元、1633 亿元，分别比 2019 年上榜的百强民企增长 3.85%、5.56%、

① 张森森 . 浙江中小民营企业发展的原因分析 [J]. 当代经济，2008(20):102-104.

② 张森森 . 浙江中小民营企业发展的原因分析 [J]. 当代经济，2008(20):102-104.

③ 小狗经济是著名经济学家钟朋荣在考察浙江经济发展后概括出来的。小狗经济的秘诀在于分工明确、合作紧密，优势在于产业集中和竞争，在于专业化和协作，在于体制和机制创新，在于用市场交易关系代替企业内部管理关系。小狗经济的基本特征是，在一个区域范围内产业的集中生产与单个企业生产的统一，即一个乡镇或者一个县市重点发展一种产业，而其中一个企业只负责生产该产业的某部分零件。

④ 章轩恺 . 浙江民营经济特色研究 [J]. 中外企业家，2014(16):16-17.

⑤ 省委党校 2014 年秋季中青年干部培训一班三组 . 着力推进浙江民营经济转型发展：浙江民营经济发展现状分析及对策思考 [J]. 浙江经济，2014(22):30-32.

10.43%。①

（二）民营中小企业家族制局限逐渐突破

家族制是浙江民营中小企业的主要模式。② 近年来，广大民营中小企业积极响应浙江省委省政府的号召，努力克服家族制企业的局限，积极推进现代企业制度改革，加快企业股份制改革和上市步伐，促进了私人资本社会化，为民营企业发展募集了资金，并推进了现代企业制度建设。截至 2020 年年底，A 股浙江共有上市公司 517 家，其中 2020 年新增 A 股上市公司 62 家，占比 15.7%，稳居全国第一；民营企业占全省上市公司超过 85%，在全国各省区市遥遥领先。③

（三）民营中小企业先发优势逐渐弱化

近年来，全国都十分重视民营经济发展，各地政策力度都很大。尤其相比同处长三角地区的江苏、上海，浙江民营经济的领先优势已相对弱化。④ 国内经济增长存在下行压力，物价上涨压力仍然较大，节能减排形势更趋严峻，特别是传统行业产能过剩和新兴产业发展不确定性将长期并存。与此同时，资源要素约束加大和成本快速上升倒逼民营中小企业转型升级。用地难、用电难、用工难、融资难，以及原材料成本、融资成本和工资成本快速上升等问题，使那些靠“拼资源、拼环境、拼价格”的民营中小企业面临生存的考验。⑤ 在全球疫情扩散、经济下行压力、中美贸易摩擦“三大要素”交织的背景下，2020 年浙江民营经济受到的冲击十分明显，资金链、供应链、市场销售等都受到影响。浙江省工业和信息化研究院党委书记、院长兰建平说：“2020 年对于浙江民营企业来说，既是‘淬炼’，也是‘萃取’。真正有自主创新能力和水平以及管理制度的民营企业，才能在一次次‘淬炼’中成就‘百年老店’。那些机遇

---

① “2020 浙江省民营企业 100 强”榜单根据企业提供的 2019 年度财务报表，以企业 2019 年度营业收入为主要依据，参考其 2019 年净利润、净资产、纳税额等指标以及企业信用信息公示系统年报数据等进行排序。

② 张伟东，吴华．浙江民营中小微企业发展创新研究 [J]. 浙江树人大学学报，2013(5):42-45.

③ 陶喜年，张银银．中国民企 500 强占去四分之一，浙江简直逆天了 [EB/OL].(2017-08-25)[2018-12-23]. https://www.sohu.com/a/167293891_217394.

④ 郭占恒．浙江民营经济发展问题研究 [J]. 商业经济与管理，2012(11):56-61.

⑤ 陈庆勇．浙江民营经济发展策略研究 [J]. 商情，2013(26):202.

型、投机型，不注重知识产权的企业在变革环境中终将被淘汰。”①

三、浙江省民营中小企业职业经理人的实证调查

为更好地把握民营中小企业职业经理人的发展现状、促进民营中小企业职业经理人的发展，我们在宁波宁海、台州临海和湖州长兴选取了近40家民营中小企业进行了问卷调查。我们共发放180份问卷，回收有效问卷164份，有效问卷数占发放问卷数的91%。有效问卷中，企业出资人问卷有39份，职业经理人问卷有125份。

（一）调查样本的分布情况

民营中小企业调查对象名单如表7-6所示。企业出资人调查对象的分布情况如下。①地域分布：宁波宁海18家，台州临海13家，湖州长兴8家。②企业类型：12家是独资企业，8家是合伙制企业，19家是公司制企业。③企业所属行业：制造业行业领域32家，约占82%；农、林、牧、渔业行业领域1家；采矿业行业领域1家；批发和零售业行业领域2家；住宿和餐饮业1家；科学研究和技术服务业1家；水利、环境和公共设施管理业1家。④性别分布：男性33人，占85%；女性6人，占15%。⑤40岁以下（不含40岁）10人，占25.64%；40～49岁9人，占23.08%；50～60岁18人，占46.15%；60岁以上2人，占5.13%。⑥职务分布：董事长8人，占20.50%；董事长兼总经理11人，占28.21%；总经理11人，占28.21%；其他9人，占23.08%。⑦企业员工数分布：企业员工数500人及以上占42.50%,400～499人占12.50%，100～199人占12.50%，其他占32.50%。⑧中层管理岗位数分布：中高层管理岗位1～5个占5.00%，6～10个占12.50%,11～20个占32.50%，21～30个占10.00%，31～50个占15.00%，51～100个占15.00%，100个以上占5.00%,没有选的占5.00%。⑨调查企业创业时间分布：创业时间“2年以内”占2.50%，“3～5年”占10.00%，“6～9年”占5.00%，“10～19年”占40.00%，“20～29年”占27.50%，“30年以上”占15.00%。⑩企业经营规

---

① 张斌.兰建平:2020年对浙江民营企业是“淬炼”也是“萃取”[EB/OL].(2020-12-23)[2021-05-16].https://www.sohu.com/a/440068879_123753.

模分布：企业经营规模100万元以下2家，占5.12%；500万～1000万元2家，占5.12%；1000万～3000万元32家，占82.05%；3000万～5000万元3家，占7.71%。

表7-6　民营中小企业调查对象名单

地区	公司
宁波宁海	1. 宁波昌华铜制品有限公司
	2. 宁波志清实业有限公司
	3. 宁波华成阀门有限公司
	4. 宁波得力文具有限公司
	5. 德科精密有限公司
	6. 宁波方正汽车模具有限公司
	7. 东西方（宁波）航空科技发展有限公司
	8. 东方日升新能源股份有限公司
	9. 宁波如意股份有限公司
	10. 山中合金（宁波）有限公司
	11. 宁波永成双海汽车部件股份有限公司
	12. 宁波奥科太阳能有限公司
	13. 宁波尚科电子有限公司
	14. 宁波卡倍亿电气技术有限公司
	15. 杭州水利水电勘测设计院宁波分院
	16. 宁波建新赵氏集团
	17. 浙江卫信生物药业有限公司
	18. 宁海县东城阳光营养餐配送有限公司
湖州长兴	1. 渤海现代物流股份有限公司
	2. 浙江茶乾坤食品股份有限公司
	3. 浙江莱美纺织印染科技有限公司
	4. 浙江诺力机械股份有限公司
	5. 浙江盛发纺织印染有限公司
	6. 长兴天能集团
	7. 浙江永达实业集团有限公司
	8. 浙江中山化工集团股份有限公司

续表

地区	公司
台州临海	1. 浙江奥翔药业股份有限公司
	2. 浙江临海豪情有限公司
	3. 浙江东邦药业有限公司
	4. 浙江海洲制药有限公司
	5. 浙江华海药业股份有限公司
	6. 浙江朗华制药有限公司
	7. 浙江燎原药业股份有限公司
	8. 浙江启博机械有限公司
	9. 浙江荣耀化工有限公司
	10. 浙江沙星医药化工有限公司
	11. 浙江银丰合成革有限公司
	12. 浙江永太科技股份有限公司
	13. 临海市鸥巡电子科技有限公司

职业经理人调查对象的分布情况如下。①性别分布：男性占 66.94%，女性占 33.06%。②年龄分布：30 岁以下占 14.52%，30 ～ 39 岁占 36.29%，40 ～ 49 岁占 29.03%，50 ～ 60 岁占 19.35%，60 岁以上占 0.81%。③职务分布：总经理占 7.26%；副总经理或总监占 61.29%；其他占 31.45%。④学历分布：硕士占 12.90%；学士占 37.10%；大专占 44.50%；高中及以下占 5.50%。⑤与企业出资人的关系：合伙人关系占 3.23%；亲戚关系占 5.65%；朋友关系占 2.42%；其他占 88.70%。⑥在企业工作的时间：在调查对象中，2 年以下占 20.16%；3 ～ 5 年占 29.03%；6 ～ 9 年占 20.16%；10 年以上占 30.65%。⑦从事过管理工作的企业数：调查对象在 1 个企业做过管理工作的占 20.16%，2 个的占 40.32%，3 个的占 27.42%，4 个的占 6.45%，5 个以上占 5.65%。

（二）职业经理人的招聘选用过程

第一，培训认证的重要性。选用职业经理人是否需要通过相应的培训和认证，37.50% 的调查者认为“非常有必要”，50.00% 选择“必要”，“无所谓”和“不必要”分别占 10.00%、2.50%，因此 87.50% 的被调查者认为“有必要”。在 125 位职业经理人中，职业经理人资质证书获得的人数并不多，81.45%“未获得”，只有 18.55%“获得”。在求职过程中，58.87% 的企业主“认可”职业经理人资质证书，41.13% 则“不认可”。

第二，影响职业经理人进入企业的因素。企业出资人认为，影响外部职业经理人进入企业的最主要因素是：“企业文化”（40.00%）、“合理的薪酬收入及福利水平”（40.00%）、“职务晋升空间与公平”（32.50%）、“企业发展规模”（30.00%）、“行业属性”（30.00%）、“企业发展阶段”（25.00%）、“企业内部治理结构”（20.00%）。而职业经理人的排序则是：“企业发展阶段”（43.55%）、“企业内部治理结构”（39.52%）、“职务晋升空间与公平”（36.29%）、“企业文化”（34.68%）、“行业属性”（33.87%）、“合理的薪酬收入及福利水平”（30.65%）、“企业主对职业经理人的信任”（29.84%）、“企业规模”（26.61%）。

第三，职业经理人就职的主要问题。企业出资人寻找适合的职业经理人过程中碰到的主要问题有：“优秀的职业经理人供给不足”（52.50%），“很难了解职业经理人的诚信情况”（42.50%），“难以获得广泛的求职者有效信息”（40.00%），“求职者对薪酬要求较高”（40.00%），“猎头 / 人才中介组织收费太高”（37.50%），“职业经理人能力素质不够”（37.50%）。而职业经理人在找到企业主并成功就职过程中遇到的主要问题和困难位列前三的是：“寻求职业的平台和渠道少”（45.97%），“难以获取企业需求信息”（38.71%），“人才市场运作体系不规范”（36.29%）。

第四，职业经理人的招聘渠道。企业高管（总经理、副总经理、总监）的主要招聘渠道为“内部培养 / 提拔”（77.50%）和“猎头推荐”（37.50%）。中层管理人员 / 部门负责人的招聘渠道如下：“内部培养 / 提拔”（85.00%）、“网络招聘”（37.50%）、“猎头推荐”（35.00%）、“人才市场招聘”（30.00%）和“熟人 / 朋友介绍”（27.50%）。职业经理人成功就职并成为职业经理人的主要渠道：“企业内部培养 / 提拔”（36.29%）、“亲戚 / 朋友推荐”（19.35%）、“网络发布并查找求职信息”（16.13%）、“人才市场招聘”（13.71%）和“猎头推荐”（7.26%）。由此可见，无论是民营中小企业的核心高管、中层管理人员或部门负责人，还是职业经理人就职渠道，“内部培养 / 提拔”占很大比重，因此职业经理人市场还不成熟，企业出资人对职业经理人的需求量相对也不大。

第五，职业经理人应具备的能力。企业出资人在选拔职业经理人时关注的能力排序如下："管理运营能力"（80.00%）、"团队运作能力"（50.00%）、"资源掌控能力（政府、市场、人力资源）"（42.50%）、"产品运作能力"（27.50%）、"资本运作能力（上市、收购、并购）"（20.00%）、"品牌运作能力"（17.50%）、"国家政策理解和运用能力"（10.00%）。被访的职业经理人认为，一名合格的职业经理人应该具备的能力前三位如下："管理运营能力"（78.23%）、"团队运作能力"（54.84%）、"资源掌控能力（政府、市场、人力资源）"（41.13%）。在职业经理人应具备的能力方面，企业出资人和职业经理人的认知基本一致。

第六，职业经理人应具备的资质素养。出资人在选拔职业经理人时关注的资质和素养排序如下："丰富的管理经验"（82.50%）、"良好的职业道德"（57.50%）、"突出的工作业绩"（42.50%）、"团结协作"（40.00%）、"忠诚可靠"（35.00%）、"获得职业经理人资质证书"（10.00%）。被访的职业经理人认为，一名合格的职业经理人应该具备的主要资质是："良好的职业道德"（82.26%）、"丰富的管理经验"（79.03%）、"突出的工作业绩"（38.71%）、"团结合作"（37.90%）。在职业经理人应具备的资质素养方面，企业出资人和职业经理人的认知也基本一致。

第七，对职业经理人评价的主要内容。企业出资人认为对职业经理人评价的主要内容应该是："素质评价"（75.00%）、"能力评价"（70.00%）、"绩效评价"（60.00%）、"职业信用评价"（55.00%）和"个人诚信评价"（30.00%）。被访的职业经理人认为，对职业经理人评价的主要内容包括："能力评价"（83.87%）、"素质评价"（63.71%）、"绩效评价"（63.71%）、"职业信用评价"（52.42%）、"个人诚信评价"（47.58%）。在职业经理人评价的主要内容方面，企业出资人和职业经理人的认知略微有一些差异。

第八，企业出资人和职业经理人的关系。根据调查，52.42%的职业经理人认为和企业主的关系"分工非常明确、企业主适度放权、合作非常融洽"，45.16%则认为"分工基本明确、管理权限受到一定限制、合作还算顺畅"，0.81%认为"分工混乱、企业主不肯合理下放权力、也没人听从指挥、不想合作下去"。由此可见，企业出资人和职业经理人的关系相对比较融洽，合作顺畅。

（三）职业经理人市场建立的必要性

第一，市场需求量。2016—2018 年企业对职业经理人的需求量如表 7-7 所示。39 家民营中小企业中，对职业经理人需求量 20 人以上的有 4 家，占 10.26%；11 ～ 20 人 的 7 家， 占 17.95%；6 ～ 10 人 的 9 家， 占 23.08%；1 ～ 5 人的 19 家，占 48.71%。根据浙江省人才市场统计数据，2014 年 4 月至 2015 年 4 月一年期间，参与招聘企业数共 7012 家，招聘人才数共计 661988 人，招聘岗位共计 180051。其中，类似职业经理人岗位共计 30900 个，占 17.16%。浙江省人才市场类似职业经理人岗位招聘分布如表 7-8 所示。主要分布如下：经营管理类 6602 个，占 21.37%；质量保证 / 品质管理类 3752 个，占 12.14%；销售管理类 7765 个，占 25.13%；人力资源管理类 4124 个，占 13.35%；财务 / 审计 / 税务类 8657 个，占 28.01%。由此可见，浙江省民营中小企业职业经理人的市场还十分不成熟，未来对职业经理人需求量并不大，而且大部分也是以内部培养为主，所以未来需要职业经理人协会对职业经理人市场需求的培养和唤起。

表 7-7　2016—2018 年企业对职业经理人的需求量

需求量	企业数 / 家	百分比 /%
20 人以上	4	10.26
11~20 人	7	17.95
6~10 人	9	23.08
1~5 人	19	48.71

表 7-8　浙江省人才市场类似职业经理人岗位招聘分布（2014 年 4 月至 2015 年 4 月）

招聘岗位	需求数 / 个	百分比 /%
经营管理类	6602	21.37
质量保证 / 品质管理类	3752	12.14
销售管理类	7765	25.13
人力资源管理类	4124	13.35
财务 / 审计 / 税务类	8657	28.01

第二，建立必要性。企业出资人对是否有必要建立专门的职业经理人市场的调查统计如下："非常必要"占37.50%，"必要"占52.50%，"无所谓"占7.50%，"不必要"占2.50%。受访的职业经理人认为建立专门的职业经理人市场"非常必要"占29.84%，"必要"占53.23%，"无所谓"占6.45%，"不必要"10.48%。

第三，市场供需问题。企业出资人认为，职业经理人市场供求方面存在的主要问题有："职业经理人市场机制不健全、渠道不畅"（62.50%）、"职业经理人能力素质不高"（40.00%）、"职业经理人诚信体系尚未健全"（32.50%）、"优秀职业经理人流动性太强"（30.00%）、"职业经理人数量不足"（25.00%）、"供求信息不对称"（22.50%）、"中国传统文化影响民营企业对职业经理人的需求"（17.50%）。受访的职业经理人认为，职业经理人市场供求方面存在的主要问题有："职业经理人市场机制不健全、渠道不畅"（53.23%）、"供求信息不对称"（40.32%）、"职业经理人诚信体系尚未健全"（38.71%）、"中国传统文化影响民营企业对职业经理人的需求"（37.10%）。

第四，市场环境问题。企业出资人认为，职业经理人市场环境存在的主要问题有："职业经理人阶层没有形成"（67.50%）、"诚信体系不健全"（37.50%）、"市场化程度不高"（30.00%）、"相关法律法规缺失"（30.00%）、"市场秩序混乱"（25.00%）、"政府监管不到位"（7.50%）。受访的职业经理人认为，职业经理人市场环境存在的主要问题有："职业经理人阶层没有形成"（46.77%）、"诚信体系不健全"（45.97%）、"市场程度不高"（45.16%）、"相关法律法规缺失"（43.55%）。

第五，市场中介服务。企业出资人希望职业经理人协会、行业协会、人才机构等提供的服务如下："建立职业经理人信用评价体系，开展职业经理人信用档案管理服务"（77.50%），"建立统一的职业经理人评价标准体系、开展认证评价服务"（67.50%），"建立职业经理人交流平台（举办展会、组织职业经理人俱乐部等）"（55.00%），"建立网上人才交易市场，发布供求双方信息"（37.50%），"建立职业经理人行为管理规范"（35.00%）。受访的职业经理人则希望："建立统一的职业经理人评价标准体系、开展认证评价服务"（65.32%），"建立职业经理人信用评价体系、开展职业经理人信用档案管理服务”（58.06%），“建立职业经理人交流平台（举办展会、组织职业经理人俱乐部等）”（54.03%）。企业出资人认为现在的职业经理人市场中介服务存在的主要问题如下：“服务机构运作不规范、服务质量不高”（65.00%），“职业经理人市场交易平台少”（57.50%），“个人信息提供不真实”（55.00%）。受访的职业经理人认为现在的职业经理人市场中介服务存在的主要问题如下：“服务机构运作不规范、服务质量不高”（70.16%），“职业经理人市场交易平台不规范”（50.00%），“需求信息提供不真实”（45.97%），“服务机构层次低，满足不了招聘需要”（43.55%）。在这点上，企业出资人和职业经理人的认知略微有差异。

第六，监督制约机制。根据调查，职业经理人有效的监督约束制度是：“经营业绩考核制度”（69.35%）、“职业信用评价制度”（68.55%）、“任期经济责任审计制度”（49.19%）、“责任追究制度”（48.39%）。行业协会应该在市场规范管理中发挥的作用排序如下：“行业监管”（71.77%）、“标准制定”（62.90%）、“政策咨询”（46.77%）、“信息服务”（40.32%）、“利益关系协调”（33.06%）。

四、浙江省民营中小企业职业经理人发展的对策建议

民营中小企业主和职业经理人融合是企业应对复杂动荡的环境并实现持续成长的必然要求。未来职业经理人将会成为浙江民营中小企业的主要管理模式，应往以下方面努力。

（一）完善职业经理人的价值评判体系

职业经理人市场的成熟需要有良好的市场环境的支持。[①] 要构建适应中国市场环境的职业经理人价值评价体系，用一个相对统一的标准对职业经理人做出评价，囊括专业技能、职业道德素养、信用记录、创造利润和业绩等多维度考评指标。此外，要明确职业经理人的角色定位、职责范围和权力界线，出资人在选定了职业经理人后，要创造良好的工作环境促使职业经理人能够充分行使权利，不能随意干涉其经营决策。

① 张金艳，张帆．中国职业经理人市场发展的制约因素分析 [J]. 广东外语外贸大学学报，2013(6):24-27.

（二）完善职业经理人市场选择制度

实行优胜劣汰的竞争机制，是建立规范发达的职业经理人市场的前提。第一，建立职业经理人市场，衔接企业与职业经理人的供需。企业明确所需职业经理人的基本条件，并通过媒体公开招聘信息，在职业经理人人才库中依法公开选拔、考评，找到合适的职业经理人。待聘职业经理人则可根据自身特点和要求公开竞争应聘，找到发挥才干、实现自身价值的理想位置。①第二，建立一套完整的职业经理人资格鉴定制度。实行"绿色证书"制度，制定各种职业资格标准和录用标准，实行学历文凭和职业资格两种证书制度，为有资格担任职业经理人者颁发"绿色证书"。第三，要逐步完善职业经理人的选拔方式和途径。广开企业职业经理人的渠道，改变单纯依靠企业"体内循环"和"体内培养"的情况，形成全行业、全社会循环的良好态势。可尝试在全省建立职业经理人市场互联网络和职业经理人人才库，从而消除本企业、本系统、本地区选择职业经理人的封闭做法。

（三）完善职业经理人激励约束机制

在现代企业所有者与职业经理人的委托代理关系中，企业所有者和职业经理人的行为目标是不一致的。②而股权激励可以有效促使企业所有者和职业经理人形成利益共同体，减少代理成本，提高企业业绩。因此，对职业经理人实行股票期权激励是现代企业制度下的一项激励创新。③除了股权激励，还必须建立有效的监督约束机制来保证职业经理人市场的健康发展，包括合同约束④、机构约束⑤、法律约束⑥等方面。

---

① 李晏仙 . 改革企业家的产生机制努力提高国有企业效率 [J]. 市场论坛，2005(11):90-91.

② 企业所有者希望企业保值、增值并实现利润最大化，但职业经理人由于不具有产权、不参与利润分配，因此更关心自己的报酬、闲暇及风险规避。

③ 李仕龙 . 企业职业经理人激励与约束 [J]. 人力资源管理，2012(6):86-87.

④ 企业一旦决定聘用职业经理人，就必须签订非常详尽的工作合同，该合同对企业商业机密的保护、技术专利的保护、核心竞争力的保护都要体现出来。

⑤ 企业建立内部决策、执行、监管的最高机构，职业经理人的重要性决策方案必须要通过一定的程序、一定的机构方能形成可执行的决策，否则就视为违规，就要受到处罚。

⑥ 法律约束即依靠法律来构建职业经理人活动的外部框架，并同时辅之以一定的政府监管的经济体系。

（四）完善家族企业治理结构[①]

现代社会产权日趋复杂化，企业治理机构作为制度化的安排有重要意义。[②]企业可以从以下三方面完善企业治理结构：一是重视职业经理人的引入。企业价值理念会影响职业经理人管理理念的融入，民营企业必须在思想上认识到引入职业经理人的必要性。二是加强董事会的独立性。在家族企业中，董事会通常是企业主表达个人意志的工具。因此，有必要加强董事会的建设和提高董事会的独立性，保证董事会工作的规范性，防止企业主决策的随意性。三是强化监事会的职能。大多数家族企业的监事会形同虚设，监事会成员都来自家族成员内部，不具备形式和实质上的独立性。

（五）完善职业经理人发展的外部环境

外部环境改善为家族企业职业化变革提供保障，而外部环境的改善主要依靠社会和政府的力量。[③]比如：健全法律保障体系，加强合同法在委托代理过程中的应用；完善社会信用系统，提高社会信用水平，建立职业经理人信用评价体系，提升委托代理的信任水平；建立和完善保护出资人制度、保障交易安全的制度体系，以确保市场运行的高安全和低成本。另外，职业经理人协会还有很多不足，不能对职业经理人进行有效约束，更不能表彰优秀的职业经理人，惩戒违规违法经营行为，净化职业经理人市场环境。

---

① 胡畔．我国家族企业建立职业经理人制度研究 [D]．长春：东北师范大学，2008.

② 在家族企业治理中，出资者、经理层、员工等各个权利主体会以效用最大化为出发点预期自己的产权，但是从企业经营的角度来讲，结果只能是所有权利主体平衡利益关系，各司其职，做出最经济、最理性的判断，最终目的是实现企业财富的最大化。

③ 林海芬．我国家族企业的家族式管理及其职业化变革研究 [D]．成都：西南财经大学，2006.

第八章　现代主导产业人才需求与引才趋势研究[①]

根据《杭州市上城区国民经济和社会发展第十三个五年规划纲要》，金融服务业、文化创意产业、信息技术产业、商贸旅游产业、健康服务产业是上城区优先发展的五大主导产业，新制造业则是上城区积极发展的新兴领域。[②]以“5+1”产业为着眼点，上城区始终坚持把发展作为第一要务，加快人才项目、创新成果的转化应用，推动科技人才充分转化成为生产力、竞争力，促进优化产业结构、加快产业转型升级。基于此，聚焦金融服务业、文化创意产业、信息技术产业、商贸旅游产业、健康服务产业、新制造业，由区委组织部人才办牵头，我们对全区“5+1”产业发展进行问卷调查和实地走访，研究适合上城区发展的行业细分领域，对上城区“5+1”产业现状及引才方向进行研究。

第一节　杭州上城区“5+1”产业人才需求现状及趋势

一、上城区“5+1”产业发展的基本现状

上城区坚定不移贯彻新发展理念，深化“最多跑一次”和“亩均论英雄”改

① 本章根据上城区组织部人才办委托课题的研究成果整理修改所得，相关数据来源于上城区提供的文件材料。2021 年 3 月，杭州市部分行政区划进行了调整，本章涉及的杭州市行政区划是调整前的。本章部分内容已公开发表，详见童素娟，李晋楠，周才娇，等. 推进现代主导产业人才引进的对策：以杭州上城区为例 [J]. 创意城市学刊，2021（2）：140-151。

② 杭州市发展和改革委员会. 杭州市上城区国民经济和社会发展第十三个五年规划纲要 [EB/OL].(2016-09-20)[2018-12-23]. http://drc.hangzhou.gov.cn/art/2016/9/20/art_1229542768_1949114.html.

革，有效激发市场活力，打造出“营商环境最优区”品牌，推动经济高质量发展。[①]2020年年初，金融服务业、文化创意产业、信息技术产业、商贸旅游产业、健康服务产业五大主导产业实现一般公共预算收入49.19亿元，占全区一般公共预算收入的60.37%，健康服务与大数据产业创新服务综合体入选第三批省级创建名单。[②]

（一）金融服务业

上城区传统金融产业基础较好，省市国有金融企业落户较多，金融服务业持续加强，私募领域发展较快，产业税收贡献较大。据财政部门的统计，上城区金融服务业完成一般公共预算收入18.08亿元。[③]从泛金融领域内企业贡献数据（利税前100名企业）看，涉及私募、股权投资领域的企业占49%，国有性质的投资或金融平台占45%，持牌金融机构占10%，新金融领域、金融科技领域尚未有企业具有较强的业绩表现。截至2020年4月22日，上城区备案私募机构数量549家，占全省总量的17.3%，列各区县之首。玉皇山南基金小镇和望江金融科技城是上城区金融产业的主要聚集地。玉皇山南基金小镇重点发展私募证券基金、私募股权基金、私募商品（期货）基金、对冲基金、量化投资基金五大类私募基金，以及各类资产管理公司、财富管理中介机构，打造中国版的“格林尼治小镇”；望江金融科技城则积极打造金融科技上市公司、数字普惠金融机构，重点培育各类互联网金融、天使投资和创业投资、私募股权投资、数量化和程序化金融、普惠金融、绿色金融等新型金融业态的初创企业，大力支持传统金融机构互联网化，有效集聚各类金融科技风险投资机构、金融大数据产业基金、大数据创新机构的功能，探索金融与互联网、创新创业、移动通信、数据科技、人工智能、生态保护等融合发展的“金融+”创新模式。

（二）文化创意产业

近年来，上城区文化创意产业规模持续增长，龙头企业带动效应明显，新

---

① 上城区数据资源管理局．经济发展[EB/OL].(2021-05-19)[2021-08-26]. http://www.hzsc.gov.cn/art/2021/5/19/art_1267741_58929076.html.

② 2020年1月18日，上城区人民政府区长金承涛在上城区第十五届人民代表大会第四次会议上做《杭州市上城区政府工作报告（2020年）》。统计数据来源于《杭州市上城区政府工作报告（2020年）》。

③ 统计数据来源于《杭州市上城区政府工作报告（2020年）》。

兴文化业态发展迅猛，产业发展平台渐成体系，发展水平居于全市前列。上城区是全市乃至全省文化产业发展平台最为密集的县区之一，已经初步构成“特色小镇集聚、重点节展引领、园区基地带动”的“2+4+*N*”发展格局。其中，“2”是两大省级特色小镇，包括玉皇山南基金小镇、南宋皇城小镇；“4”是四大重点文化节展活动，包括南宋文化节、中国民间艺人节、杭州美术节、杭州国际设计周；“*N*”是指上城区各级文创街区、文创园区、文创特色楼宇。2020年年初，上城区引进央视短视频基地、省文投集团等重大项目7个，文化创意产业实现增加值142.9亿元，同比增长10%，占地区生产总值比重为12.2%；完成一般公共预算收入4.97亿元，规模以上文创单位（含事业）348家，实现主营业务收入（含事业）576亿元。①

（三）信息技术产业

上城区特别重视数字经济的发展，先后出台了《上城区加快数字经济发展行动计划（2018—2022年）》及企业上云扶持政策实施办法等一系列扶持政策，助推数字经济企业高质量发展。上城区信息技术企业集聚程度较高，数字经济的主阵地在望江智慧产业园。园区坚持网络基础、产业发展、应用服务“三位一体”发展，思科（中国）研发中心、德欧企业工业4.0杭州中心等相继落户，摩云科技总部、广宇智慧健康总部等“152”工程项目稳步推进，有望打造成千亿级产值的望江数字E谷。②2020年年初，上城区完成数字经济核心产业增加值25亿元，同比增长5.5%，成功举办杭州数字经济高峰论坛。③

（四）商贸旅游产业

由于地处中心城区，上城区的商贸旅游产业发展基础优势相对明显，区内不仅拥有2个国家级4A景区、1个3A级景区，还集聚了湖滨、吴山两大核心商圈。近年来，上城区深耕玉皇山南基金小镇2.0版，统筹推进南宋皇城小镇建设和清河坊步行街改造，进一步提升旅游服务智慧化水平，进一步打响“南宋古都·经典上城”品牌。以浙江自由贸易试验区杭州联动创新区为契机，上

① 数据来源于《杭州市上城区政府工作报告（2020年）》。

② 上城区发展改革和经济信息化局．我区“三化融合”初显成效[N]．上城报，2019-03-22（1）．

③ 统计数据来源于《杭州市上城区政府工作报告（2020年）》。

城区着力打造延安路国际化商业大街和以新零售为主的湖滨步行街，鼓励实体商贸企业电商化、电商企业发展实体门店销售，实现O2O（线上至线下）销售联动，为杭州打造“国际消费中心城市”贡献“上城力量”。2020年年初，商贸旅游业再创新高，全年接待游客6400万人次，实现营业收入403亿元，荣获省政府推进批发零售改造提升先进区。①

（五）健康服务产业

健康服务产业是上城区产业转型升级和实现地方财政收入提高的主阵地之一。上城区有着全市乃至全省首屈一指的医疗资源，辖区集聚浙医一院、浙医二院、妇保医院、省中医院、市一医院、市三医院等多家省市级重点医疗机构以及其他各级各类医疗卫生机构②，具有良好的健康服务业发展基础条件。因此，在发展健康服务业方面，上城区积极创建“健康医疗城”，重点打造技术含量高、社会经济效益明显、与健康直接或间接相关的医疗产业、药械产业、保健品产业和健康管理服务产业四大基本产业，以小营街道健康产业园为核心形成健康产业集聚区。2020年年初，全区健康服务业企业711家，其中规模以上企业207家，完成一般公共预算收入3.44亿元，小营智慧健康产业园引进健康智谷等项目106个。③年纳税额前十名企业为：浙医一院、浙医二院、国药控股、德格医疗设备、浙医一院益达经营公司、省医疗器械检验研究院、回音必集团、市三医院、必正医药、泰仁堂中医门诊部。

（六）新制造业

上城区以“高端化、智能化、绿色化、服务化”为导向，坚持创新驱动，坚持增总量、优存量、促增量、提质量，积极探索数字经济与制造业“双引擎”，推进新时代制造业高质量发展。④上城区新制造业的主要集聚地是在位于拱墅、余杭交界处，具有“飞地”性质的电子机械功能区（政府智慧园区）。园区内制造业重点产业主要为：仪器仪表制造业，医药制造业，电气机械和器

① 数据来源于《杭州市上城区政府工作报告（2020年）》。

② 王斌．我区致力打造“健康医疗城”[N]. 上城报，2013-11-15（1）．

③ 数据来源于《杭州市上城区政府工作报告（2020年）》。

④ 上城区发展改革和经济信息化局．关于公开征求《关于推进上城区“新制造业计划”行动方案（征求意见稿）》的公告[EB/OL].（2019-11-07）[2020-02-21].http://www.hzsc.gov.cn/art/2019/11/7/art_1268021_39873455.html.

材制造业，计算机、通信和其他电子设备制造业。2020年年初，园区技工贸总收入79.65亿元，税收7.26亿元，亩均产值达1146万元，亩均税收104万元，亩均效益位居全省前列。[①]

二、上城区“5+1”产业人才需求现状及趋势

上城区坚持以企业需求为导向，全力营造公平竞争的市场环境、宽松优惠的政策环境、宜居宜业的生活环境，加快形成有利于“5+1”产业高质量发展的政务环境和支撑体系，集聚了一批以新金融人才、创新型科技人才、企业管理型人才、高技能人才等为重点的高端产业人才，为建设一流的国际化现代化城区提供了有力保障和支持。按照杭州市人才分类标准，2020年年初，上城区有信息技术人才35名、金融服务人才48名、文化创意人才67名、商贸旅游人才101名、健康服务人才171名、教育人才236名以及制造业人才135名，评出6个重点产业领域创新领军人才10名。

（一）金融服务业

1. 产业发展方向

上城区初步形成以传统金融为基础、以互联网金融和金融科技为发展方向的金融集群，重点发展以股权投资为主的核心产业，大力推进新金融产业战略崛起，着力发展第三方支付等互联网金融业态，初步建立现代金融服务业产业和先进信息科技业体系。力争到2025年金融服务业和信息经济产值占40%左右，区域生产总值增长速度年均在20%左右。逐步构建金融机构总部、金融要素市场、私募基金、互联网金融、金融大数据产业协同发展的财富管理产业链和新金融生态圈，逐步打造具有国际影响力、吸引力和感召力的现代金融人才高地。

2. 产业人才现状

2016年7月，杭州市金融人才管理改革试验区正式落户上城区，建立了由高等院校、培训机构、金融行业协会和地方政府共建共享的多层次金融人才培养体系及产学研用一体化的金融人才发展路径。2017年，上城区修订完

① 数据来源于上城区组织部人才办提供的相关材料。

善《关于建设金融人才管理改革试验区的若干政策意见》，扩大了金融人才政策的受众面和影响力。截至2020年年末，上城区金融人才分类认定430人。2015—2018年，上城区累计兑现金融人才奖励1077.8万元；累计评定“杰出金融人才”20人，“突出贡献金融人才”42人，累计兑现杰出、突出贡献金融人才奖励405万元。私募金融产业是上城区的特色金融产业，玉皇山南基金小镇吸引了一批来自美国、英国、新加坡、中国香港等多个国家和地区的高端金融人才和金融团队入驻。截至2020年9月，玉皇山南基金小镇累计入驻金融机构2430家，管理总资产规模达11655亿元，吸引5000余名国内外高端金融人才入驻，位居杭州市五个省市级金融特色小镇之首。

3. 产业引才方向

按照钱塘江金融港湾规划和杭州国际金融科技中心规划要求，上城区积极打造以“金融＋科技”为特色的望江金融科技城，继续巩固优化在私募基金、财富管理方面的既有成果，探索在金融科技、互联网金融、普惠金融、绿色金融等新金融领域的创新突破，目标是建设成为全国一流的金融科技中心以及全球金融科技人才的聚集区。亟须培育和引进的金融服务人才类型主要包括：第一，金融科技人才，主要指那些充分了解云计算、区块链技术、大数据分析、人工智能等现代科技，并能熟练将其运用于金融领域的专业人才。第二，数字金融人才，主要指那些具有较强的计算机专业能力，熟悉移动支付、电子银行等金融业务的人才，掌握数字金融领域主流技术和前沿动态的专业人才，主要涉及互联网支付、互联网基金平台、金融大数据服务、区块链金融服务、区块链企业服务等方面的技术人才。第三，从事金融要素市场交易、离岸金融、数字金融、惠普金融、绿色金融、股权投资（VC、PE）、并购投资、保险精算、小额贷款、知识产权投融资、金融研究及财富管理、风险管理等市场急需的青年骨干人才。第四，银行高管、资本市场高管、保险业高管、新金融产业高管等高级管理人才，金融市场高级研究人才，金融产品市场营销人才。上城区金融服务产业重点引才目录如表8-1所示。

表 8-1 上城区金融服务产业重点引才目录

<table>
<tr><th colspan="2">产业类别</th><th>细分领域</th><th>重点引才方向</th></tr>
<tr><td rowspan="6">新金融</td><td rowspan="3">金融科技 / 互联网金融</td><td rowspan="3">线上金融、支付清算、智能投顾</td><td>熟悉移动支付、电子银行等金融业务，掌握数字金融领域主流技术和前沿动态的专业人才</td></tr>
<tr><td>懂云计算、区块链技术、大数据分析、人工智能等现代科技的复合型金融人才</td></tr>
<tr><td>互联网支付、互联网基金平台、金融大数据服务、区块链金融服务、区块链企业服务</td></tr>
<tr><td>国际金融</td><td>跨境理财保险、国际人民币结算</td><td>具备国际金融知识、掌握国外金融政策的复合型人才</td></tr>
<tr><td>私募基金</td><td>私募股权、创投基金、私募证券投资基金、母基金</td><td rowspan="2">金融要素市场交易、股权投资、并购投资、小额贷款、知识产权投融资、金融研究及财富管理、风险管理等市场急需的青年骨干人才</td></tr>
<tr><td>首次公开募股（IPO）</td><td>前后端服务、资料前审服务</td></tr>
<tr><td colspan="2">传统金融</td><td>银行、证券、保险、信托、基金</td><td>银行高管、资本市场高管、保险业高管、保险精算人才、市场营销人才、青年骨干人才、金融研究人才</td></tr>
</table>

注：根据调查资料整理所得。

（二）文化创意产业

1. 产业发展方向

上城区依托南宋皇城小镇、望江数字产业集群、湖滨文创生态圈三大产业平台，重点发展数字文化产业、影视文化产业、艺术创作产业和动漫游戏产业等优势产业，聚焦高新技术、影视产业、演艺娱乐、文化休闲旅游、艺术品等重点文创产业，深化文商旅深度融合，丰富之江文化产业带建设。[①] 促进文化创意与金融服务、休闲旅游、信息技术等融合发展，力争再引进一批核心竞争力高、行业带动力大、品牌辐射力强的重大文化项目和企业，形成“在建一批、招引一批、储备一批”的重点项目梯次推进发展格局，打造“承皇家古韵、揽市井风情”的南宋影视文化体验中心、旅游国际化先行区、数字传媒产业发展高地。[②]

① 江南．浙江规划建设之江文化产业带 [N]. 人民日报，2018-06-27（12）.

② 李婷婷．上城全力打造数字应用第一区 [N]. 杭州日报，2019-01-25（8）.

2. 产业人才现状

上城区文化创意产业的优势行业是设计服务、艺术品、文化会展、文化休闲旅游等业态，以及影视传媒、互联网信息服务等新兴业态。2020 年年初，上城区有规模以上文化企业 103 家，五大主导行业的企业 77 家，其中设计服务类企业 34 家、影视文化类企业 16 家、数字文化类企业 17 家、艺术品类企业 8 家、文化金融类企业 2 家，五大主导行业的企业家占规模以上文化企业总数的 74.8%。但是从企业规模来看，上城区文化创意企业多以中小企业为主，规模普遍较小，缺乏市场竞争力，缺少一批在国内外知名度高、经济效益好、行业带动力强的文创龙头企业。人才是推动上城区文化创意产业高质量发展的核心因素。上城区承吴越、南宋文化，历史文化底蕴深厚，又具有依山临湖滨江的自然之秀，已初步形成了以中国美院王伯敏、吴山明为代表的艺术家人才群体，以朱炳仁、毛戈平等为代表的创意企业家人才群体，以陆镜清、席挺军等为代表的艺术品收藏家人才群体，以夏陈安、胡乔华、吴家平、刘志江、蒋胜男等为代表的影视文化人才。① 但是在名家云集、群星璀璨的文化繁荣胜景之下，上城区文化产业链中能够把文化产品创造力和团队管理能力结合起来的复合型人才奇缺，人才的结构性需求矛盾较为突出。上城区文化创意产业的优势业态和主要特色如表 8-2 所示。

表 8-2　上城区文化创意产业的优势业态和主要特色

优势业态	主要特色
设计服务业	领跑全省，成为支撑上城区文化创意产业发展的主体力量之一。依托山南国际设计创意产业园、凤凰御元艺术基地等产业平台，借力杭州文化创意产业博览会、创意中国（杭州）国际工业设计大赛等赛事平台，上城区成为设计服务业发展高地
艺术品业	高度聚集，杭州市艺术品行业协会会员单位共 89 家，其中有 58 家在上城区注册，占比高达 65%，是杭州市乃至全省艺术品创作、交易、收藏较为活跃、较具代表性的城区
文化会展业	特色鲜明，举办中国民间艺人节、南宋文化节、吴山庙会，承办杭州美术节、杭州国际设计周等活动，极大地提升了文化会展业竞争力，提高了上城区的知名度

① 麻承荣 . 在城区转型和文化传承背景下拓深文创产业发展路径 [J]. 杭州，2012(9):56-57.

续表

优势业态	主要特色
影视传媒业	渐成规模，建成凤凰山南影视基地，主抓文艺精品创作，电视剧《鸡毛飞上天》《麦香》、歌曲《同志们》等影视作品入选全国精神文明建设“五个一工程”。在“十三五”期间，上城区共有22部影视剧作品分别入选省市文化精品工程项目，成功引进影视类央企——杭州一九零五未来科技有限公司，已建立1905自主影视IP品牌，为上城区影视产业发展注入强劲动力

注：根据调查资料整理所得。

3. 产业引才方向

上城区大力引进高端文化创意创业人才和通晓创意产业内容并擅长经营管理的复合型高级管理人才，大力引进国际知名的设计师、艺术家、文学家等名师大家①，引进数字文化、影视文化、动漫游戏、文化传媒、建筑设计、广告咨询、艺术品创作和交易领域的高层次专业人才，同时加快引进中介经纪人等商业化运作高端人才，重点发展数字文化产业、影视文化产业、艺术创作产业和动漫游戏产业等优势产业，促进文化创意与金融服务、休闲旅游、信息技术等融合发展，推进上城区文化创意产业快速发展。上城区文化创意产业重点引才目录如表8-3所示。

表8-3　上城区文化创意产业重点引才目录

<table>
<tr><th>产业类别</th><th colspan="2">重点引才方向</th></tr>
<tr><td>设计服务业</td><td rowspan="4">①高端文化创意创业人才和通晓创意产业内容并擅长经营管理的复合型人才；
②中介经纪人等商业化运作高端人才</td><td>建筑设计中高级工程师、项目总监理</td></tr>
<tr><td>艺术品业</td><td rowspan="2">艺术品创作和交易</td></tr>
<tr><td>文化会展业</td></tr>
<tr><td>影视传媒业</td><td>影视文化、文化传媒、广告咨询、动漫游戏</td></tr>
</table>

注：根据调查资料整理所得。

（三）信息技术产业

1. 产业发展方向

上城区以数字经济为先导，以望江智慧产业园区为平台，促进金融服务、

① 袁中伟，夏春胜，应建民，等．浙江省重点产业转型升级紧缺高层次人才需求分析 [C]. 2010中国人才发展论坛大会，2010.

健康服务等重点产业数字化，打造一批数字经济骨干企业和龙头企业，孵化一批信息技术初创企业，构建全链条技术服务体系，形成浓厚的互联网文化氛围，打响区域品牌竞争力。以思科（中国）总部为龙头，发挥中国铁塔公司等骨干企业作用，大力引进一批以物联网集成电路、芯片技术、传感器等为代表的龙头性信息经济项目，着力培育和孵化一批以物联网、云计算、大数据为核心的信息技术企业。力争聚集各类科技企业 3500 家，其中知名企业、行业龙头企业 30 家以上，国家省市工程（技术）中心、重点（工程）实验室及企业技术中心 20 家，打造物联网创新应用基地，搭建起云计算、大数据服务平台，构筑人工智能、跨境电商、数字内容、IC 设计研发等千亿级信息产业集群。上城区超前布局人工智能技术研发，推动人工智能与各行业的融合创新，将人工智能产业打造成为未来信息技术产业发展的前沿阵地和链接全球产业发展的重要窗口。

2. 产业人才现状

在物联网方面，上城区具备较好的产业基础，在通信网络提供、应用设备提供及相关的应用集成和远程协作方面的软件开发、应用开发等领域具备一定技术实力与品牌效应，代表企业是思科和铁塔两家龙头企业。在云计算、大数据方面，城云、快威企业的主要业务在云计算解决方案、综合性云计算服务上，在业内具备较强实力；云灵科技、尼尔森网联等企业的业务集中在特殊行业的云服务上，整体规模不大。上城区的云计算、大数据、移动互联网、机器人、数字文创、软件与信息服务等信息技术行业的总体产业规模不大，有发展的潜力，具有一定的发展前景。相较于滨江区、余杭区等城区，上城区信息经济产业缺乏比较优势，产业集聚效应并未达到预期效果，产业区域竞争优势不明显，近年来上城区信息技术产业增加值占地区生产总值比重均未突破 10%。上城区企业发展空间有限、区域房价比较高、产业发展不均衡、互联网氛围不浓厚、龙头企业集聚效应较差等问题，导致辖区企业对信息技术人才吸引力不足，主要表现为掌握核心关键信息技术的顶级人才紧缺，高技能人才储备不足，本土培养能力不强，难以满足传统企业数字化转型对各类人才的需求。

3. 产业引才方向

上城区应深入落实杭州市“互联网 +”战略，深化推进“一号工程”，全面促进数字经济强基固本、提质增效战略以及大力推进数字经济“强芯”工程，根据信息技术产业发展现状和趋势，发展以物联网集成电路、芯片技术、传感器、信息经济为核心的总部经济，超前布局人工智能及其与各行业的融合创新，增强上城区数字经济的“硬核”，打造上城区数字经济“2.0 版”。重点引进掌握关键信息技术的顶级紧缺人才，大数据开发、软件开发、视频通信、机器学习、物联网、云计算、人工智能等方面的专业技术人才，生产、管理、销售、服务第一线的实用型技术人才（技术蓝领），实现产业数字化、数字产业化的跨领域复合型人才，以及具有国际视野的高级管理人才。上城区信息技术产业重点引才目录如表 8-4 所示。

表 8-4　上城区信息技术产业重点引才目录

产业类别	产业发展方向	重点引才方向
大数据与云计算	重点发展云计算解决方案与云计算服务［平台即服务（PaaS）、SaaS 层面］	云计算解决方案、特定行业 SaaS 层面云应用开发、AI 开发、操作系统开发、大数据软件开发、大数据分析以及应用
物联网	围绕思科、铁塔，重点关注物联网研发上下游产业链中的软产业	网络提供与运营、应用集成、软件开发与应用开发
软件与信息服务	具有一定的产业基础，适合引进专业领域软件开发和服务人才	专业软件开发、信息技术咨询、信息技术外包（ITO）、人工智能行业场景应用
移动互联网	具有一定的产业基础，适合引进专业领域研发和服务人才	专业领域移动软件开发（操作软件、应用软件、信息安全软件）、移动互联网信息系统集成、移动数据处理、5G 应用
机器人、电子信息制造、信息安全、集成电路	受空间、行业等因素影响，总体产业规模不大，有发展潜力	半导体、集成电路、柔性电子、新型显示、信息显示、机器人等信息技术硬件产业的研发和设计

注：根据调查资料整理所得。

（四）商贸旅游产业

1. 产业发展方向

上城区应加快普及智慧消费，引导实体零售业求新求变，促使传统商品市场、商贸综合体、实体门店逐步转向线上销售，积极挖掘购物、休闲、娱乐等“一站体验式”消费场景。积极引入新零售业态相关的高端技术支撑企业，积极开展“电商 + 网红”“电商 + 社交”“电商 + 共享”等经济新模式，加快探索与跨境电商合作新模式，打造湖滨步行街新零售业态集聚地。大力推进智慧街区、智能商圈、智慧门店建设，培育首店经济、智慧经济、夜间经济、无人经济、免税经济等新业态，通过实现数字赋能、线上线下联动、布局新业态等途径，全力以赴打响“上城国际消费中心”金名片。加快文商旅融合发展，积极拓展全域旅游空间，深入挖掘辖区文化内涵和旅游产业亮点，推进一批文化旅游重点项目和精品主题游线，深化“城市大脑”上城平台文旅系统建设，打造国际化全域旅游体验区。

2. 产业人才现状①

上城区得天独厚的区位优势决定了商贸旅游产业在区域经济发展中的重要性。上城区聚集了以浙江物产网为代表的大宗商品交易平台，以阿卡服饰、百诚家电为代表的知名网上零售企业，以贝付科技为代表的大型电子支付企业，以熙浪、网营为代表的电子商务营销和咨询机构等，累积独有的产业基础，呈多元化发展趋势。湖滨、吴山两大商圈行业范围覆盖吃、住、行、游、购、娱等各个方面，其中餐饮类600余家，生活休闲类约700家，住宿类160余家。人才的分布与传统行业、产业优势和主导产业发展正相关。作为上城区的传统行业、优势产业，上城区商贸旅游人才总量较大，商贸旅游高层次人才占上城区人才总量的30%。

3. 产业引才方向

上城区应重点引进电商运营、电商营销解决方案、电商平台、网站设计等方面的人才，持续发展传统商品市场的O2O等模式的电子商务产业。重点引进声光电、投影、VR等新媒体技术人才以及新媒体宣传人才，融合信息技术、电子商务、跨境电商、网红直播的复合型新零售人才。重点引进旅游策划、线路开发、景观设计、市场推广、旅游度假、酒店管理、项目管理人才、高级国际导游等创新型、复合型旅游人才。上城区商贸旅游产业重点引才目录如表8-5所示。

① 毛长久. 上城抢占电子商务产业发展制高点 [N]. 杭州日报，2014-10-29（8）.

表 8-5　上城区商贸旅游产业重点引才目录

产业类别	重点引才方向
电商行业	电商运营、电商营销解决方案、电商平台、网站设计、跨境电商运营技术支持等方面的人才
新零售行业	融合信息技术、电子商务、跨境电商、网红直播的复合型新零售人才
旅游行业	声光电、投影、VR 等新媒体技术人才以及新媒体宣传人才；旅游策划、线路开发、景观设计、市场推广、旅游度假、酒店管理、项目管理人才、高级国际导游等创新型、复合型旅游人才

注：根据调查资料整理所得。

（五）健康服务产业

1. 产业发展方向

上城区立足“医、康、养、健、药”五大重点领域，构建健康产业核心体系，在医疗卫生、生物医药、临床试验、医疗器械、产业基金、创新类健康保险等产业领域有的放矢，主攻生物医药、临床试验和医疗器械，辅之以医疗卫生、产业基金和创新类健康保险。核心招引生物医药、医疗器械设备研发销售门类的企业，重点招引抗体药物研发、医药临床试验合同研究组织 / 站点管理组织（CRO/SMO）、基因检测治疗、生物医药大数据平台、智能穿戴设备等公司。打造上城医药成果转化中心（研发平台），拓宽“医院—医生—市场”的成果转化渠道，集聚孵化一批优质医药器械企业，重点促进高端医疗、康复与护理、健康信息、健康金融、医疗相关第三方服务、健康体检、健康旅游与文化、体育健身等领域的提升发展，强化上城区在全市、全省健康产业发展中的核心地位，将上城区打造成集聚健康产业、人才、资本和信息的健康产业高地。依靠辖区三甲医院集聚的优势，在现有公立医院基础上，招引康复、养老、养生、运动等领域的优质企业，实现全域健康服务覆盖，努力打造高端医疗服务集聚、健康服务集聚“第一区”。

2. 产业人才现状

大健康产业主要包括五大细分领域：①以医疗服务机构为主体的医疗产业；②以药品、医疗器械、医疗耗材产销为主体的医药产业；③以保健食品、健康产品产销为主体的保健品产业；④以健康检测评估、咨询服务、调理康复和保障促进等为主体的健康管理服务产业；⑤以养老市场为主的健康养老产业。[①] 上城区健康产业的发展已经初具规模，医疗资源丰富，与医疗服务关系比较紧密的药品、医疗器械、保健品等相关产业发展良好，而以个性化健康评估、咨询服务、调理康复等为主体的现代健康管理服务产业存在较好的发展空间。[②] 辖区集聚浙医一院、浙医二院、妇保医院、省中医院、市一医院、市三医院等多家省市级重点医疗机构以及其他各级各类医疗卫生机构[③]，集聚了一大批具有国际视野和国际竞争力的高层次卓越医学创新人才，以及医、教、研、管全方位发展的复合型高层次人才。比如奥尔文泰生物科技（杭州）有限公司首席科学家王孝举带领团队在生物医药领域取得了技术突破。但是上城区健康服务产业人才总量不大，人才支撑作用较弱，高精尖人才分布不平衡，健康管理人才缺口较大，生物制药、器械设备、医疗服务、医疗大数据、个体化医疗、医疗人工智能、互联网医疗等几大领域人才需求保持高位。

3. 产业引才方向

根据上城区健康产业发展基础以及“大力发展全域化健康产业”目标，上城区健康产业应重点引进相关领域的顶级医学专家和中高级医学人才，生物医药研发、医疗器械研发、医药临床试验 CRO/SMO、基因检测治疗、人工智能、互联网医疗等相关领域具有产业引领能力的专业技术人才，具有相关领域医学知识的复合型高级管理人才和市场营销人才，以及康复治疗、康复护理、养老养生等医养一体化养老产业人才。建议分批次分等级按照“药械、产业、医疗”三个层次招引健康产业人才：①第一批核心方向：抗体药物研发、医疗器械研发、医药临床试验 CRO/SMO、基因检测治疗、生物医药大数据平台、智能穿戴设备等方面的研发管理人才。②第二批重点方向：医疗器械销售、健康产业基金管理人、健康产业投资公司、健康产业园区运营、健康产业孵化器运营等方面的高级管理或销售人才。③第三批一般方向：顶级医学专家、中西医门诊部、医学影像检测、康复治疗、康复护理、养老养生、产品推广、新平

---

① 李雪娇 . 大健康产业潜力释放 [J]. 经济，2019(8):70-73.

② 上城区政协经科委，小营街道办事处，上城区卫生局 . 关于打造上城区健康产业集聚区的思考和建议 [EB/OL]. (2013-07-18)[2021-08-26].https://hwyst.hangzhou.com.cn/wjym/wmhjy/content/2013-07/18/content_4814374.htm.

③ 王斌 . 我区致力打造“健康医疗城”[N]. 上城报，2013-11-15（1）.

台销售、人工智能化等方面人才。上城区健康服务产业重点引才目录如表 8-6 所示。

表 8-6 上城区健康服务产业重点引才目录

产业类别	细分领域	重点引才方向
医疗产业	医疗卫生、互联网医疗	顶级医学专家、中西医门诊、医学影像检测、人工智能化、“互联网 + 医疗”
医药产业	生物医药、医疗器械、医疗耗材	抗体药物研发、医疗器械研发、医药临床试验 CRO/SMO、基因检测治疗、生物医药大数据平台、智能穿戴设备研发管理人才，医疗器械销售人才
保健品业	保健食品、健康产品	中医医师、中药调剂、食品研发专员 / 主管
健康管理服务	健康评估、咨询服务、调理康复	健康产业基金管理人，健康产业投资公司、健康产业园区运营、健康产业孵化器运营人才，新平台销售人才，人工智能化人才
健康养老	医养一体化养老	康复治疗、康复护理、养老养生、产品推广

注：根据调查资料整理所得。

（六）新制造业

1. 产业发展方向

上城区应加速推进智能制造发展，重点发展新一代信息技术、智能制造、高端装备、节能环保等战略性产业，将网络通信技术、工业软件技术、人工智能技术、大数据技术、系统管理技术等新兴技术与制造业深度融合。① 以人工智能为引领、研发为重点、设备投入为支撑，推进新一轮高水平制造业企业技术改造，构建更优化的产品价值链和生产过程，加速低效用地再开发，促进转型升级。到 2025 年，实现全区制造业国家高新技术企业 34 家以上，制造业产品质量合格率达 96%。突破制药关键技术，发展生物技术药物和高端医疗器械，建成国内领先的生物医药制造中心和国际知名的医药出口制剂基地，以及全省重要的医疗器械产业集聚区。布局引领未来的前沿新材料，打造具有全球竞争力的高性能纤维及复合材料、高端磁性材料、氟硅钴新材料、光电新材料

① 上城区发展改革和经济信息化局 . 关于公开征求《关于推进上城区“新制造业计划”行动方案（征求意见稿）》的公告 [EB/OL]. (2019-11-07)[2021-08-26].http://www.hzsc.gov.cn/art/2019/11/7/art_1267801_39873446.html.

等特色产业基地。打造集设计、研发、制造、服务于一体的高端装备制造业产业链，建成全省智能装备产业高地。推动汽车产业向电动化、智能化、网联化、共享化方向发展，打造车联网先导区和国内领先的智能网联汽车现代产业集群。

2. 产业人才现状

从行业分布来看，2020 年年初，上城区有制造业企业 126 家，四大主导行业的企业数共为 60 家，其中以海兴、威星为代表的仪器仪表制造业类企业共计 14 家（其中规模以上企业 6 家），以安旭科技、井藤汉方为代表的医药制造业类企业共计 6 家（其中规模以上企业 2 家），以华塑加达、高泰昊能为代表的电气机械和器材制造业类企业共计 16 家（其中规模以上企业 4 家），以柯林电气、通兴电子为代表的计算机、通信和其他电子设备制造业类企业共计 24 家（其中规模以上企业 7 家），四大主导行业的企业数占总企业数的 47.62%。根据相关政策文件及上城区实际情况，未来上城区新制造业应重点发展新一代信息技术、智能制造、高端装备、节能环保、生物医药和高性能医疗器械、新材料、新能源汽车等产业。截至 2020 年，上城区有 4 人获得认定“浙江工匠”，7 人获得认定“杭州工匠”及提名奖，30 人获得认定“上城工匠”及提名奖，2018—2019 年连续两年评出“百千万”高技能领军人才（优秀技能人才）40 名。

3. 产业引才方向

根据杭州市重点发展的制造业类别进行梳理分析，上城区新制造业的重点引才方向是：第一，新一代信息技术产业人才，主要包括集成电路自主芯片核心技术人才，5G 网络通信技术人才，智能硬件、人工智能、智能制造、柔性电子、数字安防、超高清视频等新兴产业人才。第二，生物医药和高性能医疗器械产业人才，主要包括生物医药研发人才、现代生物治疗手段临床转化应用人才、新型生物医用材料开发人才、高端医学影像装备人才、关键元器件国产化人才。第三，新材料研发人才，主要包括高性能纤维及复合材料、高端磁性材料、氟硅钴新材料、光电新材料等特色产业人才。第四，高端装备设计、研发、制造、服务人才，在节能环保装备、轨道交通装备、电气装备、现代农业智能装备、高端船舶和海工装备、航空航天装备等领域开发模块化、组合化、集成化新技术。第五，新能源汽车人才、智能网联汽车人才，突破整车核心技术，推进燃油汽车转型升级，发展新能源汽车，打造国家级车联网先导区和国内领先的智能网联汽车现代产业集群。上城区新制造业重点引才目录如表 8-7 所示。

表 8-7　上城区新制造业重点引才目录

产业类别	细分领域	重点引才方向
新一代信息技术	智能硬件、人工智能、智能制造、柔性电子、数字安防、超高清视频	集成电路自主芯片核心技术人才、5G 网络通信技术人才
生物医药和高性能医疗器械	生物医药制造、生物治疗临床转化应用、新型生物医用材料开发	生物医药研发人才、现代生物治疗手段临床转化应用人才、新型生物医用材料开发人才、高端医学影像装备人才
新材料	高性能纤维及复合材料、高端磁性材料、氟硅钴新材料、光电新材料	新材料研发人才
高端装备	节能环保装备、轨道交通装备、电气装备、现代农业智能装备、高端船舶和海工装备、航空航天装备	高端装备设计、研发、制造、服务人才
新型汽车	智能网联汽车、新能源汽车	新能源汽车人才、智能网联汽车人才

注：根据调查资料整理所得。

第二节　推进杭州上城区“5+1”产业人才队伍建设的对策建议

上城区应牢固树立人才引领发展的工作理念，坚持制度创新和科技创新双轮驱动，全力实施人才强区战略，围绕区内“5+1”重点产业布局，制定人才引进和培养目标，调整优化人才政策，完善人才引育机制，创新人才服务机制，加强人才工作保障，集中人力、财力、物力重点招引符合区内产业发展需要的全球顶尖人才和国内领军人才，逐步做大人才集聚规模、提升人才质量能级，不断推进人才工作迈上新台阶。

一、增加人才专业分布与产业发展布局的匹配性

为了增加各产业人才专业分布与产业发展布局的匹配性，上城区应根据区内“5+1”产业布局的变化及时调整人才需求结构，通过编制科学可行的产业

人才需求目录，以人才目录为导向，有针对性地开展重点产业人才的引进与培育工作。围绕产业链、创新链布局人才链，构建“高精尖缺”人才开发需求库，建议将引才目录在适当时候向社会发布，对符合条件的引才对象配套相应的政策，通过积极有效的引才举措，实现引才的目标和任务。

二、提高人才工作精准化、高效化、集约化程度

因为上城区的土地资源、财政预算比较有限，所以上城区在人才工作方面必须走差异化竞争路线，应积极推动人才工作精准化、高效化、集约化。深度挖掘营商环境、自然环境、社会环境、生活环境等城区优势，深化“最多跑一次”改革，撬动各领域人才服务提质增效，提高人才工作精准化、高效化、集约化程度。如抓实抓细优质教育、医疗、养老、服务全覆盖，统筹推进“厕所革命”、学后托管服务等“关键小事”和民生实事，积极推进人才公寓、蓝领公寓建设，让广大人才在上城区工作安心、创业放心、生活舒心。以“亩均论英雄”，在人才工作绩效评价上更强调集约化倾向、轻资产倾向，不盲目比拼土地资源、财政支出，把人才密度、创新强度作为重要评价指标，建立科学合理的人才项目综合评价指标体系。

三、引导产业人才开发由粗放型向精细化转型

不同产业发展需要不同类型的高层次人才，配套不同的人才开发政策。上城区要结合“5+1”产业发展的不同需求，创新人才开发机制，实现人才结构优化调整。根据区内产业规划，分行业调查摸清人才现状，分析今后一个时期产业发展所需人才数量、质量、结构等，规划布局全区产业发展重点人才战略，提出产业人才结构调整的对策措施等。充分体现分类分层开发的原则，研究制定重点产业人才引进的专项政策，根据不同产业的高层次人才的不同要求，形成整体精细化开发态势。加强产业主管部门与人才管理部门的协同合作，共同组织实施产业人才开发专项行动，形成人才主管部门牵头抓总、产业部门齐抓共管的良好局面。

四、全面激活上城区比较优势，并将其转变为发展优势

上城区应以入选首批浙江省可持续发展创新示范区为有利契机，全面激活上城区营商环境、自然环境、社会环境、生活环境等比较优势，建设“数字经济应用示范第一区”。深入实施高新技术企业倍增计划，以信息技术产业为先导，积极发展总部经济，推动上城区“5+1”重点产业的智能化、精细化、特色化、差异化发展。充分发挥比较优势差异化引才，利用全球私募基金西湖峰会以及“一圈两镇三园”六大产业平台的聚才效应，优化人才创新创业生态环境，打造群英汇聚的上城区人才高地，真正让人才“引得进、留得住、用得好”。

五、促进产业高层次人才全域共建、共享、共用

上城区应积极融入长三角一体化发展战略，探索与高端猎头、海外知名高校院所、人才服务机构开展直接合作的引才新模式，探索建立北京、上海、深圳等科创高地的人才“飞地”，积极承接上海、南京等长三角其他中心城市的人才溢出，建立健全项目制、候鸟制、兼职制、组合式等人才柔性流动机制，构建海内外引才新格局。[①] 与兄弟城区（如富阳区）实行优势互补，发挥部分城区或市县高等院校比较集聚、数字经济比较发达、空间资源比较充裕的优势，打造科技、教育、产业、金融紧密融合的创新体系。[②] 建立产业研究院，共同引进产业高精尖人才，对产业共性问题采取联合攻关、短期兼职、特聘专家、技术入股等方式，建立不同产业的技术联盟或人才驿站，实现共建、共享、共用。发挥企业在技术创新中的主体作用，以及创新型领军企业在产业链协同创新中的领头雁效应，协同上下游企业组建创新联合体，鼓励企业完善研发机构管理体系，促进辖区内重点产业研发（技术）中心、企业研究院、实验室共建、共享、共用。

① 张伟炜 . 完善高层次人才引进模式的思考：以苏州市吴中区为例 [J]. 人才资源开发，2017(23):22-23.
② 万劲波 . 抢抓产业变革新机遇　积极打造原始创新策源地 [N]. 科技日报，2020-12-21（6）.

第九章　区域高水平推进人才强市建设研究①

习近平总书记指出，综合国力竞争归根到底是人才竞争。没有人才优势，就不可能有创新优势、科技优势、产业优势。温州是我国民营经济先发地和民营经济发展的新高地。②在“十三五”期间，温州经济社会平稳发展，各项人才工作取得了引人注目的成就。在“十四五”时期，温州的经济社会内外部环境都将发生深刻变化，国家长三角区域一体化发展战略、人才体制机制优化创新、经济转型升级、新兴产业培育等都将给人才发展带来的新的机遇、新的挑战、新的任务和新的要求，这是温州加快转型跨越、精彩蝶变的关键时期。③本研究在对温州市“十三五”人才发展研究的基础上，比较了浙江省各市人才工作的经验与做法，提出了温州下一步人才工作的基本定位、发展思路和对策建议等，以供温州市“十四五”人才发展参考。

---

① 本章根据温州市组织部人才办委托给浙江省人才发展研究院的课题的研究成果整理修改所得，课题组成员为陈诗达、童素娟、殷宝庆，执笔为童素娟、殷宝庆。

② 中共科学技术部党组，中共中央文献研究室 . 创新引领发展　科技赢得未来：学习《习近平关于科技创新论述摘编》[J]. 中国科技奖励，2016(4):14-18.

③ 2019 年 2 月 17 日，温州市市长姚高员在温州市第十三届人民代表大会第四次会议上做的《2019 年温州市人民政府工作报告（全文）》。

第一节　温州市人才发展的现状与挑战

一、人才发展的现状

在“十三五”期间，温州贯彻落实浙江省委关于人才工作的部署，坚持党管人才原则，坚持从实际出发，聚焦民营经济高质量发展，全面加强人才队伍建设，积极创新人才工作体制机制，全力打好人才工作系列组合拳，不断开创人才工作新局面，人才资源总量稳步增长，人才素质明显提升。

（一）体制机制更加完善

温州坚持党管人才原则，完善人才工作领导小组工作机制，定期召开全市党委书记抓人才工作述职评议会，形成科学高效的人才工作机制。温州出台“人才新政 40 条”，做到“最优整合、最全覆盖、最大力度、最易兑现”。率全省之先出台《温州市柔性引才实施办法（试行）》，突破地域、编制等限制，研究出台“飞地引才”“校地平台引才”等具体办法，扩大企业人才政策资源自主支配权。率全国之先提出“新动能工程师引进计划”，建立起以年薪为主要评价标准的企业人才评价机制。

（二）重点工程有效推进

温州加强海内外高层次人才引进，组织开展全球青年科技英才（温州）峰会、“智汇温州”全球精英创新创业大赛、民营企业人才项目交流大会等多场大规模人才活动，规格之高、规模之大、影响之广、成效之实，均达到历史最高水平。截至 2018 年年底，深入推进“580 海外精英引进计划”“高层次人才特殊支持”“高水平创新团队”等重大人才工程，引进“580 海外精英计划”人才一共 7 批 157 人。推动开展“人才 + 资本”“人才 + 企业家”“人才 + 团队”等多形式合作，充分发挥温州民间资本优势与高端人才的项目科技优势，促进深度融合。扎实推进高层次人才服务工作，设立 35 家海外人才工作联络站，启动温州“人才岛”建设，打造温州人才 App 2.0 版本，为人才创业创新提供便捷服务。

（三）平台建设卓有成效

温州积极推进创业创新平台建设，建立温州产业园、乐清产业园、温州国家级大学科技园、龙湾双创新天地、浙大·乐清智能电气研究基地、瑞安东新产城科创园、众创空间等。截至2018年年底，创建国家级重点试验室1家，省级以上博士后科研工作站18家，省级重点企业研究院15家，市级以上院士专家工作站8家、技能大师工作室32家，为人才创业创新提供了一定的支撑。

二、人才发展面临的主要问题

（一）区位优势不够明显

温州位于浙江省南端，地形以山地为主，属于长三角城市群的第二梯队。由于在空间距离上与上海、杭州、南京等长三角中心城市相对较远，经济发展接受“长三角”正面辐射和人才外溢明显弱于其他同类城市。温州作为长三角城市群37个中心城市之一，区域人才一体化、大都市区辐射带动能力有待加强。作为浙南中心城市的区域功能不够突出，中心城区首位度不高，影响力较弱，人才集聚力不强。此外，温州素来讲究关系和人情，具有明显的熟人社会特征，依托“地缘、亲缘、血缘”的关系网络，温州人得以建立遍布全球的庞大市场网络，以抱团打天下形成了温州人独有的经济特色。[①]但是，熟人社会又容易对熟人圈子之外的优秀人才造成排斥，使外来人才价值难以充分发挥。

（二）产业结构升级和新旧动能转换问题

一是长期以来，温州产业以传统劳动密集型产业为主，产业结构转型滞缓，产业“空心化”问题依然突出，外来劳动力呈现低端化倾向。二是新产业、新业态、新模式经济起步晚，“三新经济”增加值占比不高，新兴产业动能尚未形成，压抑了中高端人才流入。三是聚才高端平台少，如全市国家实验室、国家创新中心尚是空白。大平台承载大项目能力不强，高端平台吸引高层次人才能力有限。

---

① 缪瞭瞭，叶凝碧．七问营商环境之四：“熟人社会”几时休？[EB/OL]．(2018-03-07)[2020-09-28].https://zjnews.zjol.com.cn/zjnews/wznews/201803/t20180307_6740615.shtml.

（三）人才要素整合与市场培育作用有待进一步加强

温州人力资源服务企业规模较小、要素资源分散，人力资本实力普遍较弱[①]，全市仅有1家人力资源服务产业园，服务业态大多还仍停留在人员招聘、劳务派遣等初级产品上，高端服务及人力资源服务衍生品较少，产品同质化程度较高，导致服务业态低端化、服务收入低效益。人力资本实力普遍较弱，健康科学的人才市场尚需进一步培育打造。人才资源保障不足，各地、各部门人才政策执行力度不一，落实效果也不同，有些人才政策在执行过程中还存在“肠梗阻”现象，温州市人才工作亟待有效整合。人才投入不足，2018年温州市研发经费支出占地区生产总值比例预计达2.10%，低于浙江省的2.43%。

（四）人才发展的生态环境有待进一步优化，人才服务行政效率水平有待进一步提升

政府内部部分行政审批的流程还相对烦琐，缺乏足够的效率。人才引进、培育、激励的举措还不够新，质量还不够高，适宜、多样、可持续的人才生态圈尚需进一步打造。人才服务公共产品供给不足，有关产业扶持、创业资助、社会保障、子女入学、家属安置等配套政策的力度不够或缺乏操作性和实效性。优质人才公共服务供给特别是教育、医疗、养老和人居环境等方面离群众的期望还有差距。[②]

三、人才发展面临的机遇与挑战

在“十四五”期间，温州人才发展的内外部环境都将发生深刻变化，面临更多机遇与挑战。

（一）长三角区域一体化带来的新机遇与挑战

伴随长三角区域一体化发展上升为国家战略，温州作为长三角城市圈的重

① 颜青，陈诗达，殷宝庆．促进浙江高层次人才向创新驱动一线集聚的路径探析：基于人力资源产业园建设视角 [J]. 现代工业经济和信息化，2017(21):3-5, 9.

② 2019年2月17日，温州市市长姚高员在温州市第十三届人民代表大会第四次会议上做的《2019年温州市人民政府工作报告（全文）》。

要一员[①]，需要从城市融入、开放融入、交通融入、打开城市之门、延伸交通网络、提升城市能级等方面全方位、全区域深度融入长三角，共同推进长三角向高质量发展区域集群迈进，这就为开创温州人才工作新局面提供了难得的机遇。与此同时，区域一体化人才激烈竞争给温州带来新挑战。着眼于长三角区域一体化发展，周边省份和地区纷纷出台人才新政，加大人才引进和扶持力度，人才流动频率加快，人才竞争更趋激烈，引才留才工作面临新的挑战。在“十四五”期间，为全面融入长三角一体化发展，温州需积极承接上海、杭州等城市的人才、智力、科技溢出，积极应对各项挑战，充分发挥人才环境优势、政策优势、制度优势，市场优势，提高全市人才综合竞争力。

（二）优化人才体制机制带来新任务

在“十四五”期间，国家《关于深化人才发展体制机制改革的意见》《关于分类推进人才评价机制改革的指导意见》、浙江省委省政府《关于深化职称制度改革的实施意见》等全面推进，长三角一体化发展战略全面实施，为新时代人才工作带来了新任务。温州市要着眼于突破束缚人才发展的思想观念和体制机制障碍，开拓思路、勇于创新，实行更加积极开放的人才优先政策，有效解决人才发展的深层次问题，拉高标杆，补齐短板，构建具有国际竞争力的人才制度优势，争取全市人才工作全面迈上新台阶，实现高水平人才强市战略目标。

（三）战略性新兴产业培育带来新要求

“十四五”时期正是新旧动能转换的关键时期，经济结构战略性调整和供给侧结构性改革客观上要求实施“创新驱动”发展战略，充分发挥人才对创业创新的引领作用和对战略性新兴产业的支撑作用。温州在构建完善区域创新体系中，对人才工作提出了更高的要求，要整合各种有效平台、渠道资源，引进和培育一大批优秀人才，特别是需要引进一批急需短缺的高端科技领军人才、培养一大批本地优秀的创新创业人才和高技术高技能人才。要防止人才流失，更重要的是要为人才创造良好的发展环境，要建设更加公平自由的竞争市场、

① 战略升级：一体化 36 年历程 [J]. 宁波经济（财经视点），2019(6):19-20.

提供更加优质高效的服务，多途径探索“聚天下英才而用之”的良方，加快实现人口红利向人才红利的转变。

第二节　浙江省各市人才发展比较

2018 年浙江省各市生产总值排行榜如表 9-1 所示，浙江省各市可划分为三个方阵，即“2 超、6 强、3 进”的“263”格局。杭州、宁波作为浙江两个生产总值超万亿元大市是第一方阵；温州、绍兴、台州、嘉兴、金华和湖州六个城市的生产总值在 2000 亿～ 7000 亿元，位居第二方阵；衢州、丽水和舟山三地生产总值在 1300 亿 ~1500 亿元，作为第三方阵，是浙江具有较大进步空间的地区。各地区人才竞争力与经济发展水平显著正相关，也相应地表现出较为典型的人才“263”格局。浙江省人才方阵地区分布及竞争优势分析如表 9-2 所示。

表 9-1　2018 年浙江省各市生产总值排行榜

排名	地区	地区生产总值 / 亿元	增速 /%
1	杭州	13509	6.7
2	宁波	10746	7.0
3	温州	6006	7.8
4	绍兴	5417	7.1
5	台州	4875	7.6
6	嘉兴	4872	7.6
7	金华	4100	5.5
8	湖州	2719	8.1
9	衢州	1471	7.2
10	丽水	1395	8.2
11	舟山	1317	6.7

数据来源:《浙江统计年鉴 2019》。

表 9-2　浙江省人才方阵地区分布及竞争优势分析

方阵	生产总值	竞争优势	主要地区	人才政策创新
第一方阵	超万亿元	明显超过其他地区，高层次人才优势明显	杭州	①构建宽视野、国际化、高能级创新平台；②不断推进招才引智体系建设，人才新政 27 条、22 条；③放宽人才落户，修订完善高层次人才分类目录；④实施“名校名院名所”建设工程，推进人才国际化；⑤数字经济、人工智能等新兴产业快速发展
			宁波	①区位优势突出，地理位置、人文历史等与上海接近，人才与创新要素两地联系较为广泛；②宁波大学、中科院材料研究院、杭州湾新区等成为集聚高端人才的重要平台；③实施柔性引才政策、派员挂职等，区域融合发展优势明显，浙江人才次中心雏形初现
第二方阵	2000 亿~7000 亿元	竞争态势相对激烈，人才发展后劲较大	温州	①出台“两个健康” 80 条新政和 41 条实施意见，出台新动能 21 条、人才新政 40 条等高含金量的创新政策，召开世界温州人大会，落地 25 个总部回归签约项目。在全国率先设立“民营企业家节”，世界温州人家园建成投用。②在国内 9 个城市成立异地温州商会人才工作联络站。③国家自创区建设全面启动。建立重点产业知识产权联盟 11 家，居全省第一。④被成功列入长三角 27 个中心城市，挤进长三角高质量一体化发展的“快车道”
			绍兴	①将行业主管部门抓人才工作职能纳入部门“三定”规定，制定人才工作容错免责“11 条清单”；②强化政策创新，加大开放引才，构建市县联动、各具特色、整体推进的全市域引才网络；③实施招才引智“绍兴专列”，积极拓展海外引才渠道，组建绍兴海邦人才基金等 13 个创业创新基金和 2 家人才服务银行
			台州	①出台《台州人才新政三十条》，政策力度位居全省前列，企业人才补充养老保险、企业海外研究机构财政补助等 7 项工作在全省率先突破；②持续推进人才专项计划，实施青年拔尖人才重点资助项目，率先在全省探索实施导师制高层次人才培养模式；③积极打造“台州工匠”品牌，在浙江省率先出台“杰出台州工匠”、规模以上企业引进“首席技能大师”等认定实施办法
			嘉兴	①积极主动融入长三角区域一体化发展，高质量建设“人才飞地”；②着力将长三角人才大厦建成“人才飞地”样板工程，建立长三角人才一体化城市联盟

续表

方阵	生产总值	竞争优势	主要地区	人才政策创新
第二方阵	2000亿~7000亿元	竞争态势相对激烈，人才发展后劲较大	金华	①立足金华籍人才较多的优势，布局人才回归链。推动以会引才、以才引才、以赛引才，加快牵引项目回归，形成人才工作的大集成、大展示。②开展3万名金华籍人才信息分析研判，组团赴长三角等金华籍人才集聚地区招才引智；举办“婺星回归”创业大赛，每年招引金华籍人才创业项目200个以上。③聚焦高端智力集聚，打出院士系列组合拳。发挥金华院士多、来金院士多、承载平台多的优势，打造国际院士创新中心、首批“浙江院士之家”、国际院士设计走廊、院士产业平台等系列平台，推进“百名院士金华行”，实现周周都有院士入企“三服务”
			湖州	以引才融智、拴心留人的人才工作“组合拳”，连续五年获得全省人才工作目标责任制考核优秀。①以人才工程为基础，壮大人才队伍基本盘；②以“人才飞地”为抓手，布局全球聚才网络；③以人才评价为突破，激发人才创新活力；④依托城市集团优质资源，组建市人才发展集团，打造人才闭环服务
第三方阵	1300亿~1500亿元	人才后发优势逐渐显现	衢州	按照“大湾区的战略节点、大花园的核心景区、大通道的浙西门户、大都市区的绿色卫城”四大战略定位，进行现代综合交通网络体系打造、杭衢创新合作机制探索、“人才飞地”布局、浙赣边际合作“衢饶”示范区建设、浙皖赣国家生态旅游协作区创建
			丽水	从基本市情和发展实际出发，加快架设山海协作、问海借力的大桥梁大通道，筑牢绿色生态屏障的主抓手，加强生态文明建设成果对人才的吸引集聚作用，全力打造长三角的大花园、后花园
			舟山	坚持把自由贸易试验区建设、融入长三角、接轨大上海、甬舟一体化作为开放发展的重要方向和主要任务，以自由贸易试验区为抓手推进制度创新，通过布局一批重大基础设施、产业项目和创新平台，以高品质人居环境和项目吸引集聚人才

一、第一方阵人才发展基本情况

第一方阵人才竞争力明显超过其他地区，高层次人才优势明显。近几年来，杭州人才净流入率居全国城市第一位。2018年宁波人才净流入率达10.08%，跃居全国城市第二位。[①] 沪杭甬长三角区域人才技术合作的主要通道已基本形成。

① 黄合．以“最高礼遇”致敬人才 [J]. 今日浙江，2019(8):34-35.

（一）杭州

一是积极构建宽视野、国际化、高能级创新平台。比如杭州未来科技城、海创园、浙大、城西科创大走廊、阿里巴巴、国家级人力资源服务产业园、特色小镇等高端平台集聚天下人才。二是不断推进招才引智体系建设。制定杭州人才新政 27 条、22 条，放宽人才落户，修订完善高层次人才分类目录，推进人才国际化等，制度优势已经显现。三是打造杭州高端人才集聚效应。随着杭州数字经济、人工智能等新兴产业快速发展，以及“名校名院名所”建设工程的实施，杭州集聚全省 1/4 以上的高端人才，中高端人才净流入率和海外人才净流入率位居全国首位。①

（二）宁波

一是人才区位优势突出。宁波在地理位置、人文历史等方面与上海比较接近，人才与创新要素两地联系较为广泛。二是积极打造集聚高端人才平台。比如宁波大学、中科院材料研究院、杭州湾新区。三是区域融合发展优势明显。积极实施柔性引才、派员挂职等政策，基本形成沪杭甬长三角区域人才技术合作格局，宁波作为浙江人才次中心的地位初步形成。

二、第二方阵人才发展基本情况

第二方阵包括温州、绍兴、台州、嘉兴、金华、湖州，6 个城市势均力敌，人才竞争态势相对激烈。绍兴、嘉兴、湖州具有天然地理位置优势，借长三角一体化东风，人才发展后劲较大。温州、台州、金华借助自身优势，各显神通，引人聚才。

（一）温州

温州已经成功挤进长三角 27 个中心城市，进入长三角高质量一体化发展的“快车道”。一是围绕民营经济发展，积极探索人才政策创新。2018 年，温州获批创建全国首个新时代“两个健康”先行区。② 围绕民营企业家健康成长

① 李叶彩 . 杭州城市首位度现状及对策建议 [J]. 统计科学与实践，2019(8):36-39.

② 夏晶莹 . 温州创建新时代“两个健康”先行区获批两周年 [N]. 温州日报，2020-08-10（1）.

和民营经济健康发展这两大命题，人才政策尝试创新突破、先行先试，出台“两个健康”80条新政和41条实施意见，出台新动能21条、人才新政40条等高含金量的创新政策，召开世界温州人大会，落地25个总部回归签约项目。在全国率先设立“民营企业家节”，世界温州人家园建成投用。在国内9个城市成立异地温州商会人才工作联络站。二是国家自创区建设全面启动。“一区五园”高新技术产业投资超百亿元，国科大、浙大、北航温州研究院等高能级创新平台落地。新增高新技术企业391家、省级企业研究院30个，新增数均居全省第二位。三是深化产教融合、校企合作。[①] 启动建设面向数字经济“一号工程”特色专业10个、产教融合示范基地10个；国家大学科技园扩容6倍，跻身“中国高校孵化器前十强”。温州肯恩大学列为教育部和浙江省支持建设的国际化高水平大学；温州大学等4所高校创业学院入选省级示范性创业学院；国家自然科学基金项目数居省属高校第一位。[②] 四是建立重点产业知识产权联盟。截至2020年年底，温州已建立重点产业知识产权联盟11家，居全省第一位。2017年全社会研发活动人员数为4.51万人，居全省第三位；企业研发活动人员数5.31万人，同比增长12.20%，总量和增速分别居全省第三位和第二位；企业研发人员占企业从业人员比重为7.09%，居全省第二位。

（二）绍兴

一是将行业主管部门抓人才工作职能纳入部门“三定”规定。2016年开始，绍兴率先实行区、县（市）委书记和市直开发区党工委书记抓人才工作述职评议，并制定人才工作容错免责“11条清单”。二是强化政策创新，构建全市域引才网络。截至2020年年底，市县联动、各具特色、整体推进的全市域引才网络格局已经初步形成。三是实施招才引智“绍兴专列”，大规模招揽高校毕业生。2018年以来，组织2000多家企业，面向20多个城市、200多所高校，大规模招揽高校毕业生。摸排2000多个高层次人才需求，以及4万多个高校毕业生和技能人才需求，建好“两个群、两个库、两张网”，即由3346名企业

① 2019年2月17日，温州市市长姚高员在温州市第十三届人民代表大会第四次会议上做的《2019年温州市人民政府工作报告（全文）》。

② 温州市教育局《关于印发2018年工作总结和2019年工作要点的通知》（温教发〔2019〕1号）。

负责人和3478名人力资源总监加入的两个引才工作微信群，绍兴籍大学生、绍兴籍海内外人才校友两个信息库，高校与中介两张紧密的引才网络。2018年，全市新增就业大学生6.17万名，同比增幅71.40%，创历史新高。四是开放引才，积极拓展海外引才渠道。全市建立海外引才工作站40余家，建立波士顿、慕尼黑、伦敦、特拉维夫等5家海外创新孵化中心。高标准建成投用“海智汇”绍兴国际人才创业创新服务中心，组建绍兴海邦人才基金等13个人才创业创新基金和2家人才服务银行。连续两年选派优秀企业家赴美国哈佛大学、伯克利大学、麻省理工学院学习科技创新和先进管理经验。五是大力推进院士智力集聚工程。聘请30位“两院”院士，成立省内首个院士咨询委员会，累计建立院士工作站103家，引进大院名校共建研究院20余家。累计入选浙江省特级专家人数列全省第二位；入选浙江省领军型创新创业团队数列全省第三位。

（三）台州

一是积极探索人才政策创新。出台《台州人才新政三十条》，政策力度位居全省前列，企业人才补充养老保险、企业海外研究机构财政补助等7项工作在全省率先突破[①]，积极完善“1+X”政策体系，形成横向到边、纵向到底的网状结构。二是持续推进人才专项计划。实施青年拔尖人才重点资助项目，率先在全省探索实施导师制高层次人才培养模式。积极打造“台州工匠”品牌，在全省率先出台“杰出台州工匠”、规模以上企业引进“首席技能大师”等认定实施办法[②]，首批共认定“杰出台州工匠”“首席技能大师”17名。高技能人才占技能劳动者比例较高，产业与人才形成了同频共振效应。三是优化基层人才工作运行机制。聚焦乡镇（街道）人才工作末梢体制机制建设，在全市129个乡镇（街道）设立人才工作领导小组、人才专员。在全市1293家规模以上企业设立了首席人才官，推动人才工作进一步向基层延伸。在市、县两级全部建立人才服务联盟，为高层次人才提供创业创新服务、生活保障服务和政策资金兑

① 《台州人才新政三十条》的政策力度居全省前列 [EB/OL].(2017-09-30)[2018-12-23].http://taizhou.jiwu.com/news/2859821.html.

② 金台临．浙江台州民营经济创新发展探析：基于优化升级视角 [J]. 中国集体经济，2019(27):9-10.

现服务在内的82项服务。四是继续加强人才信息库建设。建成台州籍在读硕博人才信息库，入库人员300多名。创建海外重点人士信息库，完成1036名海外重点人士的调查。五是加强高校毕业生的集聚工作。突出住房保障的政策撬动作用、大学生引进和留才、台州籍大学生回归、本地高校留住毕业生、大学生政策的整合优化五大特色，涵盖大学生购房补贴、租房补贴、应聘补贴、大学生公寓、企业赴外招聘补贴、就业创业扶持等方面的内容。①

（四）嘉兴

一是积极主动融入长三角区域一体化发展，高质量建设“人才飞地”。截至2020年年底，嘉兴已在上海建成“人才飞地”7个，拟建6个，在杭州建成“人才飞地”2个。二是着力将长三角人才大厦建成“人才飞地”样板工程。与浙江清华长三角研究院深度合作，在全球布局建设8个海纳孵化器，推动项目“带土移植”。三是启用浙江省领先的综合服务平台。在浙江省首推“城市人才日”，启动运营投资1.3亿元、占地面积3140平方米的“智立方”人才创新创业服务综合体，在全国首创开通G60科创走廊长三角“一网通办”吴越专线。四是建立长三角人才一体化城市联盟②。举办全球创业大赛和精英人才峰会，承接上海产业和人才外溢。2018年，嘉兴市省级“海外工程师”人数均列全省第二位；新引进顶尖人才、新引进国家级领军人才数均列全省第三位。

（五）金华

金华把人才工作作为“一号工程”来抓，以项目化抓落实，推动人才工作高质量发展，打造最优人才生态市。一是立足金华籍人才较多的优势，布局人才回归链。实施“5321”活动，加快牵引项目回归，形成人才工作的大集成、大展示；开展3万名金华籍人才信息分析研判，以市四套班子领导赴外招商招才为抓手，组团赴长三角等金华籍人才集聚地区招才引智；推动以会引才、以才引才、以赛引才，举办“婺星回归”创业大赛，每年招引金华籍人才创业项目200个以上。2018年，金华共引进大学生人才5.66万人，增幅居全省第

---

① 何赛．我市出台意见集聚高校毕业生[N]. 台州日报，2019-08-15(7).

② 夏春胜．长三角地区人才开发一体化行动的实践与思考[C]. 海峡两岸与区域人才合作发展论坛暨2010年科研年会，2010.

二。[①] 二是聚焦高端智力集聚，打出院士系列组合拳。发挥金华院士多、来金华院士多、金华承载平台多的优势，打造国际院士创新中心、首批“浙江院士之家”、国际院士设计走廊、院士产业平台等系列平台，推进“百名院士金华行”活动，实现周周都有院士在金华入企“三服务”。2019 年，63 名院士来金华，1 名诺贝尔奖得主、1 名图灵奖得主落户金华，成立全省首个诺贝尔奖得主院士专家工作站，全职引进顶尖人才实现零的突破。三是服务长三角一体化战略，推进人才项目共建。按照全省域一体化要求，以人才先行、项目牵引，共建长三角 G60 科创走廊系列项目、上海复旦大学“一院三基地”等，在沪杭建立 2.5 万余平方米的“人才飞地”，为 100 余家科技人才企业提供异地孵化、研发平台；投资 10 亿元，在沪杭成立 10 余家企业异地孵化中心，集聚了 600 余名硕博为主的研发人才。四是打造最优人才生态，构建“三全”人才服务体系。加强创新创业全链条扶持，抓牢项目孵化、研发扶持、展贸销售、企业上市等 8 个关键环节，加大创业创新要素供给，形成创业支持闭环。加强资源供给全要素保障，围绕人才创业创新的资金、土地等要素需求，强化政策支持，降低人才创业创新成本。加强宜居宜业全周期服务，全面保障人才吃、住、行、医疗和子女入学等“关键小事”，落实“一揽子”配套服务。出台多元化保障人才住房的十条举措，建设金华青年创新城，推动大学生留金计划，提高金华高校毕业生留金创业占比。

（六）湖州

湖州打出了一套引才融智、拴心留人的人才工作“组合拳”，多年获得浙江省人才工作目标责任制考核优秀。一是以人才工程为基础，壮大人才队伍基本盘。2008 年在浙江省率先实施“南太湖精英计划”人才工程，形成了海内海外并举、创业创新共引、团队个体并重、长期短期衔接的引才体系。[②] 2020 年，湖州已引进高层次人才项目 1353 个，累计带动引进高层次人才近 2 万人，培育 11 家在新三板成功挂牌的创业企业。二是以“人才飞地”为抓手，布局全球聚才网络。制定“人才飞地”管理办法，进一步提升飞地引才聚才效能。2020

① 傅颖杰 . 金华请高校学子为家乡“代言”[N]. 浙江日报，2019-07-16(4).

② 干武东 . 构建具有全球竞争力的人才制度体系 [J]. 今日浙江，2017(19):40-41.

年，湖州已在波士顿、利兹、比勒陀利亚等全球重点城市设立“人才飞地”16个，已有82个高层次人才项目入驻。三是以人才评价为突破，激发人才创新活力。深化企业人才职称评审改革，逐步下放职称评审权限，提高行业协会、学会和重点企业评价话语权。湖州人才市场评价改革工作获评全国人才工作创新最佳案例。四是依托城市集团优质资源，组建湖州市人才发展集团，打造人才闭环服务。聚焦人才招引、园区运营、创业投资、培训赋能、公寓建设、综合服务六大板块，构建人才全链条服务，厚植人才发展沃土。与北京、上海、杭州等高校结成产学研用联盟，设立企业研究院。五是人才工作成果显著，人才效应初具规模。2017年浙江省海外工程师18人、省级院士专家工作站3家，均列全省第二位。

三、第三方阵人才发展基本情况

第三方阵包括衢州、丽水、舟山，人才后发优势逐渐显现。第三方阵经济总量虽然相对较小，但有生态优势，借助“山海合作”“海洋经济”“生态经济”，积极实施“走出去、请进来”人才战略。

（一）衢州

衢州按照“大湾区的战略节点、大花园的核心景区、大通道的浙西门户、大都市区的绿色卫城”四大战略定位①，进行现代综合交通网络体系打造、杭衢创新合作机制探索、“人才飞地”布局、浙赣边际合作“衢饶”示范区建设、浙皖赣国家生态旅游协作区创建。

（二）丽水

丽水从基本市情和发展实际出发，加快架设山海协作、间海借力的大桥梁大通道，筑牢绿色生态屏障的主抓手，加强生态文明建设成果对人才的吸引集聚作用，全力打造长三角的大花园、后花园。②

① 于山．东融西进开放开发　打造大花园、后花园：访衢州市委书记徐文光 [N]. 浙江日报，2019-06-24(6).

② 阮春生，叶浩博．绿色发展的丽水之干 [J]. 今日浙江，2019(8):30-31.

（三）舟山

舟山坚持把自由贸易试验区建设、融入长三角、接轨大上海、甬舟一体化作为开放发展的重要方向和主要任务，以自由贸易试验区为抓手推进制度创新，通过布局一批重大基础设施、产业项目和创新平台，以高品质人居环境和项目吸引集聚人才。[①]

四、温州人才竞争的比较优势和制约短板

（一）主要优势

第一，城市经济总量优势。2018 年温州生产总值达 6006 亿元，在全省城市中排名第三位，在全国城市中排名第 35 位。温州财政总收入仅次于杭州、宁波，居全省第三位。温州城市品牌影响力指数居全国地级市第二位。[②] 经济社会发展反映的综合实力为人才工作奠定了良好的基础。

第二，人才规模优势。2017 年浙江省各市全社会就业人员数和人才资源数如表 9-3 所示。2017 年浙江省各市常住人口数、全社会人才资源数及每万人拥有人才资源数如表 9-4 所示。温州具有良好的人力资源总量基础，2017 年全社会就业人员 575.26 万人，占全省就业人员的 15.15%，居第二方阵之首、全省第二位，仅次于杭州 681.06 万人。2017 年人才资源总量 152.21 万人，占全省人才资源比重为 12.47%，在第二方阵中排首位，全省排名第三位，仅次于杭州、宁波，两者分别占全省人才总量的 19.05% 和 15.84%。2017 年各市高技能人才情况如表 9-5 所示，温州高技能人才占技能劳动者比例达 27.73%，高于全省平均水平，居全省第三位，仅次于湖州的 33.64%、台州的 30.11%。尤其是以温商为代表的遍布海内外的经营管理人才是温州市最为宝贵的人才资源。

---

① 董佩军．主动融入长三角一体化发展　加快推进“四个舟山”建设 [N]. 舟山日报，2019-05-11(1).

② 2019 年 2 月 17 日，温州市市长姚高员在温州市第十三届人民代表大会第四次会议上做的《2019 年温州市人民政府工作报告（全文）》。

表 9-3 2017 年浙江省各市全社会就业人员数和人才资源数

单位：万人

地区	全社会就业人员数	全社会人才资源数	经营管理人才数	专业技术人才数	高技能人才数	农村实用人才数	社会工作专业人才数
全省	3796.00	1220.87	348.21	542.11	264.74	109.69	3.22
杭州	681.06	232.59	73.21	106.02	50.49	14.53	0.62
宁波	532.00	193.41	62.71	84.84	41.51	14.82	0.50
温州	575.26	152.21	41.04	72.79	31.05	12.17	0.90
嘉兴	332.45	108.53	34.43	45.47	25.92	7.41	0.63
湖州	188.93	58.58	15.31	25.24	15.10	5.15	0.13
绍兴	348.00	110.63	28.52	47.94	25.80	12.14	0.11
金华	349.30	111.71	29.74	48.57	26.84	11.12	0.08
衢州	133.42	40.19	8.01	15.11	7.18	9.65	0.04
舟山	75.00	24.80	6.05	11.03	5.20	2.62	0.12
台州	406.65	122.36	34.97	52.48	26.72	12.71	0.04
丽水	144.01	42.28	9.58	18.24	7.18	7.37	0.04

注：本表中经营管理人才和专业技术人才有交叉重复，党政人才未单列，故经营管理人才、专业技术人才、高技能人才、农村实用人才、社会工作专业人才之和不等于人才资源总量。

表 9-4 2017 年浙江省各市常住人口数、全社会人才资源数及每万人拥有人才资源数

地区	常住人口数 / 万人	全社会人才资源数 / 万人	每万人拥有人才资源数 / 人
全省	5657.0	1220.87	2158
杭州	946.8	232.59	2457
宁波	800.5	193.41	2416
温州	921.5	152.21	1652
嘉兴	465.6	108.53	2331
湖州	299.5	58.58	1956
绍兴	501.0	110.63	2208
金华	556.4	111.71	2008
衢州	218.5	40.19	1839
舟山	116.8	24.80	2123
台州	611.8	122.36	2000
丽水	218.6	42.28	1934

表 9-5　2017 年各市高技能人才情况

地区	技能劳动者 / 万人	高技能人才数 / 万人	高技能人才占技能劳动者比例 /%
全省	986.91	264.74	26.83
杭州	188.49	50.49	26.79
宁波	155.48	41.51	26.70
温州	111.96	31.05	27.73
嘉兴	99.47	25.92	26.06
湖州	44.89	15.10	33.64
绍兴	104.69	25.80	24.64
金华	110.28	26.84	24.34
衢州	28.75	7.18	24.97
舟山	19.13	5.20	27.18
台州	88.75	26.72	30.11
丽水	28.20	7.18	25.46

第三，三产结构优势。温州传统制造业基础扎实，产业配套体系相对完善。2018 年，三次产业的结构比例为 2.4 ：39.6 ：58.0，全市第三产业实现增加值 3159.9 亿元，同比增长 9.7%，高出地区生产总值增速 1.3 个百分点，三产对经济贡献率达 71.8%，第三产业占比仅次于杭州，居全省第二位、第二方阵首位。实施数字经济五年倍增计划。2018 年新增省级以上智能制造和“两化”融合试点项目 50 个、工业机器人 1550 台，企业上云 1.65 万家。[①]

第四，市场环境优势。作为民营经济的发源地，温州民营经济占地区生产总值比重超过 90%，税收、技术创新成果、城镇劳动就业贡献均在 90% 以上[②]，明显高于全国、全省平均水平。2018 年，温州市场主体总量突破 100 万户，居全省第二位；小微企业环境满意度全省第一。成熟的市场体系为温州人才发展提供了良好的环境基础。

第五，科教民生优势。温州城镇化率接近 70%，居全省第三位，第二方

① 2019 年 2 月 17 日，温州市市长姚高员在温州市第十三届人民代表大会第四次会议上做的《2019 年温州市人民政府工作报告（全文）》。

② 高顺岳，林亚敏，王立先，等．温州打造浙闽赣六市区域中心城市的初步研究 [J]. 统计科学与实践，2018(7):14-17.

阵首位。2017年浙江省各市固定资产投资和财政支出占比情况如表9-6所示，温州一般性公共服务支出占一般公共预算支出比重为11.7%，教育支出占一般公共预算支出比重为23.5%，均为全省最高，超过杭州与宁波。温州市有普通高校11所，在校生总数88680人，其中高职学生34380人，硕士研究生4428人，博士研究生135人，在第二方阵地市中具有明显优势。温州的医院数142家、医院床位数36327张和医生人数26674人均居全省第二位，在第二方阵具领先优势。

表9-6　2017年浙江省各市固定资产投资和财政支出占比情况

城市	固定资产投资二产占比/%	固定资产投资三产占比/%	固定资产投资房地产占比/%	工业总产值/亿元	一般性公共服务支出占一般公共预算支出比重/%	教育支出占一般公共预算支出比重/%
杭州市	14.8	84.6	46.7	12963.76	8.5	18.1
宁波市	27.1	72.8	27.4	15850.89	10.1	15.2
温州市	23.1	75.1	24.5	4322.28	11.7	23.5
嘉兴市	44.6	54.6	24.0	8612.25	10.1	20.6
湖州市	41.5	57.9	17.4	4313.86	10.5	19.6
绍兴市	42.7	56.4	21.8	7776.98	10.5	21.2
金华市	34.5	65.1	16.9	3713.72	10.8	19.6
衢州市	34.7	62.4	15.1	1545.2	10.8	15.3
舟山市	31.4	67.9	14.4	943.81	13.3	12.8
台州市	36.3	62.9	18.3	4471.08	11.7	21.8
丽水市	23.6	74.2	21.1	1201.00	11.0	17.7

（二）制约短板

第一，经济发展与人才匹配度的矛盾。温州市传统产业虽然具有优势，但是转型升级步伐不够快，新兴产业发展尚处于起步阶段，抑制了中高端人才需求，尤其是高端科技创新领军人才缺乏，创新人才对产业发展的贡献支持相对不足。此外，温州劳动力市场的薪酬水平不高，城市生活水平不低，又阻挡了中低劳动力的流入。作为劳动力大进大出城市，温州市外出的多以经商为主，而流入的多为从事制造业的一般劳动力，也影响了现有人才队伍素质和结构。

第二，要素整合与创新链形成的矛盾。温州市高校数量虽然在全省第二方阵中领先，但是除了温州医科大学、温州大学，其余高校规模不大，在校生不多，学科优势、人才培养优势不明显。现有人才政策、创新平台等要素资源缺乏有效整合，区域人才工作融合度不高，政策落地与绩效评价尚有提升空间，创新链尚未有效形成，政策制度和体制机制优势未能得到充分体现。

第三，市场发展与政府培育的矛盾。温州是我国市场经济发展的先行地，有较好的市场发展基础，但是近些年来人才市场处于自由发展状态，政府对市场的引导、支持不够。如人力资源服务业的发展方面，2020 年温州仅有 1 家人力资源服务产业园，且规模小、业态老、产能低、辐射力弱、影响力不强，市场在人才资源配置中的决定性作用尚未充分发挥。

第四，研发投入与创新平台构建的矛盾。近年来，温州市全社会研发经费投入占地区生产总值比重有明显增长，特别是企业研发经费投入有较快的增长，但是研发经费投入占比仍然低于全省平均数，与第二方阵中的部分城市相比还有一定差距。同时，高端创新平台投入不足，对人才和团队的激励不够，吸引集聚高端人才的能力还不强。

第三节　温州市“十四五”时期建设高水平人才强市的建议

在“十四五”时期，温州人才发展应围绕“人才强市”目标，抱着“前有标兵、后有追兵”的强烈紧迫感，虚心学习兄弟城市人才工作的先进经验和做法，从温州产业发展的定位和需求出发，发挥优势，找准难点和制约因素，挖掘潜力，补足短板，加快构建“创新引领、协同发展”的新时代人才发展体系，加快搭建高端人才平台，加大海内外引才力度，重点解决人才要素数量不足和人才要素质量不高的问题。[①] 实行更加积极、更加开放、更加有效的人才政策，优化人才发展生态环境。要加快融入长三角和“四大都市圈”人才发展一体化的时代步伐，推动区域人才各项工作协同发展。完善市场人才发展体制机制，

① 习近平．决胜全面建成小康社会　夺取新时代中国特色社会主义伟大胜利：在中国共产党第十九次全国代表大会上的报告 [EB/OL].(2017-10-27)[2020-10-23].http://www.gov.cn/zhuanti/2017-10/27/content_5234876.htm.

着力在人力资本服务等领域培育新增长点、形成新动能。[①]要在保持引领全省人才工作第二方阵优势中，努力争取早日进入第一方阵。

一、指导思想

要以习近平新时代中国特色社会主义思想为指导，全面贯彻党的十九大和十九届二中、三中、四中、五中全会精神，紧紧围绕统筹推进“五位一体”总体布局和协调推进“四个全面”战略布局。坚持党管人才原则，坚持“人才发展与产业发展紧密配合”的理念，坚持“创新驱动、产学融合、高端引领”的目标，坚持市场在人才资源配置中的决定性作用，以人才工作为引领，全面带动技术、资金、信息等多方面要素的流动，高站位、高水平、高质量推进人才强市建设。创新人才培养支持机制，构建更加开放的引才机制，进一步完善人才评价激励机制，全面提升人才服务水平。为温州市全面深化改革开放，打造民营经济新高地，实现经济社会转型、产业升级提供强有力的人才和智力保障。

二、总体思路

以浙江全省域全方位深度融入长三角一体化国家战略为契机，以“高水平建设长三角南大门区域中心城市”为目标，发挥温台都市区核心区作用，接轨上海、对标杭宁，立足自身发展基础，高标准高质量推进“四大”建设。在“十四五”期间，温州市要贯彻新发展理念，由要素驱动向创新驱动转变，走出振兴发展新路。要遵循人才成长规律，构建人才工作的大格局、大平台，实现从关注人才数量到关注人才质量的转变。[②]要结合重点支柱产业做大做强人才队伍，优化人才队伍结构，拓宽人才队伍来源渠道，加大人才投入，提升人才能力素质，完善人才考核评价机制。各项人才工作要努力“引二望一”，即引领全省第二方阵，争取进入第一方阵。实现“3345”（即“三新、三高、四化、五强”）的人才发展目标，把温州打造成为浙南人才特区和人才高地。

“三新人才工程”：推动新产业、新业态、新商业模式生产活动的集合人才

① 王思源．价值链视角下河南省人力资本服务推动创新的路径研究 [J]. 决策探索，2019(10):41-42.

② 青才平．合力搭建选才用才大平台 [J]. 人才资源开发，2019(17):1.

工程。改革和完善区域合作机制，发挥中心城市在人才、资本、创新资源集聚等方面的优势，加快研发、金融和工业互联网、大数据、人工智能等新一代信息技术人才队伍建设，推动技术创新与产业融合互促共进，促进新技术、新业态、新商业、新产业不断涌现。

“三高人才政策”：高站位，从推动创新发展、转型发展、高质量发展的高度，深刻认识做好人才工作的意义；高标准，即对标杭州、宁波人才发展各项指标“引二望一”，实现居民预期受教育年限 15 年以上、高等教育毛入学率超过 65%，确保高校毕业生留温比例在 85% 以上；高质量，即人才服务高质量，推动区域人才资源共享，开展外国高端人才服务“一证（卡）通”试点，树立“浙南来”人才品牌，完善人才体制机制创新。

“四化人才建设”：突出人才区域特色化，结合温州当地特色重点产业，选定一批人才重点项目，加快形成人才特色优势；人才服务市场化，构建统一高效的人才市场体系，优化人才配置模式，形成依托市场识别人才、引进人才、定价人才机制[①]；人才竞争国际化，加大力度引进海内外高端人才，培育国际人才产业园，配套完善国际社区、国际学校、国际医院等，加强国际交流合作，加快本土人才国际化；人才工作信息化，推进“互联网 + 人才工作”，借助大数据分析，优化人才决策，进一步提升人才工作智能化、在线化、个性化科学水平和配置能力。

“五强人才队伍”：重点引进培育一批领军科学家人才、科技研发创新人才、企业家人才、高端金融创新人才、高技能人才。实施“百千万人才工程”，即用 5 年左右的时间，引进培育 100 名国内外顶尖领军科学家人才、1000 名高层次科技创新和管理人才、10000 名紧缺急需专业技术技能人才。要重点引进培育一批数字经济和人工智能人才。要加强青年人才队伍建设，围绕人才、科技、转型，培养和造就一支规模宏大、结构合理、素质优良、充满活力，与温州特色相适应的高质量人才队伍。

① 王文序．着力提高人才的“三个竞争力”[N]．中国组织人事报，2017-08-14 (6).

三、重点建议

（一）高水平建设长三角南大门区域中心城市集聚人才

温州以长三角一体化发展战略为契机，积极融入长三角人才一体化。

第一，重点争取与台州共建共享温台都市区人才一体化合作机制，深度增进两市布局优化、优势互补。“十四五”温州都市区建设正处于“内整外拓”的关键期。鉴于温州作为核心城市经济、人口、科创、金融等功能能级偏低的短板，须对内加快整合乐清、瑞安、永嘉等城市的功能区、产业链和科创圈，加快做大做强都市区“内核”①；对外积极拓展都市区辐射影响范围，重点争取与台州椒江、温岭、临海、玉环等共建共享温台都市区科技、人才合作机制。

第二，实质性融入长三角一体化国家发展战略。精准定位温州的区域特色和优势，制订温州中长期人才发展规划。积极主动走出去，坚持接轨大上海、融入长三角，加快与上海、杭州、宁波、南京、苏州、合肥等长三角重要城市签订人才合作战略框架协议。以上海嘉定为人才合作桥头堡，承接上海科技、人才的溢出效应，搭建人才保障和综合服务平台，构建高层次人才发展体系。

第三，制定人才净流入三年攻坚行动方案。深入实施“海外精英”“高层次人才特殊支持”“高水平创新团队”等重大人才工程，逐步形成“青年基础型、专业技能型、精英骨干型、领军高端型”“四型”人才梯队结构。②三年引进并留住大学生 20 万人以上。探索实施“海外精英”人才薪酬福利政策和人才税收补助政策，加大对特殊紧缺高层次人才引进和新兴产业创新项目的资助力度。

第四，努力营造开放包容的现代城市文化。温州长期以来的熟人社会特征，对高层次人才的引进会存在一定阻碍，温州市政府应积极对接现代国际都市特征，努力营造开放包容的现代城市文化，让高层次人才在温州舒心、温心、暖心，引得进、留得住、干得好。

---

① 秦诗立 . 聚力“新三化”追求高质量 [N]. 浙江日报，2019-08-06(8).

② 严芒芒 . 打造“民营经济看温州”标杆形象 [N]. 温州日报，2019-02-13(2).

（二）加快新旧动能转换，打造高能级人才平台

温州具有产业结构和人才平台对高层次人才承载能力不足、能级不高、高新内涵不够等突出问题，应加快推进新旧动能转化，创业创新平台建设，打造高能级人才平台。

第一，以人才为引领推动转型升级。温州应加大技能人才培训力度，整合提升电气、鞋业、服装、汽摩配、泵阀五大传统支柱产业人才队伍素质能力，实现劳动密集型向劳动－技术密集型转型，从低加工度向高加工度提升，有力推动传统骨干企业转型升级发展。大力培育引进新兴产业人才，实施“产业＋人才”计划，引进培育智能装备、生命健康、数字经济、新能源网联汽车、新材料五大战略性新兴产业人才①，发布重点产业引才目录，精准绘制“产业人才地图”，高标准建设“产业人才信息库”，推动人才产业精准对接。面向全市重点企业选派科技人才秘书（专员），深入企业宣传科技人才政策，帮助企业协调解决招才引智、生产经营等方面的困难和问题。

第二，打造一批高能级创新创业平台。温州应围绕环大罗山科创走廊建设和自创区“一区五园”建设，重点建设人才、项目、资本等高端要素集聚的公共服务平台。打造温州产业园、乐清产业园等人才标杆性平台，建设瓯海国家级大学科技园、龙湾双创新天地、浙大·乐清智能电气研究基地、瑞安东新产城科创园等一批人才创新创业综合体，推动一批具有一定影响力和标志性的高水平科技人才团队项目真正落地。继续推进海外创新中心和复合型研究院建设，逐步建立起“海外创新孵化、本地加速转化”的招才引智新格局。

第三，大力推进与“名校名院名所”产学研合作。温州应加快与国内外知名高校科研院所共商共建共享共融人才培养合作平台。在“十四五”期间，温州要重点设立10所左右知名高校科研院所分校分院分所，打造市重点产业产学研联盟、市国家大学科技园、世界华商（温州）综合试验区、环大罗山科创走廊、浙南人才大厦、企业研究院等，以“研究院经济”集聚人才引领温州创新发展。完善科技人才股权激励、双向流动和科研经费管理办法，鼓励高校、

① 温州市人民政府．“两区建设”，温州这么干[EB/OL].(2019-02-13)[2020-9-28].http://www.wenzhou.gov.cn/col/col1628943/index.html.

科研院所创办经济实体，与企业建立创新流动岗，提高科研经费人头费比例和科研人员成果转化收益比例，推动科技成果的市场化定价交易。健全高校毕业生自主创业优惠政策，探索建立大学生创业投资引导基金，完善众创空间孵化用房保障等政策。

（三）以人才新政引领，推动人才政策系统创新

政策创新是人才发展创新突破的集中展示。在“十四五”期间，温州要全面梳理整合人才政策文件，改变人才工作“九龙治水、政出多门”现象。

第一，鼓励多元主体参与的市场化投入机制。进一步完善人才政策，充分发挥企业、人才主体作用，着重做好“放权松绑”“ 体制机制创新”两篇文章。人才政策要突出“生态优化”与“市场导向”，从单纯的资金激励向引进流动、培养开发、评价激励等人才发展体制机制创新转变，通过破除阻碍人才引进流动的制度性因素、构建立体分层的人才培养开发体系、促进人才凭借创新要素参与利益分配、鼓励多元主体参与的市场化投入机制等，实现人才活力的充分激发与人才价值的更大发挥。

第二，进一步创新人才政策，彰显温州特色。一是特色创新，提出更多具有首创性、机制性、彰显温州特色的创新政策。如加快高端科研平台建设，提高科研人才成果转化收益分享比例，鼓励高校和科研院所科技人员服务企业。二是扩面创新，及时将一定区域或范围的试点创新政策扩面。三是吸收创新，借鉴吸收国内外先发城市人才政策创新成果，结合实际制定创新政策。四是融合创新，强化人才政策创新与产业、科技、财税等政策创新融合，将人才的政策创新需求体现到其他政策中，将其他领域涉及人才的创新成果迁移到人才政策中。

第三，构建人才支撑的小微金融服务政策。依托温州金融综合改革试验区，制定金融管理人才、信用信息人才、金融运作人才引进培育政策。通过打造一支素质过硬的现代金融人才队伍，积极培育和发展各类小微金融专营机构，引进和集聚海内外各类天使投资、种子基金、创业投资基金、股权投资基金，鼓励天使投资项目与小微金融服务机构的交流对接。鼓励设立人才创业投资引导基金，吸引社会资本、风险投资进入人才科技创新领域。[①] 发挥“人才服务银行”“创新创业基金”等作用，探索政府购买第三方服务，对接科创服务、财务、法务等机构帮助人才解决专业问题。

（四）进一步加大人才科技创新经费投入

在当今世界，科技创新已经成为提高区域综合实力的关键支撑，成为社会生产方式和生活方式变革进步的强大引领，谁牵住了科技创新这个牛鼻子，谁走好了科技创新这步先手棋，谁就能占领先机、赢得优势。[②]

第一，完善人才发展财政投入政策。坚持人才投资优先保障，发挥政府人才投入以及产业投资基金的撬动杠杆作用，完善政府出资引导机制，放宽投资准入，优化人才资金投向，重点扶持人才平台建设、技术研发活动和成果转化奖励，促进人才投入与产业链、创新链的有效对接，形成与重点产业格局相匹配、与人才发展需求相契合的政府人才投入格局。积极推行人才券、创新券，完善人才券在人才积分、积分兑换的具体实施办法，发挥企业在科技、人才创新资源分配上的主体作用，推动重大科研仪器设备的互联互通和科技服务共享。

第二，加强人才经费投入的绩效评价。定期对人才专项资金的使用情况进行监督检查，重点督查专项资金的使用进度、资金落实情况，对发现的问题要及时纠正，认真处理，强化管理，有效杜绝专项资金在分配使用过程中的违纪现象。借助第三方机构，定期对人才经费投入产出效率进行评估。设置合理的经费投入绩效评价指标，提高经费投入绩效评价的科学性，提高人才经费的使用效率和经济社会效益。

第三，建立健全科技创新多元投入机制。积极打造企业研究院，鼓励民间资本投入企业研究开发。探索资本分红机制，完善科技人才股权激励、双向流动和科研经费管理办法，提高科研经费人头费比例和科研人员成果转化收益比例，推动科技成果的市场化定价交易。让民间资本参与科研成果研发和转化，打造“政府、企业、社会”三位一体的科技创新投入机制。

---

① 倪庆东. 围绕产业链打造人才链 推动新兴产业跨越式发展 [N]. 青岛日报，2019-07-31(8).

② 2014 年 5 月 23 日至 24 日，中共中央总书记、国家主席、中央军委主席习近平在上海考察时的讲话。

（五）进一步优化温州人才生态环境

人才生态环境的建设与培育，对激发区域经济活力、促进区域经济长远健康发展具有至关重要的作用。一个区域高质量人才发展环境构造的核心表征，是真正吸引人才、感召人才并使之发挥能动作用的关键。

第一，大力推进人才住房建设。增加人才住房实物供应，建成一批人才公寓、国际人才社区、基础型人才租赁住房。放开人才来温时间限制，放宽对人才房产权办理的限制，优化流程，大幅度扩大人才住房政策的惠及面。改革人才用房筹集方式，鼓励市场主体以多种形式建设人才公寓，探索在特定区域新建商品房住房项目中配建不低于5%的人才住房。探索市场化筹集人才公租房方式，鼓励人才集聚的产业园区利用自用存量用地建设单位公共租赁住房。

第二，大力引进和培育人才中介服务机构。推进温州国际人力资源产业园建设，做大做强人力资源服务业。到2025年年末，建立以专业人力资源服务为核心，融合创业服务等高端人才服务，集人才、科研、创客、竞赛、成果转化等于一体的2家以上省级现代人力资源服务智慧园区，充分发挥市场在人才资源配置中的决定性作用，促进人才、资本、信息、技术等创新要素在温州便捷高效流动。

第三，打造人才国际交流合作"温州版"。坚持人才国际化导向，打响温州"最多跑一次"改革海外版、企业版、民生版品牌。[①] 深入推进中意人才交流合作国家试点，打造人才国际交流合作"温州版"。重点支持温州肯恩大学打造中外合作办学典范，发挥中美人才合作交流的桥头堡作用。制定项目制、候鸟制、兼职制、组合式等柔性引才操作办法，健全人才柔性服务、柔性取酬、柔性成果应用等机制。

第四，营造敬才爱才的浓厚氛围。坚持人才政治引领和政治吸纳。创造安心安业环境，实现从注重"招才"向注重"留才""用才"转变，让各类人才真正在温州做到人尽其才、才尽其用、用有所成。探索开展人才音乐节、人才运动会等人才周系列活动，统筹打造人才研修场所、人才主题公园、人才岛等，

① 2019年2月17日，温州市市长姚高员在温州市第十三届人民代表大会第四次会议上做的《2019年温州市人民政府工作报告（全文）》。

在全社会营造礼敬人才、厚待人才、激励人才、服务人才的浓厚氛围。鼓励人才大胆创新、勇于创新、包容创新，既要重视成功，更要宽容失败，为人才发挥作用、施展才华提供更加广阔的天地。

参考文献

[1] 阿贵，林晓蕾 . 创新模式“台味”渐浓　厦门海沧志愿服务蔚然成风 [EB/OL].(2016-03-03)[2018-12-23].http://www.fjtb.gov.cn/rollnews/201603/t20160303_11401149.htm.

[2] 本报评论员 . 加快构建现代人才发展治理体系 [N]. 中国组织人事报，2016-06-01(6).

[3] 本报评论员 . 着力集聚爱国奉献的优秀人才：五论贯彻落实全国组织工作会议精神 [N]. 人民日报，2018-07-09(4).

[4] 本书编写组 . 聚天下英才而用之：学习习近平关于人才工作重要论述的体会 [M]. 北京：中国社会科学出版社，2017.

[5] 毕梦昭，金彩红 . 上海市生活性服务业的发展与空间差异 [J]. 中国商贸，2013(30):128-130.

[6] 曹宗一 . 我国政府雇员制的发展困境及其路径选择 [J]. 北京城市学院学报，2009 (5): 39-42.

[7] 陈键，王孟辉，莫锋，等 . 源于国外的“政府雇员制”，到底适不适合杭州？ [J]. 杭州，2020(22):2.

[8] 陈雷 . 社会工作职业化的困境与抉择 [J]. 岭南学刊，2009(3):77-80.

[9] 陈丽君 . 如何迎接新一轮全球人才竞争 [N]. 光明日报，2021-02-21(7).

[10] 陈庆勇 . 浙江民营经济发展策略研究 [J]. 商情，2013(26):202.

[11] 陈诗达，童素娟．更加注重发挥现代服务业人才引领作用[J]. 今日浙江，2011(17):41.

[12] 陈诗达，王凯，应建民．人力资源服务业理论与实践[M]. 杭州：浙江人民出版社，2014.

[13] 陈诗达，应建民，童素娟．现代服务业人力资源：基于浙江的实证研究[M]. 杭州：浙江人民出版社，2013.

[14] 陈诗达，应建民，童素娟．浙江现代服务业人力资源发展研究[J]. 第一资源，2013(2):103-116.

[15] 陈晓红，张海兰．信息服务业人力资源现状分析及发展对策研究：以浙江省为例[J]. 生产力研究，2012(8):162-164.

[16] 陈莹莹，岳泉，袁勤俭．中国高校哲学社会科学“走向社会”影响因素及策略探析[J]. 大学图书情报学刊，2018，36(1):12-16.

[17] 陈宇鹏．义乌市社区志愿服务创新研究[J]. 佳木斯教育学院学报，2009(4)：4-5.

[18] 陈宇鹏，张玮玮．义乌市志愿者服务发展的对策[J]. 钦州学院报，2009，24(6):98-100.

[19] 邓树刚．我国家族企业职业经理人制度研究[D]. 天津：天津大学，2010.

[20] 董博．中国人才发展治理及其体系构建研究[D]. 吉林：吉林大学，2019.

[21] 董海宁．社区的“马赛克化”和社区治理创新：以义乌鸡鸣山社区为例[J]. 榆林学院学报，2016，26(1):28-31.

[22] 董海宁，陈海珍．城市中产化与社会治理创新：以浙江省义乌市为例的研究[J]. 云南社会主义学院学报，2014(3):342-343.

[23] 董良坤．把脉人力资源服务产业园[J]. 中国人才，2013(7):27-29.

[24] 董佩军．主动融入长三角一体化发展 加快推进“四个舟山”建设[N]. 舟山日报，2019-05-11(1).

[25] 董小华．人力资源服务业发展问题初探[J]. 中国人力资源开发，2013(5):86-89.

[26] 范柏乃，徐巍，张维维，等．哲学社会科学研究方法创新的影响因素及影响机理[J]. 浙江大学学报（人文社会科学版），2012，42(1):166-175.

[27] 傅柏琳 . 义乌志愿者打造“互联网 +”公益新模式 [EB/OL].(2016-9-21)[2018-8-25].http://www.wenming.cn/syjj/dfcz/zj/201609/t20160920_3704266.shtml.

[28] 傅颖杰 . 金华请高校学子为家乡“代言”[N]. 浙江日报，2019-07-16(4).

[29] 甘春开 . 张江高科技园区产学研合作模式：国际比较、进展和政策 [J]. 上海市经济管理干部学院学报，2019(4):17-26.

[30] 干武东 . 构建具有全球竞争力的人才制度体系 [J]. 今日浙江，2017(19):40-41.

[31] 高进，杨建闯 . 局内的“局外人”：政府雇员组织归属感影响因素研究 [J]. 中国行政管理，2018(1):92-97.

[32] 高顺岳，林亚敏，王立先，等 . 温州打造浙闽赣六市区域中心城市的初步研究 [J]. 统计科学与实践，2018(7):14-17.

[33] 郭晶 . 浅谈中小企业人力资源管理问题与对策 [J]. 现代经济信息，2009(16):112.

[34] 郭蕾 . 我国政府雇员激励问题及对策研究 [D]. 苏州：苏州大学，2009.

[35] 郭斯兰 . 贸易改革试点渐成 [J]. 浙江经济，2013(15):1.

[36] 郭占恒 . 浙江民营经济发展问题研究 [J]. 商业经济与管理，2012(11):56-61.

[37] 韩冬筠，李勇坚 . 中国服务业发展趋势的定量分析与政策思路 [J]. 学习与探索，2007(3):139-141.

[38] 韩俊 . 科技创新人才宏观和微观生态环境的研究：基于浙江省高校和企业的实证分析 [D]. 杭州：浙江大学，2011.

[39] 韩小乔 . 尊重科学创造，尊重科研精神 [N]. 安徽日报，2019-01-22(5).

[40] 韩一丹 . 老城·尚城·创城：一座老城区的发展突围 [J]. 杭州 (生活品质版)，2015(5):4-7.

[41] 杭州市发展和改革委员会 . 杭州市上城区国民经济和社会发展第十三个五年规划纲要 [EB/OL].(2016-09-20)[2018-12-23].http://drc.hangzhou.gov.cn/art/2016/9/20/art_1229542768_1949114.html.

[42] 何成仙 . 我国公务员多元任用方式比较评析 [J]. 吉林省教育学院学报，2013(11):119-120.

[43] 何凤秋，常虹 . 构建多层次、多元化事业单位高层次人才激励机制 [J]. 劳动保障世界，2011(12):4-9.

[44] 何赛 . 我市出台意见集聚高校毕业生 [N]. 台州日报，2019-08-15(7).

[45] 何宪 . 构建具有全球竞争力的人才制度体系 [N]. 文汇报，2017-06-09(3).

[46] 贺鹏义 . 浅谈国有企业人才环境建设 [J]. 工会博览：理论研究，2011(9):258.

[47] 贺岐梅 . 集群视角下东道国中小企业为跨国公司关系研究：以浙江省为例 [D]. 上海：复旦大学，2009.

[48] 侯增艳 . 我国人力资源服务产业园区发展状况及对策研究 [J] 经济参考研究，2014(56):22-29.

[49] 胡安宁，王益鸿 . 论上海社区社工的异化：兼评上海社区社会工作的两个个案 [J]. 社会工作，2007(3):21-24.

[50] 胡畔 . 我国家族企业建立职业经理人制度研究 [D]. 长春：东北师范大学，2008.

[51] 胡小丽 . 加拿大联邦政府临时雇员制度的特征及启示 [J]. 中外企业家，2016(13):270-271.

[52] 胡馨木 . 党的十八大以来人才发展体制机制改革取得重要突破 [EB/OL]. (2017-09-16)[2018-12-28].http://news.workercn.cn/632/201709/16/170916072150133.shtml.

[53] 胡延松 . 民营企业与职业经理人关系研究 [J]. 河南社会科学，2010(5):112-114.

[54] 胡跃福，王文强 . 湖南人才研究报告 [M]. 中央文献出版社，2007.

[55] 湖南社科人才队伍建设课题组 . 从战略高度加强社科人才队伍建设 [J]. 湖南社会科学，2012(2):168-170.

[56] 黄家亮，郑杭生 . 国外社会治理的基本经验 [N]. 人民日报，2014-05-04(5).

[57] 黄蓬 . 深圳市“社工、义工”联动模式的现状、问题及对策 [J]. 商情，2010(39):75-76.

[58] 黄昱方，赵曙明 . 经理人职能与职业化发展研究 [J]. 南开管理评论，2006(3):34-37，60.

[59] 贾政 . 高层次人才住房补贴申请　广州已有 120 人通过预审 [N]. 广州日报，2020-05-13(3).

[60] 江立华 . 社区工作 [M]. 武汉：华中科技大学出版社，2009.
[61] 江南 . 浙江规划建设之江文化产业带 [N]. 人民日报，2018-06-27(12).
[62] 江游，张新岭，焦永纪 . 现代人才发展治理体系的内涵、框架及构建策略研究 [J]. 中国集体经济，2018(29):25-26.
[63] 蒋承勇 . 省社科联第七届常务理事会工作报告 [EB/OL].(2018-02-07)[2020-06-12]. https：//www.zjskw.gov.cn/art/2018/3/30/art_1229516287_22062.html.
[64] 金台临 . 浙江台州民营经济创新发展探析：基于优化升级视角 [J]. 中国集体经济，2019(27):9-10.
[65] 况杰 . 中美贸易战倒逼我国加快科技创新步伐 [J]. 科技与金融，2018(5):51-52.
[66] 来有为 . 人力资源服务业发展的新特点与政策建议 [J]. 发展研究，2010(5):80-82.
[67] 李海峰，李敬军，李科，等 . 我国政府雇员制的典型模式分析［J］. 产业与科技论坛，2018,17(10):7-8.
[68] 李海峰，李敬军，李科，等 . 政府雇员制的现状、问题及发展对策研究 [J]. 中小企业管理与科技，2018(20):80-81.
[69] 李汉卿，李呈阳 . 政府雇员制与公务员聘任制之比较 [J]. 湖北社会科学，2008(6):15-17.
[70] 李金美 . “互联网 +” 时代下人力资源管理的新趋势及对策分析 [J]. 商业经济，2017(1):95-97.
[71] 李强，冯顺桥 . 调查·思考·决策：2004 年度浙江省党政系统优秀调研成果汇编 [M]. 杭州：浙江人民出版社，2006.
[72] 李仕龙 . 企业职业经理人激励与约束 [J]. 人力资源管理，2012(6):86-87.
[73] 李雪娇 . 大健康产业潜力释放 [J]. 经济，2019(8):70–73.
[74] 李晏仙 . 改革企业家的产生机制努力提高国有企业效率 [J]. 市场论坛，2005(11):90-91.
[75] 李燕 . 推动形成国内国际双循环发展新格局 [EB/OL].(2020-06-22)[2021-06-12]. http://theory.people.com.cn/n1/2020/0622/c40531-31755350.html.

[76] 李叶彩 . 杭州城市首位度现状及对策建议[J]. 统计科学与实践，2019(8):36-39.
[77] 李昳聪 . 论韦伯命题的理性化过程 [D]. 重庆：西南大学，2007.
[78] 李瑛 . 论高校人事管理中激励机制的构建 [J]. 管理观察，2011(10):125-126.
[79] 李哲 . 深圳营造创新生态的经验及启示 [J]. 科技中国，2018(5):52-54.
[80] 李志刚 . 扎根理论方法在科学研究中的运用分析[J]. 东方论坛，2007(4):90-94.
[81] 李志伟 . 天津城市社区服务研究：以塘沽、河西、红桥三区为例 [D]. 天津：南开大学，2009.
[82] 梁勇，干胜道 . 论高校科研财务助理的设置 [J]. 会计之友，2018(12):125-127.
[83] 林海芬 . 我国家族企业的家族式管理及其职业化变革研究 [D]. 成都：西南财经大学，2006.
[84] 林晓权 . 浙江民营企业职业经理人激励因素实证研究 [D]. 杭州：浙江大学，2007.
[85] 刘建娥 . 社会工作的专业化探讨 [J]. 玉溪师范学院学报，2005(12):47-49.
[86] 刘名远，温琦 . 职业经理人战略性管理研究初探 [J]. 科技情报开发与经济，2005(1):93-94.
[87] 刘琼莲 . 论行政官员角色界定的历史演变 [J]. 学习论坛 .2005(11):39-42.
[88] 刘雅静 . 社会治理创新：理论蕴涵、实践困境与路径探寻 [J]. 理论导刊，2014(10):12-14, 26.
[89] 刘泽聪 . 高层次哲学社会科学人才评价体系研究 [D]. 天津：河北工业大学，2014.
[90] 娄成武，刘曙光，刘赤兵 . 韩国、印度科技创新经验 [J]. 科技信息（科技教育版），2005(10):26-28.
[91] 楼关洪，李新，章钢 . 浙江产业集群优化升级探索[J]. 浙江经济，2009(9):22-23.
[92] 陆素菊 . 社会工作者职业化和专业化的现状及对策 [J]. 教育发展研究，2005(19):48-51.

[93] 罗宇凡，崔静，朱基钗．聚天下英才，圆复兴之梦：党的十八大以来人才工作创新发展纪实 [N]. 人民日报，2017-09-16 (1).

[94] 骆兰．人才结构影响因素分析 [J]. 商场现代化，2006(30):270-271.

[95] 麻承荣．在城区转型和文化传承背景下拓深文创产业发展路径 [J]. 杭州，2012(9):56-57.

[96] 马金莲．物业人力资源管理 [M]. 长春：东北师范大学出版社，2007.

[97] 马丽娜．浅析“互联网 +”的应用与发展 [J]. 商情，2016(48):94.

[98] 马茹，王宏伟．中国区域人才资本与经济高质量发展耦合关系研究 [J]. 华东经济管理，2021(4):1-10.

[99] 麦庆泉．关于加快发展社会工作，促进社会治理体制创新的建议 [EB/OL].(2014-03-12)[2018-05-10].http://www.gdrd.cn/pub/gdrd2012/rdzt/qgrdh122/yajy/201403/t20140312_141369.html.

[100] 毛长久．上城抢占电子商务产业发展制高点 [N]. 杭州日报，2014-10-29(8).

[101] 毛华敏，马佳丽 .2020 年浙江新设市场主体同比增长 17%　总量首破 800 万户 [EB/OL].(2021-01-12)[2021-06-23].https：//baijiahao.baidu.com/s? id=1688737033119456540&wfr=spider&for=pc.

[102] 毛瑞福，徐露辉，童素娟．社区社会工作发展战略与人才队伍建设研究 [M]. 杭州：浙江人民出版社，2008.

[103] 孟续铎．“人力资源服务业 + 互联网”的发展方向与模式 [J]. 工会理论研究（上海工会管理职业学院学报），2017(1):24-27, 39.

[104] 孟兆娟，白福臣．生态学原理视域下的研究生学术生态系统优化 [J]. 产业与科技论坛，2015(20):5-7.

[105] 缪睬睬，叶凝碧．七问营商环境之四：“熟人社会”几时休？ [EB/OL].(2018-03-07)[2020-09-28].https：//zjnews.zjol.com.cn/zjnews/wznews/201803/t20180307_6740615.shtml.

[106] 倪庆东．围绕产业链打造人才链　推动新兴产业跨越式发展 [N]. 青岛日报，2019-07-31(8).

[107] 倪思洁．科技管理首先要尊重科研规律 [N]. 中国科学报，2018-06-13(1).

[108] 裴君成 . 开发加强基层党政人才队伍建设研究 [J]. 人力资源管理，2015(3):98-99.

[109] 钱炜 . 失落的名校　兰州大学启示录：兰州大学：名校的焦虑 [J]. 中国新闻周刊，2017(20):14-23.

[110] 秦诗立 . 聚力 “新三化” 追求高质量 [N]. 浙江日报，2019-08-06(8).

[111] 青才平 . 合力搭建选才用才大平台 [J]. 人才资源开发，2019(17):1.

[112] 阙智华 . 我国政府雇员制探讨：以无锡市国家高新区为例 [D]. 南京：东南大学，2016.

[113] 人力资源服务业与互联网融合发展 [EB/OL].(2017-07-18)[2020-09-28].https：//www.sohu.com/a/158102648_689284.

[114] 任武林 . 义乌社工岗位职称待遇解决出新规 [J]. 中国社会工作，2014(3):9.

[115] 阮春生，叶浩博 . 绿色发展的丽水之干 [J]. 今日浙江，2019(8):30-31.

[116] 沙振权，温飞，胡贝斌 . 现代服务业内涵及演进方向的述评 [J]. 华南理工大学学报（社会科学版），2011(2):48-52.

[117] 单东 . 借鉴美国民营企业科技创新经验提高我国民营企业科技创新能力 [J]. 特区经济，2008(2):24-28.

[118] 上城区发展改革和经济信息化局 . 关于公开征求《关于推进上城区 “新制造业计划” 行动方案（征求意见稿）》的公告 [EB/OL].(2019-11-07)[2021-08-26]. http://www.hzsc.gov.cn/art/2019/11/7/art_1267801_39873446.html.

[119] 上城区发展改革和经济信息化局 . 我区 “三化融合” 初显成效 [N]. 上城报，2019-3-22(1).

[120] 上城区数据资源管理局 . 经济发展 [EB/OL].(2021-05-19)[2021-08-26].http://www.hzsc.gov.cn/art/2021/5/19/art_1267741_58929076.html.

[121] 上城区政协经科委，小营街道办事处，上城区卫生局 . 关于打造上城区健康产业集聚区的思考和建议 [EB/OL].(2013-07-18)[2021-08-26].http://www.hzsc.gov.cn/art/2013/7/16/art_1271485_4621533.html.

[122] 邵雅琼 . 基于现代网络和移动通信技术的旅游服务创新研究 [D]. 上海：上海师范大学，2009.

[123] 沈荣华.培养造就一支宏大的社会工作人才队伍[J].中国行政管理，2011(3):17-19.

[124] 沈荣华.习近平人才观的核心：聚天下英才而用之[EB/OL].(2017-6-29)[2020-08-20].http://theory.people.com.cn/n1/2017/0629/c40531-29370538.html.

[125] 沈荣华.新世纪党的人才理论创新成果及启示[J].人才资源开发，2011(11):6-9.

[126] 省委党校2014年秋季中青年干部培训一班三组.着力推进浙江民营经济转型发展：浙江民营经济发展现状分析及对策思考[J].浙江经济，2014(22):30-32.

[127] 石璐.新时代的党管人才工作[EB/OL].(2020-01-09)[2021-05-16].https：//difang.gmw.cn/2020-01/09/content_33468830.htm.

[128] 宋国恺.论社会治理是社会建设的重要方略：兼论"社会建设就是建设社会现代化"[J].探索，2018(1):153-159.

[129] 宋马林.生产性服务业研究现状及思考[J].温州职业技术学院学报，2008（1）：22-24.

[130] 宋贞臻.高校科研成果转化管理的国际比较与借鉴[J].文教资料，2018(14):130-131.

[131] 孙锐，黄梅.人才优先发展战略背景下我国政府人才工作路径分析[J].中国行政管理，2016(9):18-22.

[132] 孙锐，孙彦玲.构建面向高质量发展的人才工作体系：问题与对策[J].科学学与科学技术管理，2021(2):3-16.

[133] 覃晓辉，刘舒.政府雇员制历史与理论逻辑[J].人民论坛，2016(17):62-64.

[134] 谭艳平.浙江创业投资发展的现状、问题及对策建议[J].浙江金融，2011(1):58-60.

[135] 唐圣姣.人本管理视角下高校科研管理机制创新研究[J].赤峰学院学报（哲学社会科学版），2018(8):149-151.

[136] 陶喜年，张银银.中国民企500强占去四分之一，浙江简直逆天了[EB/OL].(2017-08-25)[2020-11-23].https：//m.sohu.com/a/167293891_217394/.

[137] 陶玉霜 . 广东省地方本科高校人才队伍建设激励机制研究 [D]. 湛江：广东海洋大学，2018.

[138] 田永坡 . “互联网 +”与人力资源服务业创新发展状况：基于调查数据的研究 [J]. 中国人力资源开发，2017(8):148-155.

[139] 田永坡 . 人力资源服务业发展环境评估及其取向 [J]. 重庆社会科学，2016(9):57-63.

[140] 童素娟 . 促进志工、社工、义工发展与提高社会治理水平的研究 [J]. 社会福利（理论版），2018(11):9-15.

[141] 童素娟 . 大学城科技创新体制机制障碍破解研究：以杭州下沙大学城为例 [J]. 创意城市学刊，2020(2):7-16.

[142] 童素娟，蔡杰 . 产业转型背景下杭州市人力资源服务业发展探析 [J]. 杭州研究，2015(4):34-46.

[143] 童素娟，蔡燕庆 . 政府雇员制实施效果评估研究：以杭州市为例 [J]. 创意城市学刊，2020(1):163-175.

[144] 童素娟，戴晓青 . 浙江省女性社会工作人才队伍建设研究 [J]. 社会科学前沿，2019，8(3):363-370.

[145] 童素娟，马佳威，蔡燕庆 . 政府雇员工作满意度的影响因素及提升路径：基于浙江杭州的实证调研 [J]. 浙江树人大学学报（人文社会科学），2020，20(4):38-45.

[146] 童素娟，殷宝庆，陈丽君，等 . 哲学社会科学人才队伍建设的问题与对策研究：基于浙江省的实证研究 [J]. 杭州学刊，2018(4):8-23.

[147] 万劲波 . 抢抓产业变革新机遇　积极打造原始创新策源地 [N]. 科技日报，2020-12-21(6).

[148] 汪怿 . 人力资源服务业支撑上海全球科技创新中心建设策略研究 [J]. 科学发展，2017(4):5-14.

[149] 王斌 . 我区致力打造“健康医疗城” [N]. 上城报，2013-11-15(1).

[150] 王冬，郑红梅，姜明伦 . 浙江民营企业职业经理人流失现状、问题及对策 [J]. 企业活力，2009(4):50-52.

[151] 王红霞 . 中国城市马赛克：人口多元化进程及其社会影响 [M]. 上海：上海社会科学院出版社，2013.

[152] 王欢 . 推进社会治理精细化的路径研究 [J]. 世纪桥，2016(3):54-55.

[153] 王建军 . 社会工作人才队伍建设的春天 [J]. 社会福利，2007(1):13-14.

[154] 王磊，万礼赞，詹鸣 . 美国硅谷科技创新的基本经验与启示 [J]. 科技中国，2016(11):55-58.

[155] 王明姬 . 如何认识我国经济转向高质量发展阶段：中国宏观经济研究院学习贯彻党的十九大精神系列研讨会报告之二 [J]. 中国经贸导刊，2018(1):63-68。

[156] 王思斌 . 试论我国社会工作的本土化 [J]. 浙江学刊，2001(2):56-61.

[157] 王思源 . 价值链视角下河南省人力资本服务推动创新的路径研究 [J]. 决策探索，2019(10):41-42.

[158] 王文序 . 着力提高人才的“三个竞争力” [N]. 中国组织人事报，2017-08-14(6).

[159] 王小平，李素喜，等 . 区域服务业竞争力与政策环境研究 [M]. 北京：光明日报出版社，2008.

[160] 王艳 . 创新合作模式　促进和谐发展：深圳大学城产学研合作实践探索与创新发展 [J]. 中国高校科技与产业化，2008(11):22-24.

[161] 王燕 . 浅析我国实行政府雇员制的利弊 [J]. 新西部（下旬·理论版），2015(7):80-81.

[162] 王杨 . 社会工作推动社会治理创新的三个分析维度 [J]. 华东理工大学学报（社会科学版），2016，31(1):39-45.

[163] 王逸飞，钱晨菲 . 变局中的变“局”者：浙江民营经济的“小康”之路 [EB/OL].(2020-09-04)[2021-08-26].https：//baijiahao.baidu.com/s? id=1676872744412332959&wfr=spider&for=pc.

[164] 王颖婷 . 司法社会工作人员的人才管理：基于长宁区司法禁毒社会工作的现状分析 [D]. 上海：华东师范大学，2010.

[165] 王永刚，樊建军 . 浅析企业人力资源外包化 [J]. 现代经济信息，2010(20):20.

[166] 王媛媛 .YG 猎头公司的利基战略研究 [D]. 大连：大连海事大学，2015.

[167] 王珍珍，许婉婷 . 福建省创新驱动发展能力的区域差异及影响因素：基于熵值法的视角 [J]. 福建农林大学学报（哲学社会科学版），2017(3):49-56.

[168] 温州市人民政府 . “两区建设”，温州这么干 [EB/OL].(2019-02-13)[2020-9-28]. http://www.wenzhou.gov.cn/col/col1628943/index.html.

[169] 翁建荣 . 浙江服务业创新发展亮点纷呈 [J]. 浙江经济，2018(16):8-11.

[170] 沃尔夫 . 市场，还是政府：不完善的可选事物间的选择 [M]. 陆俊，谢旭，译 . 重庆：重庆出版社，2007.

[171] 吴凤菊 . 江苏省高校科技成果转化资金障碍及对策 [J]. 合作经济与科技，2017(21):48-50.

[172] 吴江 . 为高质量发展提供高素质人才 [N]. 光明日报，2021-03-09(5).

[173] 吴江 . 以人才治理现代化夯实国家治理现代化基石 [N]. 光明日报，2019-12-08（7）.

[174] 吴静，颜吾佴 . 高校哲学社会科学人才队伍建设存在的主要问题及对策研究 [J]. 北京交通大学学报 (社会科学版)，2011，10(2):104-108.

[175] 吴帅 . “互联网 +” 对我国人力资源服务业发展的影响和趋势分析 [J]. 中国人力资源开发，2016(21):90-94.

[176] 吴帅 . “互联网 +” 时代人力资源服务业的创新与发展 [J]. 中国人力资源社会保障，2017(3):14-16.

[177] 吴者健 . 广州市大型体育活动志愿者组织与管理的调查研究 [D]. 广州：广州体育学院，2008.

[178] 伍艳飞 . 关于加强社会工作人才队伍建设的几点思考 [J]. 长沙民政职业技术学院学报，2009(3):13-14.

[179] 西湖区 . 我区健全三级平台夯实 “三社联动” 工作基础 [EB/OL].(2015-05-15)[2018-12-23].http://www.hzxh.gov.cn/art/2015/5/15/art_1365747_10363142.html.

[180] 习近平 . 决胜全面建成小康社会　夺取新时代中国特色社会主义伟大胜利：在中国共产党第十九次全国代表大会上的报告 [EB/OL].(2017-10-27)[2020-10-23].http://www.gov.cn/zhuanti/2017-10/27/content_5234876.htm.

[181] 习近平．努力成为世界主要科学中心和创新高地 [J]. 新长征，2021(4):4-9.

[182] 习近平．以建设新型社区为目标　全面提高城市社区工作水平 [J]. 中国党政干部论坛，2003(9):16-19.

[183] 夏春胜．长三角地区人才开发一体化行动的实践与思考 [C]. 海峡两岸与区域人才合作发展论坛暨 2010 年科研年会，2010.

[184] 夏晶莹．温州创建新时代“两个健康”先行区获批两周年 [N]. 温州日报，2020-08-10(1).

[185] 向荣．人才特区中关村的新名片 [J]. 创新时代，2011(8):23-25.

[186] 徐军海．构建现代人才发展治理体系的逻辑与路径：基于“主体—要素—过程”分析框架 [J]. 江海学刊，2020(3):91-96.

[187] 徐军海，胡元姣．江苏构建现代人才发展治理体系的路径选择 [J]. 科技中国，2021(2):55-58.

[188] 徐文晔．再探生产性服务业发展新路 [J] 浙江经济，2015(4):48-49.

[189] 徐晓恩，徐贤飞，杨晨，等．义乌党员干部争当志愿者 [N]. 浙江日报，2016-7-26(8).

[190] 徐永祥．城市社区建设的体制创新与社会工作 [J]. 探索与争鸣，2004(12):22-23.

[191] 许骏．创新企业培训与人力资源开发 [J]. 职业，2013(22):94.

[192] 闫志刚．政府雇员制、公务员聘任制改革：未来路在何方？ [J]. 行政管理改革，2012(6):26-30.

[193] 严芒芒．打造“民营经济看温州”标杆形象 [N]. 温州日报，2019-02-13(2).

[194] 颜青，陈诗达，殷宝庆．促进浙江高层次人才向创新驱动一线集聚的路径探析：基于人力资源产业园建设视角 [J]. 现代工业经济和信息化，2017(21):3-5，9.

[195] 杨洁．新时期工会维护农民工合法权益的作用机制研究 [D]. 南京：南京航空航天大学，2015.

[196] 杨秋红．产业转型背景下现代服务业人才队伍问题研究：基于南通市的分析 [J]. 中国经贸导刊，2016(5):46-48.

[197] 杨曾宪 . 论中国行政科技体制弊端及改革的迫切性：中国科技体制创新问题系列论稿之一 [J]. 社会科学论坛（学术评论卷），2008(4):52-63.

[198] 杨志文 . 现代城市社会管理创新的“义乌模式”及其启示 [J]. 环球市场信息导报，2015(37):47-50.

[199] 义乌市统计局 .2015 年义乌市国民经济和社会发展统计公报 [EB/OL].(2016-04-05)[2020-09-28]. http://www.yw.gov.cn/art/2016/4/5/art_1229187192_1447305.html.

[200] 易丽丽 . 公务员聘任制，路在何方？ [J]. 决策，2012(4):62-64.

[201] 殷子淇，冯静瑜，张蒙 . 科技型中小企业自主创新能力提升对策分析 [J]. 中国市场，2019(20):165-166.

[202] 于晨芳 . 福建省现代服务业人力资源开发研究：借鉴台湾经验 [J]. 财讯，2018(18):181.

[203] 于山 . 东融西进开放开发　打造大花园后花园：访衢州市委书记徐文光 [N]. 浙江日报，2019-06-24(6).

[204] 余建斌，冯华，蒋建科，等 . 破除“重物轻人”观念　深化科技体制改革 [N]. 人民日报，2019-07-08(19).

[205] 余依萍 . 义乌市出台《志愿者、赞助伙伴礼遇办法（试行）》[EB/OL].(2016-12-22)[2020-09-28].http://www.wenming.cn/syjj/dfcz/zj/201612/t20161222_3962510.shtml.

[206] 袁清，姚威 . 国外哲学社会科学学术评价制度及其启示 [J]. 科研管理，2015，36(S1):415-419.

[207] 袁中伟，夏春胜，应建民，等 . 浙江省重点产业转型升级紧缺高层次人才需求分析 [C]. 2010 中国人才发展论坛大会，2010.

[208] 曾特清 . 全面建成小康社会的重要遵循：学习习近平总书记关于社会治理的重要论述 [J]. 山西高等学校社会科学学报，2015(12):19-23。

[209] 詹长智 . 港台社区工作的源流与走向 [J]. 海南大学学报（人文社会科学版），2003(2):185-190.

[210] 张斌 . 兰建平：2020 年对浙江民营企业是“淬炼”也是“萃取” [EB/OL].(2020-12-23)[2021-05-16]. https：//www.sohu.com/a/440068879_123753.

[211] 张存刚，卫静静．甘肃省现代服务业发展现状、问题与对策 [C]. 中国经济规律研究会第 23 届年会暨第 2 届全国马克思主义经济学论坛，2013.
[212] 张锋．习近平新时期人才治理思想述论 [J]. 观察与思考，2016(6):52-58.
[213] 张珩．高校哲学社会科学人才资源配置研究 [J]. 南京理工大学学报（社会科学版），2017，30(1):77-82.
[214] 张宏彦．基于科技创新导向的金融支持政策研究 [J]. 科技进步与对策，2012(14):98-101.
[215] 张洪刚，苏海红，庞松涛，等．深圳市激发创新主体内生动力的启示与思考 [J]. 青海科技，2018(3):7-11.
[216] 张剑玉．官僚制与现代民主政治 [D]. 厦门：厦门大学，2007.
[217] 张杰．分工、生产性服务业与政府的作用：以上海为例 [D]. 上海：中共上海市委党校，2010.
[218] 张金艳，张帆．中国职业经理人市场发展的制约因素分析 [J]. 广东外语外贸大学学报，2013，24(6):24-27.
[219] 张孟见，刘伟．发达国家或地区社会工作发展的经验研究 [J]. 经济与社会发展，2015(4):99-102.
[220] 张敏杰．中国专业社会工作面临的三大问题 [J]. 浙江工商大学学报，2006(4):73-77.
[221] 张鸣宇．浙中地区社区社会工作岗位的设置与开发研究 [J]. 延安职业技术学院学报，2014，28(2):24-26.
[222] 张瑞萍，历军．建立以需求为导向的科技成果转化机制 [N]. 光明日报，2019-03-1(11).
[223] 张森森．浙江中小民营企业发展的原因分析 [J]. 当代经济，2008(20):102-104.
[224] 张姝，姚培珍．甘肃城市社区组织发展现状及对策分析 [J]. 甘肃社会科学，2007(1):47-49，62.
[225] 张伟东．浙江民营中小企业的研究综述与展望 [J]. 企业活力，2011(4):93-96.
[226] 张伟东，吴华．浙江民营中小微企业发展创新研究 [J]. 浙江树人大学学报，2013(5):42-45.

[227] 张伟炜 . 完善高层次人才引进模式的思考：以苏州市吴中区为例 [J]. 人才资源开发，2017(23):22-23.

[228] 张文峰，钟丽萍，崔艳琦 . 产学研联合管理与创新 [M]. 广州：广东科技出版社，2008.

[229] 张玉玲 . 国外社会治理经验借鉴 [J]. 决策探索（上半月），2016(4):17.

[230] 张悦 . 芬兰科技创新经验对沈阳高科技发展的启示 [J]. 经济师，2018(7):79-80.

[231] 章轩恺 . 浙江民营经济特色研究 [J]. 中外企业家，2014(16):16-17.

[232] 赵冬冬 . 山东省 M 区政府雇员激励机制研究 [D]. 西安：西北大学，2017.

[233] 赵君华 . 深圳市医务社工与义工“两工联动”模式探析 [D]. 武汉：华中科技大学，2013.

[234] 赵曦 . 美国高校科技成果转化管理机制 [N]. 中国社会科学报，2018-05-07(7).

[235] 赵英杰 . 中关村打造国家级人才特区 [J]. 投资北京，2011(6):30-31.

[236] 赵永乐 . 畅通人才大循环　构建人才发展新格局 [J]. 群众，2021(1):57-58.

[237] 浙江省地方统计调查局课题组 . 生产性服务业发展状况、问题及对策研究 [J]. 浙江金融，2012(3):29-32.

[238] 郑雪春 . 浙江生产性服务业发展和竞争力分析 [D]. 杭州：浙江工业大学，2011.

[239] 郑毅勇 . 中山：创新“三工联动”志愿服务模式 努力打造“志愿之区”[EB/OL].(2015-01-06)[2018-12-23].http://www.wenming.cn/syjj/dfcz/gd/201501/t20150106_2388790.shtml.

[240] 中共科学技术部党组，中共中央文献研究室 . 创新引领发展　科技赢得未来：学习《习近平关于科技创新论述摘编》[J]. 中国科技奖励，2016(4):14-18.

[241] 中共浙江省委办公厅，浙江省人民政府办公厅 . 关于印发《制造强省建设行动计划》的通知 [EB/OL].(2020-03-17)[2021-05-16]. http://www.zj.gov.cn/art/2020/3/17/art_1229219281_54659618.html.

[242] 中共浙江省委人才工作领导小组办公室，浙江省人才发展研究院 . 浙江人才发展蓝皮书 2014[M]. 杭州：浙江大学出版社，2015.

[243] 中国企业联合会课题组 . 中国职业经理人年度报告（摘编）[J]. 企业管理，2014(2):12-14.

[244] 仲祖文 . 努力建设宏大的社会工作人才队伍：三论为构建社会主义和谐社会提供组织保证 [N]. 人民日报，2006-12-18(9).

[245] 周冲 . 沈阳市现代服务业人力资源开发对策研究 [D]. 沈阳：沈阳理工大学，2007.

[246] 周国辉 . 习近平科技创新思想与浙江实践论析 [J]. 观察与思考，2016(6):5-24.

[247] 周国林，周素芬 . 产业共性技术组织模式与金融创新的路径选择 [J]. 云南社会科学，2012(1):109-113.

[248] 周汉鸣 . “放管服”背景下高校科研经费管理研究 [J]. 科技创业月刊，2019(5):39-42.

[249] 周静 . 义乌：新型智慧城市建设驶入快车道 [N]. 浙江日报，2020-12-29(11).

[250] 周军蓉 . 社会工作者队伍建设的现状、问题和对策研究：以浦东新区为例 [D]. 上海：复旦大学，2009.

[251] 周强，黄奇，袁勤俭 . 江苏高校哲学社会科学 SSCI 和 A&HCI 发文统计分析：2000—2015 年：与京沪粤鄂四地之比较 [J]. 大学图书情报学刊，2018，36(1):26-31.

[252] 周锐，翟燕立：“互联网 + 人力资源”潜力巨大 [EB/OL].(2016-06-28)[2020-09-28].https：//www.sohu.com/a/86833611_123753.

[253] 朱承 .62 家！ 2020 年浙江新增境内上市公司数量全国第一 [N]. 浙江日报，2021-01-14(6).

[254] 祝学华，蒋玉宏，朱庆平 . 硅谷地区创新竞争力面临的挑战和启示 [J]. 全球科技经济瞭望，2018(8):26-29.

附　　录

附录一　政府雇员制座谈会的调研提纲

1. 余杭区在政府雇员制方面有哪些探索和经验?
2. 政府雇员制主要在哪些部门、哪些岗位有需求?
3. 实行政府雇员制的重要意义是什么?
4. 在实行政府雇员制过程中存在哪些问题需要解决?
5. 聘用人员对政府雇员制的评价是什么?哪些地方需要改进?
6. 聘用人员在政府体制下能否较好地发挥自己的特长?
7. 其他国家和地区有没有什么好的经验可以借鉴?
8. 对政府雇员制在人才引进、使用、评价、激励等方面有什么对策建议?

附录二　政府雇员制实施效果评估调查问卷

尊敬的女士/先生：

我们正在进行一项关于政府雇员制实施效果评估的问卷调查。在调查中，我们需要了解您对政府雇员的一些看法，您的见解和意见对我们完善政府雇员制度至关重要。本研究纯属学术性研究，我们对您填写的问卷内容一定严格保密，请放心填写。

一、基本情况

1.性别：A.男　B.女

2.年龄：A.≤25岁　B.26~35岁　C.36~45岁　D.＞45岁

3.文化程度：A.高中/中专及以下　B.大专　C.本科　D.硕士　E.博士

4.就读学校：本科__________硕士__________博士__________

5.就读专业：本科__________硕士__________博士__________

6.是否应届生：A.应届生　B.非应届生

7.户籍情况：A.本市户籍　B.本省其他地市户籍　C.省外户籍

8.政府雇员类型：A.高级雇员　B.中级雇员　C.普通雇员

9.岗位类型：A.专业技术　B.行政管理　C.工勤服务

D.其他__________

10.任职年限：A.≤1年　B.2年　C.3年　D.4年　E.≥5年

二、政府雇员实施情况

11.原先工作单位名称:______________________(此题应届生不用回答)

12.原先工作单位性质:(此题应届生不用回答)

A.政府机关　　B.事业单位　　C.国有企业

D.上市企业　　E.民营企业　　F.其他__________

13.您来应聘政府雇员的原因(可多选):

A.社会地位高　　B.薪酬收入高　　C.福利待遇好

D.工作时间稳定　　E.工作轻松、压力小　　F.发展空间大

G.可积累政治资源　　H.其他__________

14.您认为政府雇员招聘具有严格的招聘流程吗?

A.非常严格　B.较严格　C.一般　D.较不严格　E.不严格

15.您目前政府雇员岗位的年薪:

A.10万元以下　　B.10万~20万元　　C.21万~30万元

D.31万~40万元　　E.41万~50万元　　F.50万元以上

16.您目前的年薪和以前的工作相比:

A.比以前收入高　　B.和以前基本持平　　C.比以前收入低

17.您认为政府雇员的绩效管理存在哪些问题?

A.考核指标单一　　B.考核标准模糊

C.主观随意性较大　　D.其他__________

18.您认为目前政府雇员的绩效考核评价制度对您是否有激励作用?

A.非常显著　B.较显著　C.一般　D.较不显著　E.不显著

19.在工作中是否需要您处理多种不同性质的事务，发挥多种专业技能?

A.很少需要处理不同性质的事务，主要是重复的事务性工作

B.中等多样性，简单事务中需要一些专业技能

C.要做很多不同的事情，运用多种专业技能

20.您的工作是统筹整个项目，还是整项任务的一个小环节?

A.我的工作只是整个项目中微不足道的一小部分，在最后结果中我看不到自己的工作

B.我的工作在整个工作中占一个中等比例，在最后结果里可以看到

C.我的工作是从头到尾完成整个工作，在最后结果中很明显

21.您在工作中的自主性如何？拥有多大的权限？

A.很少，对于如何工作和何时工作几乎没有任何自主权

B.中等程度的自主权，许多事情是标准化的，但仍然可以拥有一定的自主权

C.很多，几乎可以完全决定如何工作和何时工作

22.请您对下列指标的符合程度进行选择：

评价指标	完全不符合	基本不符合	不确定	基本符合	完全符合
我的工作需要许多复杂或高级技能	1	2	3	4	5
我的工作既简单又重复	1	2	3	4	5
我在工作中可以从头负责到底	1	2	3	4	5
我的工作很重要，会影响许多人	1	2	3	4	5
我在工作中没有任何个人自主判断的机会	1	2	3	4	5
我的工作可以充分发挥主观能动性	1	2	3	4	5
我的工作本身不能告诉我做得好还是坏	1	2	3	4	5
我的工作绩效激励作用比较显著	1	2	3	4	5

23.请您对政府雇员工作满意度进行评估：

评价指标	很满意	满意	一般	不满意	极不满意
您对自己的工作岗位是否满意？	5	4	3	2	1
您对专业与岗位的匹配度是否满意？	5	4	3	2	1
您的工作是否符合个人志趣？	5	4	3	2	1
您对岗位职责与权力划分是否满意？	5	4	3	2	1
您对岗位绩效考核管理是否满意？	5	4	3	2	1
您对目前的薪资水平是否满意？	5	4	3	2	1
您对现有的激励奖励制度是否满意？	5	4	3	2	1
您对当前的福利政策是否满意？	5	4	3	2	1
您对个人发展空间、晋升机会是否满意？	5	4	3	2	1
您对组织提供的培训机会是否满意？	5	4	3	2	1

续表

评价指标	很满意	满意	一般	不满意	极不满意
您对工作环境或氛围是否满意？	5	4	3	2	1
您对普通公务员对政府雇员的态度友好程度是否满意？	5	4	3	2	1

24. 您认为社会各界对政府雇员的看法是怎样的？

A. 很好，口碑不错　B. 一般，一份工作而已　C. 不好，没有后期保障

25. 如果再给您自由选择的权利，你会选择什么职业或单位？

A. 公务员　B. 事业单位　C. 政府雇员

D. 国有企业　E. 上市企业　F. 其他__________

26. 如果给您一次重新选择的机会，你会选择政府雇员吗？

A. 还是会选择政府雇员

B. 选择待在原先的单位

C. 其他__________

27. 您觉得政府雇员的职业能否实现自我价值？

A. 能　B. 否

28. 您对目前政府雇员工作的未来打算是什么？

A. 暂时过渡　B. 准备长期发展

C. 希望转为公务员　D. 聘期结束另谋职业

29. 您觉得目前政府雇员制度面临的最大问题是什么？（多选）

A. 发展空间和晋升机会　B. 与公务员之间的身份转换

C. 项目结束后的退出机制　D. 普通公务员与政府雇员的地位差异

E. 科学合理的绩效评价与管理　F. 专业与岗位的匹配程度

G. 个人主观能动性的充分发挥　H. 缺乏长远的职业发展规划

I. 政府雇员身份的尴尬　J. 其他__________

30. 您认为政府雇员日常管理上存在问题的主要原因是什么？（多选）

A. 领导的重视程度不够　B. 政府雇员的政治融入性较差

C. 激励机制不健全　D. 政府雇员身份地位尴尬

E. 制度顶层设计不成熟　F. 其他__________

31.您认为下列哪些方式能够更好地提高您的积极性和创造性？（多选）

A.良好的工作氛围　B.薪酬收入的提高　C.福利待遇的改善

D.职位的晋升机会　E.工作的挑战性　F.领导的重视

G.组织系统培训　H.工作自主权　I.一定的行政级别

J.导师培养制度　K.专业与岗位匹配　L.其他________

32.请您简单评价一下政府雇员制，并提出完善的意见和建议。

____

____

____

附录三　企业科技创新竞争力调查问卷

尊敬的女士/先生：

我们正在进行一项关于企业科技创新竞争力的问卷调查。在调查中，我们需要了解您对贵企业科技创新竞争力的一些看法，您的见解和意见对我们建设创新创业名城至关重要。本研究纯属学术研究，我们对您填写的问卷内容一定严格保密，请放心填写。

1. 企业名称:________________________创办时间:____________

注册资本:____________所属行业:____________

2. 贵企业是否设有专门的技术研发机构？

A. 是　　　　B. 否

3. 贵企业研发人员数占职员总人数的比例为：

A.5% 以下　　B.5%~10%（不含 10%）　C.10%~20%（不含 20%）

D.20%~30%（不含 30%）　E.30%~40%（不含 40%）

F.40%~50%（不含 50%）　G.50% 及以上

4. 贵企业对研发人员的主要奖励方式是：

A. 一次性项目奖励　　B. 岗位工资　　C. 期权

D. 收益分享　　E. 职位晋升

5. 贵企业生产的主导产品是：

A. 对市场产品的模仿　　B. 引进国外技术　　C. 集成创新产品

D. 引进、吸收、消化再创新以后的产品　　E. 自己的原始创新产品

6. 贵企业的主要技术创新方式是：

A. 企业独立研究开发　　B. 与科研机构合作开发

C. 委托科研机构开发　　D. 与大企业合作开发

E. 与国外机构合作　　F. 购买或引进现成的技术成果

7. 哪种科技成果在贵企业的转化效果最好？

A. 企业独立研究开发　　B. 与科研机构合作开发

C. 购买的科技成果　D. 国外引进的科技成果　E. 其他__________

8. 近 3 年企业的科技创新投入约多少？

A.20 万以下　　B.20 万 ~50 万元（不含 50 万元）

C.50 万 ~100 万元（不含 100 万元）

D.100 万 ~300 万元（不含 300 万元）

E.300 万 ~500 万元（不含 500 万元）

F.500 万 ~1000 万元（不含 1000 万元）

G.1000 万元及以上

9. 近 3 年企业的科技创新投入主要用于：

A. 产品研发　　B. 产品中试　　C. 产品产业化

D. 创新团队建设　　E. 创新平台建设　　F. 科技人才培养

G. 研发机构引进　　H. 科技服务提升　　I. 其他__________

10. 近 3 年企业科技创新成果转化率为：

A.10% 以下　　B.10%~20%（不含 20%）

C.20%~30%（不含 30%）　　D.30%~40%（不含 40%）

E.40%~50%（不含 50%）　　F.50%~60%（不含 60%）

G.60%~70%（不含 70%）　　H.70%~80%（不含 80%）

I.80%~90%（不含 90%）　　J.90% 及以上

11.怎么评价企业技术创新自主性与自主创新经验?

评价指标	分值										
自主创新战略	0	1	2	3	4	5	6	7	8	9	10
技术组织机构	0	1	2	3	4	5	6	7	8	9	10
自主研发能力	0	1	2	3	4	5	6	7	8	9	10
科技外部依存	0	1	2	3	4	5	6	7	8	9	10
技术人才队伍	0	1	2	3	4	5	6	7	8	9	10
人才激励机制	0	1	2	3	4	5	6	7	8	9	10
创新文化氛围	0	1	2	3	4	5	6	7	8	9	10
对外技术合作	0	1	2	3	4	5	6	7	8	9	10
技术知识储备	0	1	2	3	4	5	6	7	8	9	10
创新政策引领	0	1	2	3	4	5	6	7	8	9	10
内部创新机制	0	1	2	3	4	5	6	7	8	9	10

12.阻碍企业自主创新的主要内部因素有:(最多选3项)

A.缺乏创新意识　B.缺乏高素质技术人才队伍

C.资金投入不足　D.产权不合理　E.缺乏明确目标

F.缺乏团队精神　G.内部激励制度不完善　H.其他____________

13.阻碍企业自主创新的主要外部因素有:(最多选3项)

A.技术市场不健全　B.政府支持不力　C.知识产权保护不力

D.缺乏技术支持　E.技术人员能力不够　F.社会文化氛围不利

G.市场对自我技术接受程度低　H.其他____________

14.为什么企业不愿意开展自主创新?(最多选3项)

A.风险太大　B.周期太长　C.管理太难

D.国外引进见效快　E.自我技术水平低　F.其他____________

15.您认为国内科研机构、高校对企业自主创新作用大吗?

A.非常大　B.比较大　C.一般

D.不大　E.没有多大作用

16. 哪些方面的创新对企业最有利？

评价指标	分值										
思维创新	0	1	2	3	4	5	6	7	8	9	10
产品（服务）创新	0	1	2	3	4	5	6	7	8	9	10
技术创新	0	1	2	3	4	5	6	7	8	9	10
组织与制度创新	0	1	2	3	4	5	6	7	8	9	10
管理创新	0	1	2	3	4	5	6	7	8	9	10
企业文化创新	0	1	2	3	4	5	6	7	8	9	10

17. 您认为政府在提高企业自主创新能力上应发挥哪些作用？

A. 鼓励开展产学研合作　　B. 搭建科技平台

C. 发展科技信息服务业　　D. 提供科技创新基金

E. 设立科技孵化器　　F. 帮助引进科技创新团队

G. 提供科技创新优惠政策　　H. 深化区域与全球科技合作

I. 营造人才创业宜居环境　　J. 大力发展科技金融

K. 支持新型研发机构建设　　L. 鼓励开展基础科研

附录四　高校教师科技创新能力调查问卷

尊敬的女士/先生：

我们正在进行一项关于高校教师科技创新能力的问卷调查。在调查中我们需要了解您作为高校教师队伍中的一员，对高校科研管理、人才评价、经费管理、创新环境等方面的评价情况，您的见解和意见对我们提升高校教师科技创新能力至关重要。本研究纯属学术性研究，我们对您填写的问卷内容一定严格保密，请放心填写。

一、基本信息

1. 您的性别是：

A. 男　　B. 女

2. 您的年龄是：

A.35岁及以下　　B.36~45岁　　C.46~55岁　　D.56岁及以上

3. 您的教龄是：

A. 不足5年　　B.5~10年　　C.11~15年　　D.16~20年　　E.20年以上

4. 您所在院校为：(多选)

A.985高校/211高校　　B. 双一流高校　　C. 省属高校　　D. 地方院校

E. 高职院校　　F. 民办高校　　G. 独立学院　　H. 其他＿＿＿＿＿＿

5. 您目前所在的学科领域是：

A. 人文社科类　　B. 经济管理类　　C. 理科　　D. 工科

E. 农科　　F. 医科　　G. 其他________

6. 您的最高学历是：

A. 专科　　B. 本科　　C. 硕士研究生　　D. 博士研究生

7. 您的职称系列是：

A. 高校教师（教授等）　　B. 研究人员（研究员等）

C. 工程技术人员（工程师等）　　D. 实验技术人员（实验师等）

E. 其他________

8. 您的职称级别是：

A. 初级　　B. 中级　　C. 副高级　　D. 正高级

二、科研时间分配

9. 您平均每周在以下活动中的时间分配比例是什么样的？

（1）教学（备课、上课、带实验课、课后答疑等）：________%

（2）从事科研及学术工作：________%

（3）直接指导学生的科研及创新创业活动：________%

（4）社会服务（给校外机构提供咨询或培训等）：________%

10. 您每学年的授课门数是多少？

A.1 门　　B.2 门　　C.3 门　　D.4 门　　E.5 门　　F.6 门及以上

11. 您的科研工作时间主要集中在什么时间段？（多选）

A. 白天工作时间（8：30—16：30）

B. 晚上休息时间（18：00—24：00）

C. 晚上睡眠时间（0：00—8：30）

D. 双休日（周六、周日）

E. 暑假、寒假时间

12. 您能否平衡教学和科研的关系？

A. 非常容易　　B. 比较容易　　C. 一般　　D. 比较困难　　E. 非常困难

三、科研管理和经费报销

13. 您认为您所在院校科研管理人员的角色定位为：

A. 行政管理人员　　B. 科研服务人员

14. 您对您所在院校的计财处、科技处管理人员的服务态度、工作效率是否满意？

A. 非常满意　B. 比较满意　C. 一般　D. 不满意　E. 非常不满意

15. 您所在院校的科研项目预算和经费报销有无专业财务指导？

A. 有专业财务培训指导

B. 无专业财务指导但有专人应对咨询

C. 财务处对科研政策不了解，无法指导科研人员

D. 财务由于工作忙等，无法指导

16. 您认为高校科研经费报销花费时间所占科研时间的比例怎样？

A. 非常多　B. 比较多　C. 一般　D. 不太多　E. 非常少

17. 您觉得您所在院校在科研管理和经费报销上存在哪些突出问题？（多选）

A. 科研和经费管理人员服务意识不强

B. 课题申报立项、结题、经费报销等事务性事项挤占科研时间

C. 经费管理办法太过僵化，很多科研经费报不出来

D. 科研考核标准逐年提高，违背科研周期规律

E. 科研管理“以人为本”不够，科研人员得不到应有尊重

F. 科研管理人员缺乏基本的科研常识和素养

G. 科研管理信息化不够完善，重复填表、交材料占据太多时间

H. 科研和经费管理行政化太明显，官僚气息仍然浓厚

I. 科研项目结题形式单一，应多元化，更强调社会效益

J. 不同学科应该结合学科特点分类管理、分类考核

K. 经费管理办法不合理，无法体现科研人员的劳动价值（劳务费）

L. 科研绩效考核过分强调个人业绩（排名第一），不利于团队合作

M. 其他______________________________（请在横线上填写）

18. 您觉得在科研管理和经费报销制度上，哪些地方最需要改进？（多选）

A. 定期进行系统培训，加强科研和经费管理人员服务意识

B. 借鉴“最多跑一次”理念，简化科研管理和经费报销流程

C.建立健全经费管理办法，充分体现科研人员劳动价值（劳务费）

D.遵循科研规律，延长考核周期，绩效考核导向应多元化

E.科研和经费管理去行政化，创造尊重科研人员的氛围和环境

F.加强科研管理信息化建设，减少科研人员事务性工作时间

G.人才评价方向应教学科研并重，强调社会贡献和效益

H.加强科研团队合作，注重科研创新团队建设

I.分类管理考核，建立不同学科不同类型教师的职业发展通道

J.引进国外科研管理的先进人才，重塑高校科研管理的生态环境

K.建立专门的财务秘书制度，减少科研人员的经费报销时间

L.健全高校科研成果转化制度，让科研人员专注于科研本身

M.其他________________________（请在横线上填写）

四、绩效评价激励

19.您认为教育部的绩效评价是否影响了高校绩效评价导向？

A.是　　B.否

20.您认为您所在院校的科研人员绩效评价导向主要侧重哪一方面？

A.人才培养职能　　B.科学研究职能

C.社会服务职能　　D.文化传承职能

21.您对您所在院校的绩效考评是否会感到有压力？

A.有　　B.一般　　C.没有

22.您认为您所在院校选取绩效考核指标时应该依据：（多选）

A.能够与学校发展目标和战略相结合　　B.使教师易于接受与理解

C.能够提高教师工作积极性　　D.能够明确公平地划分优劣

E.能够与奖惩制度紧密结合　　F.能够反映学校的实际情况

G.能够体现社会效益与价值　　H.其他__________

23.您认为您所在院校的教师个人考核中存在哪些缺陷或不足？（多选）

A.部门同事或上级碍于情面，不能做出客观准确的绩效判断

B.由于工作性质和工作量的差异，很难核定恰当的考核指标

C.教师教学多偏重定性指标，难以用定量指标衡量

D.教师科研绩效多偏重理论研究，难以体现社会效益

E.科研绩效考核标准逐年提高，违背科研周期规律

F.绩效考核周期不合理，一年一度考核，时间间隔过短

G.科研绩效评价形式单一，以纵向项目和论文为主

H.不同学科、不同类型教师的绩效考核指标“一刀切”

I.经费绩效管理无法体现科研人员的劳动价值（劳务费）

J.科研绩效考核过分强调排名位次，不利于科研创新团队合作

K.其他____________________（请在横线上填写）

24.您认为现有高校人才评价可能存在的问题有:（多选）

A.不同类型人才评价指标“一刀切”

B.部分定性指标受主观因素影响较大

C.部分指标缺乏操作性，形同虚设

D.过分看重学历、资历、职称等指标

E.过分强调 SCI 论文发表量

F.过度看重科研项目的数量

G.看重成果数量而轻视转化效益

H.看重数量指标而轻视质量指标

I.没有考虑学科领域的差异性

J.评价主体不合理，人才评价行政化色彩比较严重

K.过分强调科研成果排名的位次，只注重第一作者、第一单位

L.过分强调人才的头衔、帽子，不注重青年人才的创新潜力

M.其他____________________（请在横线上填写）

五、创新成果及转化

25.您与企业、政府或事业单位合作开展的科研创新主要是哪方面的?（1~2 项）

A.产品研发　　B.工艺、技术改进　　C.专业咨询服务

D.其他类型机构的合作　　E.未开展过合作

26.您所在院校是否制定相关科技成果转化制度?

A.是　　B.否

27. 您认为您所在院校的科技成果转化率大约是多少？

A.0%~25%（不含25%）　　B.25%~50%（不含50%）

C.50%~75%（不含75%）　　D.75%~100%　　E. 不清楚

28. 您所在院校在做科研时关注企业需求的程度为：(单选)

A. 很关注企业需求，只对预计有需求的研究深入进行

B. 较关注企业需求，但对暂时没有企业需求的领域，若有能力也进行研究

C. 不太关注企业需求，所有领域都会研究，除非是被限制和禁止的领域

D. 完全不关注企业需求，只考虑自身的研究能力

29. 您所在院校持有的科技成果转化主要渠道为：(多选)

A. 通过中介机构进行转化　　B. 通过固定的产学研合作伙伴

C. 通过政府部门　　D. 通过技术创新或产业联盟

E. 通过行业协会　　F. 其他____________（请在横线上填写）

30. 您所在院校的现行科技成果转化机制存在的主要问题有：(多选)

A. 促进科技成果转化的激励机制不够完善，例如知识成果共享机制、教师参与创新创业的收益分享

B. 社会推动科技成果转化的体系构建不够完善，例如技术市场、职业经纪人、科技中介、科技金融机构等

C. 学校重视不够，组织不力，对社会服务职能的履行不够

D. 科技成果转化的渠道不够通畅，信息不对称性造成科技成果难以转化

E. 对知识成果的保护不够，造成科技成果难以转化

F. 企业对科技成果转化的投入不够，产学研合作不够紧密

G. 高校科技成果不关注企业需求，市场接受度比较低

H. 其他________________________________（请在横线上填写）

31. 阻碍您所在院校科技成果转化的主要内部因素为：(多选)

A. 缺乏成果转化意识　　B. 缺乏成果转化方面的人才

C. 资金投入不足　　D. 产权不合理，利益分配不合理

E. 缺乏明确目标　　F. 科研人员考核激励机制不完善

G. 科研成果评价不可靠　　H. 鼓励成果转化的制度不完善

I. 成果技术成熟度不够　　　　J. 其他________（请在横线上填写）

32. 阻碍您所在院校科技成果转化的主要外部因素为：（多选）

A. 技术市场不健全　　　　B. 政府支持不力

C. 知识产权保护不力　　　　D. 缺乏配套技术和环境的支持

E. 缺乏中试基地　　　　F. 社会文化氛围不利

G. 市场对技术接受程度低　　　　H. 中介机构服务不够

I. 缺乏民间风险投资　　　　J. 其他________（请在横线上填写）

33. 您认为贵校在推动科技创新方面最需要改进的制度设计是什么？

____

____

附录五　杭州下沙大学城创新创业生态调查问卷

尊敬的女士 / 先生：

我们正在进行一项关于杭州下沙大学城创新创业生态的问卷调查。在调查中，我们需要了解您对杭州下沙大学城创新创业生态的一些看法，您的见解和意见对我们改善杭州下沙大学城创新创业生态至关重要。本研究纯属学术性研究，我们对您填写的问卷内容一定严格保密，请放心填写。

1. 您的年龄为：

A.22 岁以下　B.22~26 岁　C.27~34 岁　D.35~45 岁　E.45 岁以上

2. 您的最高学历为：

A. 大专及以下　B. 本科　C. 硕士　D. 博士

3. 您所在的行业为：

A. 生物医药（含医疗器械）　B. 电子信息　C. 新能源材料

D. 高端装备制造　E. 高端服务业　F. 其他

4. 您在杭州的工作时间为：

A.1 年以下　B.1~2 年　C.3~5 年　D.5 年以上

5. 您的年收入为：

A.8 万元以下　B.8 万 ~15 万元（不含 15 万元）

C.15 万 ~25 万元（不含 25 万元）　D.25 万 ~35 万元　E.35 万元以上

6. 您是否为海外归国人员？

A. 是　　B. 否

7. 您对下沙大学城的总体人才环境评价为：

A. 非常满意　　B. 满意　　C. 一般　　D. 较差　　E. 很差

8. 您觉得下沙大学城对各类人才的吸引力如何？

A. 非常强　　B. 强　　C. 一般　　D. 较差　　E. 很差

9. 您对政府人才服务工作的总体评价怎样？

A. 非常满意　　B. 满意　　C. 一般　　D. 较差　　E. 很差

10. 政府对人才创业的支持力度（项目支持、贷款贴息等方面）怎样？

A. 很大　　B. 偏大　　C. 一般　　D. 较差　　E. 很差

11. 您对下沙大学城在引才方面的激励措施（鼓励人才申报，安居补助，引才服务）评价怎样？

A. 非常满意　　B. 满意　　C. 一般　　D. 较差　　E. 很差

12. 人才服务工作亟待改进的方面为：

A. 需要走访更多企业，了解企业现状

B. 需要开展更多的沙龙、学术交流会等活动

C. 需要联络更多的第三方服务机构（财务记账、法律咨询、注册登记、创业辅导等）

D. 需要建立人才服务“专窗”制度和全程代办制度

E. 需要强化高层次人才医疗保障制度

F. 需要加强高层次人才引进培育工作

G. 其他

13. 您知道 2017 年出台的金沙英才“黄金八条”吗？

A. 非常了解　　B. 大致知道　　C. 看到过，不是很了解　　D. 没听说过

14. 您认为政府人才工作有哪些不足之处？

A. 政策程序过于麻烦，需要精简

B. 需要增加政策宣传途径

C. 政策力度不够，缺乏吸引力

D. 资金落实困难，需提升资金到位效率

E.政策程序不合理，办理手续烦琐

F.政府工作公开透明度不够

G.政策工作缺乏公平公正

H.其他

15.您是否享受了杭州市或区的人才政策？　A.是　B.否

如未享受，原因是什么？

A.不符合政策要求　B.政策对自己没有吸引力

C.政策办理手续繁杂，享受政策的成本高

D.知道该项政策，但有关职能部门没有履行　E.其他

16.各类人才政策中，您最看重：

A.项目资助　B.人才奖励　C.安居补助　D.教育　E.医疗　F.其他

17.企业高端人才的主要引进方式为：

A.网上招聘　B.举办宣讲会　C.猎头、中介

D.政府推荐　E.会议、活动　F.朋友推荐

G.自身品牌吸引　H.其他

18.目前企业急缺的人才类型为：

A.领军型人才　B.科技创业团队成员　C.经营管理人才

D.高技能人才　E.事务性工作人员　F.其他

19.企业在招引人才方面，难度较大的人才类别有？

A.院士、诺贝尔获得者　B.领军型人才

C.经验丰富的教授、专家　D.刚毕业的名校海归博士

E.刚毕业的国内高校博士　F.刚毕业的名校海归硕士

G.刚毕业的国内高校硕士　H.985、211毕业的本科生

I.普通大学毕业的本科生　J.专科生

20.企业对所在园区的总体满意度为：

A.非常满意　B.满意　C.一般　D.较差　E.很差

21.您认为目前存在的主要问题是什么？

A.空间、场地不足　B.平台的服务有待提升

C.公共平台建设　D.平台创新创业氛围不够浓厚

E. 平台产业集聚度不高　　　　F. 空间的租赁费用高
G. 其他
22. 您认为企业目前的融资难度怎样?
A. 难度非常大　　B. 难度大　　C. 一般　　D. 容易
23. 目前企业急需资金的主要来源是:
A. 个人投资　　B. 风险投资　　C. 银行贷款　　D. 其他
24. 在资金方面，区政府可帮助企业的具体措施为:
A. 引进风投机构　　B. 加强银行合作　　C. 举办资本对接活动
D. 强化产业基金　　E. 其他
25. 贵企业与高校院所的合作情况怎样?
A. 十分密切，与学校有多项合作　　B. 一般，偶尔会有会议交流
C. 几乎没有交流
26. 您希望区政府在哪些方面促进校企合作?
A. 增加科学、技术交流　　B. 宣传企业，从学校招聘实习生、员工
C. 加强与高校间的合作平台构建　　D. 与高校举办产业性活动
E. 其他
27. 您觉得生态市容环境怎样?
A. 十分满意　　B. 满意　　C. 一般　　D. 不满意
28. 您觉得社会文化环境怎样?
A. 十分满意　　B. 满意　　C. 一般　　D. 不满意
29. 您觉得就业生活环境怎样?
A. 十分满意　　B. 满意　　C. 一般　　D. 不满意
30. 您觉得公共服务环境怎样?
A. 十分满意　　B. 满意　　C. 一般　　D. 不满意
31. 您觉得医疗服务怎样?
A. 十分满意　　B. 满意　　C. 一般　　D. 不满意
32. 您觉得文化娱乐环境怎样?
A. 十分满意　　B. 满意　　C. 一般　　D. 不满意

33. 您觉得下沙大学城创新创业氛围怎样？

A. 十分满意　　B. 满意　　C. 一般　　D. 不满意

34. 您觉得下沙大学城尊重人才的氛围怎样？

A. 十分满意　　B. 满意　　C. 一般　　D. 不满意

35. 您觉得下沙大学城的工资水平怎样？

A. 十分满意　　B. 满意　　C. 一般　　D. 不满意

36. 您觉得下沙大学城的子女教育水平怎样？

A. 十分满意　　B. 满意　　C. 一般　　D. 不满意

37. 您觉得下沙大学城的交通便利度怎样？

A. 十分满意　　B. 满意　　C. 一般　　D. 不满意

后　记

本书是国家自然科学基金项目（71904176）、浙江省自然科学基金项目（Q19G03005）的阶段性研究成果，也是近年来本人以及研究团队在人才研究上的理论与应用成果的总结与回顾，希望能给相关政府部门、同行学者以及公共管理专业的学生一定的借鉴与启发。

2007年7月，北京大学社会学硕士毕业以后，我有幸入职了浙江省人力资源和社会保障厅的下属事业单位——浙江省人力资源和社会保障科学研究院（原名浙江省公共行政与人才人事科学研究所，2015年与浙江省劳动和社会保障科学研究院合并，名称更改为浙江省人力资源和社会保障科学研究院）。在浙江人力资源和社会保障科学研究院就职十年里，我担任人才人事研究室主任，做了大量的人才研究工作，为相关部门提供决策参考。2018年1月，我出于个人原因正式入职浙江科技学院经济与管理学院工商管理系。尽管工作单位有了转换，但我对人才研究的热情依旧。浙江省人力资源和社会保障科学研究院十年的工作经历为我继续人才研究奠定了良好的基础，而浙江科技学院相对宽松的时间自主安排也为我顺利开展人才研究提供了时间保障。因此，在此衷心感谢浙江省人力资源和社会保障厅、浙江科技学院两家单位在我成长过程中的重要作用，也衷心感谢在就职期间给予我帮助和支持的所有领导、同事、朋友，让我在人才研究事业上迅速成长，更使得本书能够顺利出版。

在此，特别感谢浙江大学经济学院、浙江省公共政策研究院执行院长金雪军教授在博士后期间给予我的指导和帮助，开拓了我的研究视野，提高了我的研究能力，更感谢他为本书作序。特别感谢浙江科技学院经济与管理学院书记黎东升教授、院长董颖教授，在我入职浙江科技学院以后给予我的帮助和支持，让我在学术研究的道路上无后顾之忧，身份转换自如，业务进步迅速。特别感谢浙江省人才发展研究院的姚先国教授、陈丽君教授、陈诗达研究员，在落实相关人才委托项目和撰写相关研究报告过程中给予的指导和帮助，尤其是陈诗达研究员给予了更多直接的指导和帮助。比如第四章、第九章都是在他的直接指导下完成的。与此同时，也特别感谢本书部分章节涉及的人才项目的委托方，感谢人力资源和社会保障部下属事业单位中国人事科学研究院、浙江省委组织部人才办、浙江省人力资源和社会保障厅、浙江省民政厅、浙江省社科规划办、杭州市组织部人才办、杭州市决策咨询委员会、杭州市人力社保局、杭州上城区组织部人才办、杭州余杭区社科联、杭州下沙人才科技局、温州市组织部人才办、义乌市改革办等单位的支持和厚爱。另外，特别感谢在本人博士后培养期间荣盛控股集团俞传坤副总裁、总裁助理兼人力资源部经理朱太球和人力资源部沈丹味对本书出版给予的支持和帮助。

在本书即将付梓之际，我要着重感谢我的研究伙伴。课题的完成不仅仅依靠个人的努力，更是研究团队通力合作的结果，也是政府实务部门和学术研究团队合作的成果。第一章现代人才发展治理体系的内涵、特征与路径选择，对现代人才发展治理体系的概念内涵、基本特征及重要意义进行了阐述，是全书总览性的理论框架，为后面八章内容的展开做铺垫。第二章探索推进政府雇员制，优化党政人才结构，是杭州市组织部人才办以及余杭区社科联的横向委托项目，本人完成整个课题报告的撰写工作，在研究过程中杭州市组织部人才办王旸负责向全市238位政府雇员发放调查问卷，新华社浙江分社王义以及王飞衡、臧文杰、杨文贤三位公共管理本科生陪同实地调研，2019级国际商务研究生马佳威负责部分问卷调查的数据处理。第三章优化人才创新创业生态，提升科技创新竞争力，是杭州市决策咨询委员会的纵向立项课题，本人完成整个课题报告的撰写工作。在研究过程中，浙江理工大学科研处杨晓刚老师协助帮忙发放《高校教师科技创新能力调查问卷》，杭州下沙人才科技局易晨曦协助帮忙发放《杭州下沙大学城创新创业生态调查问卷》，浙江省中小企业局施莹部长协助帮忙发放《企业科技创新竞争力调查问卷》；浙江省卫生与健康委员会规划发展与信息化处处长黄凤帮忙联系实地调研企业，比如杭州联川生物技术股份有限公司、杭州变啦网络科技有限公司、杭州健培科技有限公司；浙江省中小企业局施莹部长帮忙联系杭州电力设备制造有限公司、浙江正泰中自控制工程有限公司、杭州爱知工程车辆有限公司并陪同实地调研。第四章加强人才队伍建设，构建中国特色哲学社会科学，是浙江省社科规划办委托给浙江省人才发展研究院的项目，研究报告执笔是童素娟、殷宝庆，整个报告在陈诗达老师和陈丽君教授的指导下完成，实地调研是在浙江省社科规划办胡主任协助下完成的。殷宝庆是浙江经济职业技术学院教授，也是我长期合作的研究伙伴。第五章促进志工、社工、义工发展，提高社会治理水平，是浙江省民政厅和义乌市改革办的委托课题，调查问卷和实地调研由浙江省民政厅人事处协助完成。第六章积极推进人力资源服务业产业园区建设，是杭州市人力社保局委托给浙江省公共行政与人才人事研究所的横向项目，报告执笔人为童素娟、蔡杰，在原所长陈诗达、原副所长应建民的指导下完成，课题成果已经转变为《中国杭州人力资源服务产业园发展规划（2015—2020）》。第七章更加注重发挥现代服务业人才引领作用，其中第一节是浙江省委组织部人才办委托给浙江省公共行政与人才人事研究所的横向项目，执笔人是童素娟、罗利丹，在原所长陈诗达、原副所长应建民的指导下完成；第二、三节是中国人事科学研究院委托项目，执笔人为童素娟，分别在原副院长诸葛晓荣、原副所长应建民的指导下完成，第三节的问卷调查由原副所长应建民协助完成。第八章现代主导产业人才需求与引才趋势研究，是杭州上城区组织部人才科委托的横向项目，在杭州上城区组织部副部长李晋楠、杭州上城区组织部人才科科长周才娇、科员杨树林的协助下完成问卷调查和实地调研工作。第九章区域高水平推进人才强市建设研究，是温州市组织部人才办委托给浙江省人才发展研究院的横向项目，课题报告是在原所长陈诗达的直接指导下完成的，主要执笔人是童素娟、殷宝庆，课题的问卷调查和实地调研工作是在温州市组织部人才办的协助下完成的。全书的主要修改工作是我在浙江大学出版社编辑的指导下由2020级应用统计专业研究生罗陈瑶协助完成的。最后，感谢父母、家人对我的照顾和支持，感谢亲朋好友对我的支持和理解，让我在生活上没有后顾之忧。

诚然，本书旨在贯彻“把论文写在祖国大地上”的科研理念，用实际行动为经济社会发展和广大人民群众服务，从实践经验中发现问题、解决问题。因此，本书是在大规模调查取样和实地调研的基础上进行的分析和研究，比较贴近政府实务部门，具有较强的实践意义和应用价值。但是，鉴于本人学术能力和水平有限，在理论深度上仍需进一步挖掘，学术研究的意义和价值仍需进一步提升。这些问题和不足，我希望能在今后的学术研究中尽力弥补。另外，本书虽然经过了严格的编辑和审校，但难免会有瑕疵和不完善的地方，希望业内同行、专家学者、广大读者和各位师友给予谅解，并批评指正。

童素娟

于杭州

2021 年 4 月 8 日